아내, 남편, 아이들과 함께 읽으며 토론할 수 있는 경제학 책! 급변하는 경제환경을 읽을 수 있는 통찰을 갖고 싶은가? 이 책 한 권으로 우리 가족을 위한 경제공부를 시작하라. 탄탄한 경제지식을 쌓을 수 있을 것이다.

:: **김정호**(자유기업원 원장)

저자의 예리한 관찰력과 통찰력, 그리고 현장감이 배어 있는 경제학 책! 어려운 이론을 쉽게 풀어 써서 아들, 딸들에게 권해주기에도 그만이다. 이만큼의 눈높이를 맞추기 위한 저자의 노력과 해박한 지식에 찬사를 보낸다.

:: **노규성**(한국디지털정책학회 회장, 선문대 교수)

경제학은 실생활과 매우 가깝게 맞닿아 있는 학문이다. 이 책을 덮는 순간 그동안 멀고 어렵게 느껴졌던 경제학이 우리의 생활 속으로 한층 다가와 있음을 느낄 것이다. 경제학 전반에 대한 이해도를 높여 성숙한 경제시민으로 이끌어주는 책.

:: **서필환**(성공사관학교장, 《당신 멋져, 원더풀!》 저자)

쉬우면서도 생생하게 살아 움직이는 경제의 활동 영역을 각 시장별로 잘 구분해서 설명하고 있다. 이 책이 주는 활어처럼 싱싱한 경제지식은 우리에게 새로운 안목을 주기에 충분하다.

:: **서춘수**(신한은행 스타시티 지점장)

우리는 시시각각 경제활동을 하면서도 스스로는 경제와 거리가 멀다고 여긴다. 복잡한 수식과 그래프로 도배된 경제학에 지레 겁먹은 탓일 것이다. 이 책은 우리 삶을 고스란히 경제라는 프리즘에 투과시켜 쉽고 재미있게 보여준다.

:: **오형규**(한국경제신문 생활경제부장)

생활 속 경제원리를 아는 것은 큰 힘이 된다. 이 책은 어렵게 느껴질 수 있는 경제학 이론을 실생활의 사례를 들어가며 친근하게 설명하고 있다. 경제학이라는 이름으로 독자에게 편하게 다가서면서도 내용 또한 알차다.

:: **유희태**(기업은행 부행장, 《마음에 꿈을 그려라》 저자)

생활에서 경제를 끄집어내서 설명한 이 책은 이전의 경제학 서적과는 분명 차별점을 가진다. 저자가 이 책에서 제시하는 해법들은 일상에서 경제생활을 하는 우리에게 삶의 지표를 제시해준다.

:: **육근만**(한국은행 국제협력실장)

감성의 시대가 왔다. 감성이란 인간의 심리를 자극하는 것이며, 경제학은 인간에 관한 학문이다. 최근 경영학에서 경제학으로 힘의 중심이 이동하는 것은 물건에서 인간으로 경영의 요소가 바뀌어 가기 때문이다. 이 책은 우리에게 '경제학의 창'으로 지혜를 알려준다.

:: **이금룡**(오픈옥션 회장, 한국원천기술수출협회 회장)

저자는 검증된 금융, 경제 전문가로 경제교육 현장의 맨 앞에서 열심히 활동해 왔다. 부자가 되고 싶은가? 그렇다면 이 책을 손에 넣기 바란다. 그리고 한 번 읽고 그만둘 것이 아니라 열 번, 백번 읽어서 자기 것으로 만들기 바란다.

:: **이상헌**(기쁨세상 회장, 한국심리교육협회 회장)

경제학이 어렵다는 선입관 따위는 버려라. 경제학은 실생활과 매우 가깝게 맞닿아 있는 학문이다. 나는 생활 속의 경제 이야기를 이토록 쉽고 재미있게 풀어 쓴 책을 아직껏 본 적이 없다. 이 책을 덮는 순간 경제학이 생활 속으로 한층 다가와 있음을 느낄 것이다.

:: **조서환**(KTF 부사장, 《모티베이터》 저자)

모든 것은 '핵심'을 강조하면 어려워지기 쉽고, '쉽게'만 강조하면 핵심을 놓치기 쉽다. 이 책은 핵심을 붙잡고 쉽게 쓴 책이다. 경제가 실제로 우리의 삶을 지배하는 시대이다. 이 책은 실생활이 경제이론 속에 녹아 있어 누구나 편하게 다가갈 수 있다.

:: **홍호표**(동아일보사 국장, 《조용필의 노래, 맹자의 마음》 저자)

생생 라이브

경제학

생생 라이브 경제학

초판 1쇄 발행 | 2009년 1월 2일
지은이 | 조영관
펴낸이 | 김진성
펴낸곳 | 투데이북스

편　집 | 정소연
관　리 | 장재승
표지디자인 | 김혜경
본문디자인 | 디자인플랫

출판등록 | 2005년 2월 21일 제313-2005-000034호
주　소 | 서울시 마포구 서교동 357-1 서교프라자 619
전　화 | 02-323-4421
팩　스 | 02-323-7753
이메일 | kjs9653@hotmail.com

값 13,000원
ISBN 978-89-93132-03-8 03320

경제위기에서 살아남는 재미난 생활 속 경제

경제학

조영관 지음

황금에뜨북스 today

추천사

경제학, 생활에서 그 이론의 해법을 찾다

현대는 경제의 시대라고 해도 과언이 아니다. 그러나 현대사회에서 경제활동을 통해 살아가는 사람들은 이전과는 다른 영토에서 살아가고 있다. 산업혁명기까지는 그 영토가 좁디좁아서 경제생활은 그저 국내나 몇 군데 나라에 한정되어 있었지만, 지금은 그 영토가 넓어져 전 세계로 확장되었다. 글로벌 환경에 걸맞게 그 영역이 무한정 넓어진 것이다.

그에 따라 경제활동을 영위하기 위한 지식의 폭도 점차 넓어지고 있다. 지구 저편의 문제가 이제는 바로 옆에서 지진을 일으킬 만큼 나비효과 같은 현상들이 일상적으로 발생하는 게 작금의 현실이다. 물론 불확실성의 영역도 점차 확대되는 추세이다. 자국의 경제환경은 건실한데도 외부 변수에 의해 파급되는 쓰나미에 추풍낙엽이 될 수 있는 현실을 우리는 수없이 목도하고 있다.

그러나 바로 이런 때일수록 기초 체력의 절실함은 더욱 커진다 하겠다. 국내에 경제학이라는 학문이 소개된 지는 이제 겨우 60여

년이 조금 넘었다. 그리고 그 시간 동안 많은 경제학자들이 하늘 위에 떠 있던 경제학이라는 이론을 땅 밑으로 전파하고자 노력했다. 그러나 경제학은 여전히 매우 어렵고 딱딱한 학문으로 인식되고 있으며, 지긋지긋 머리 아픈 분야로 여겨지고 있다. 경제학이 더 이상 멀리 있는 학문이 아니라, 현실생활과 대단히 밀접하게 움직이면서도 떼려야 뗄 수 없는 관계가 되었는데도 말이다.

그런 의미에서 이 책의 출간은 반갑기 그지없다. 이 땅의 경제학자들이 마땅히 했어야 할 역할을 앞서서 해주었기 때문이다. 예상컨대 이 책의 저자가 경제학을 전공하고, 경제와 직결된 직장생활을 하는데다 경제교육 전문가로서 활동한 덕분에 일반인들의 눈높이에 맞춰서 집필할 수 있었으리라.

이 책에는 중국집, 펜션, 맛집과 같이 우리가 일상에서 소소히 마주치는 자그마한 시장활동 영역에서 소비자의 심리에 작용하고 있는 경제학의 원리, 나아가 정부의 거시정책에 이르기까지 우리 삶의 전반에 걸쳐 항상 접하게 되는 경제학의 핵심이론들이 실생활에서 어떻게 작동하고 작용하는지를 설명하고 있다.

게다가 그러한 핵심이론들의 작용에 대응하여 현 시대를 살아가는 사람들에게 경제적 생활의 필요성과 생활규범, 그리고 해법까지 제시한다. 이 책을 통해 독자들은 경제이론에 대한 이해와 작용, 그리고 생활의 지혜를 얻어 가는 일석삼조의 이득을 얻을 수 있는 것이다.

많은 이들이 현대는 경제전쟁의 시대라고 말한다. 그러나 비단 이것이 현대에 와서야 생겨난 문제였던가. 과거부터 현대에 이르기까지 외부적으로 보이던 국력의 이면에는 항상 경제력이라는 수식이 숨겨져 있었다. 단지 경제의 영향력이 그 이전보다 훨씬 더 커지고, 경제전쟁이 더욱 치열해졌을 뿐이다. 더욱이 우리나라처럼 자원이 빈국인 나라에서 경제전쟁은 그야말로 국가의 존폐와 직결된다고 해도 과언이 아니다.

그렇다면 그 해법은 무엇일까? 그것은 바로 경제에 대한 이해의 확대와 심화, 그리고 경제적인 생활의 실천에 있다. 이 책의 의미와 가치 또한 바로 여기에서 찾을 수 있다. 독자들에게 경제학 이론을 쉽게 전달해주는 것과 아울러 경제적 생활을 영위할 수 있는 팁들이 여기저기에 숨어 있어 쏠쏠한 재미를 주기 때문이다.

이상기(아시아기자협회장, 전 한국기자협회장)

'경제 강국 코리아'로 가는 징검다리가 되기를……

인생은 선택의 연속이고, 경제학은 최선의 선택을 연구하고 실천하는 학문이다.

현대인들에게 경제학은 더 이상 일부 학자들이나 전문가들의 전유물이 아닌 일상에서 매일 부딪쳐야 하는 생활의 실천적 화두가 되었다. 그럼에도 불구하고 경제라고 하면 실험실의 학문이자 어려운 분야로 인식하는 사람들이 여전히 많다.

필자가 만나는 사람들도 이와 크게 다르지 않다. 경제기사조차도 헤드라인만 슬쩍 보고 넘어가는 사람들이 대부분이었으며, 재테크에는 관심이 있지만 경제의 숲을 보려 하지 않았다. 게다가 경제는 골치 아프고 이론적인 것이며, 돈을 벌고 쓰는 데에는 큰 지상이 없다고 생각하고 있었다.

그래서 필자는 그들이 읽어볼 만한 경제학 책은 없을까 하고 뒤적이기 시작했다. 그러나 대개는 이론 중심이거나 생활경제를 다룬 책들의 경우 외국 경제서적을 번역한 것이 대부분이어서 책에 소개된 사례들이 마음에 와 닿지 않는 부분이 많았다. 결국 그것은 필자에게 우리 생활에서 접할 수 있는 것들을 담은 책을 내야겠다는 욕구를 키워주었다.

필자는 이 책을 통해 경제에 대한 벽을 없애고 두려움을 줄여주기 위해 생활적이면서도 현재 떠오르는 이슈를 중심으로 풀어가며 설명해주고자 노력했다. 예를 들어 '박태환 선수의 금메달 획득으로 수영 강습이 늘어나는 것에는 어떤 개념이 있을까?', '새해 계획들이 작심삼일로 끝나는 것에는 어떤 개념이 적용될까?', 회사를 그만두고 김밥가게를 시작하려면 포기해야 할 것에는 어떤 개념이 있을까?' 등과 같이 생활 속에서 일어나는 질문들을 경제개념을 통해 설명하였다.

이 책이 부디 일상에 숨겨진 경제학의 원리를 찾아내는 방법을 조금이나마 키우는 역할을 해주었으면 한다. '어떻게 하면 경제이론을 실제 생활에 효과적으로 활용하고 설명할 수 있을까?' 하는 고민에 대한 모범 답안을 제시하고 싶었으나 얼마나 많이 담보했는지는 장담할 수 없다. 이 부분은 필자의 고민이기도 하지만, 독자들에게 기대하는 답이기도 하다.

정보가 홍수처럼 넘쳐나는 시대이다. 이러한 정보를 분별하고 판단하는 것만으로도 대단히 많은 시간과 노력을 필요로 한다. 이 책을 선택하면서 다른 선택을 포기할 독자들, 아울러 매일같이 맞닿는 일상과 언론을 통해 접할 사회현상에 숨겨진 경제학의 법칙들을 발견하는 데 도움이 된다면 그야말로 더할 나위가 없겠다.

필자는 한때 초등학생을 대상으로 자원봉사를 한 적이 있었다. 오랜 기간 금융기관에 근무하면서 현장에서 습득한 것을 토대로 신용과 경제의 중요성을 가르쳤다. 그때 초롱초롱한 눈망울로 세상의 모든 것을 신기한 듯 바라보던 아이들의 모습 때문에 어린이 경제교육에 관심을 갖게 되었으며, 이후 어린이들을 위한 경제교육 서적도 출간하였다.

그런데 경제교육을 하면서 그들을 가르치는 어른들과 그들의 형이나 누나 혹은 오빠나 언니인 청소년들이 경제원리에 대해 의외로 무지한 것을 보고 놀랐다. 경제는 이제 국가의 국력이다. 이를 위해 경제지식은 선택이 아닌 필수이며, 합리적인 의사결정을 위해서는 경제적 의사결정이 그 시발점이다.

이 책이 '경제 강국 코리아'로 가는 데 있어 징검다리가 될 수 있는 사고의 전환을 일으켜 준다면 글을 쓴 사람으로서 느끼는 보람은 더할 수 없을 것이다. 경제활동은 합리와 효율이라는 극대치를 찾아가는 수수께끼다. 그 수수께끼를 푸는 데 열쇠보다는 그 열쇠를 만들 수 있는 지식을 전해주고픈 마음이 간절하다.

앞으로 필자는 항상 열린 마음으로 경제교육 현장에서 독자 여러분, 그리고 우리의 이웃과 소통할 수 있도록 노력할 것이다.

이 책을 출간하는 데 많은 희생을 한 아내와 가족들에게 감사의 마음을 전한다. 아울러 주변에서 많은 격려와 배려를 아끼지 않은 직장 동료들과 흔쾌히 추천사를 전해주신 많은 분들께 지면을 통해 기쁨과 고마움을 전하고 싶다.

차례

1 : 보이지 않는 손에 의해 움직이는 시장의 경제학

2 : 상품과 서비스의 생산기지 기업의 경제학

3 : 정책을 통해 실물을 지배하는 국가의 경제학

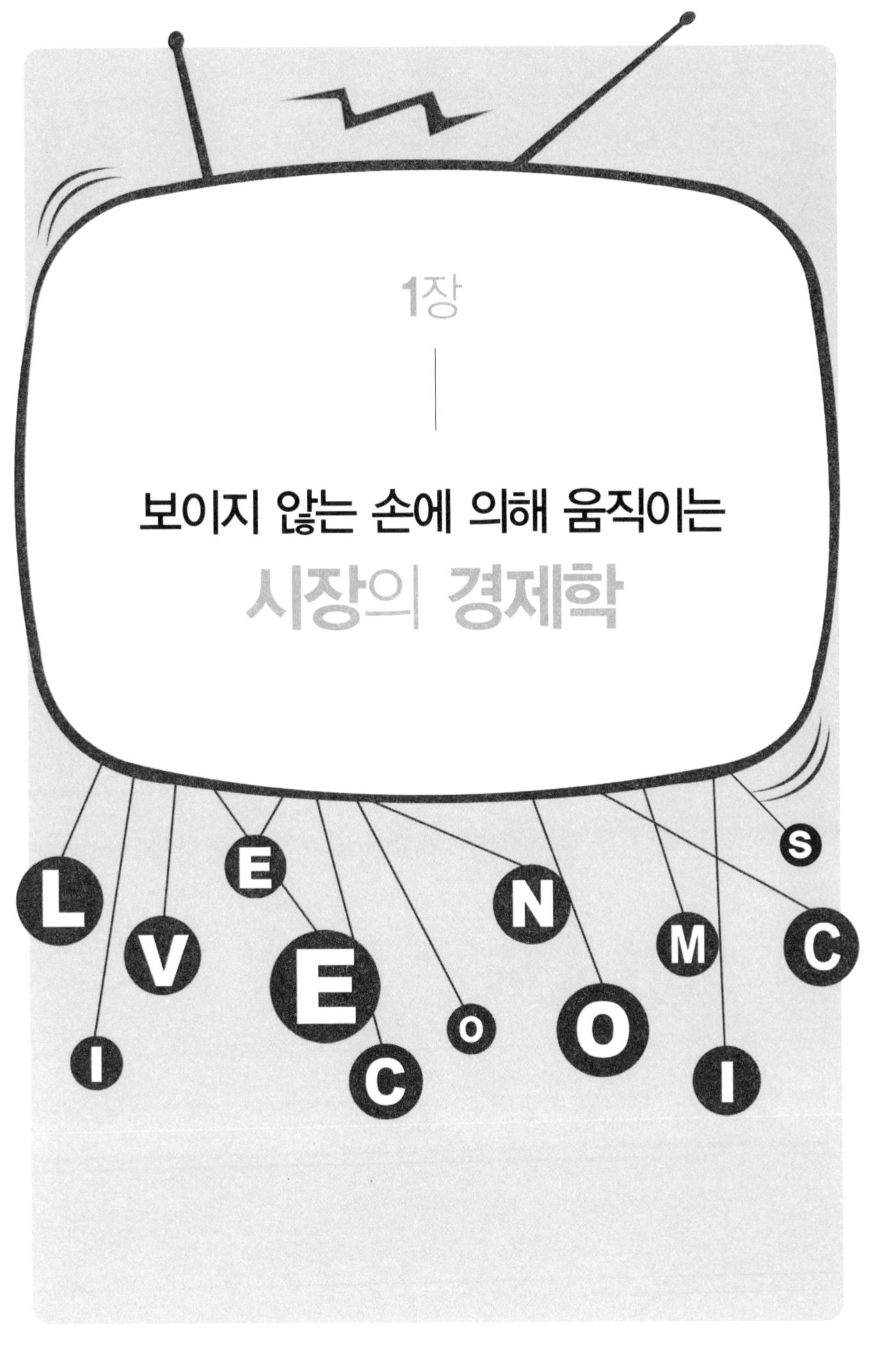

1장

보이지 않는 손에 의해 움직이는 시장의 경제학

회사를 그만두고 김밥가게를 시작하려면 기회비용을 따져봐야 한다

경제활동은 선택의 연속이다

우리의 일상적인 삶은 경제활동의 연속이다. 그리고 사회활동에 필요한 재화 및 서비스를 생산·분배·소비하는 모든 행위를 '경제활동'이라고 한다. 음식을 사 먹고, 쇼핑을 하고, 데이트를 하는 것은 물론 대학에 진학하고 직장을 구하는 행위, 심지어 잠자는 것까지 경제활동이라고 할 수 있다.

그렇다면 잠자는 행위가 어떻게 경제활동의 범주에 포함되는가? 잠을 자면 그 시간만큼 다른 일을 할 수가 없다. 다른 일을 할 수 있는 시간을 투자해야 하는 것이다. 달리 할 일이 없어서 잠을 잘 수도 있겠지만, 다른 할 일을 제쳐두고 잠을 자는 경우도 있기 때문이다. 예를 들면 너무 피곤해서 쉬고 싶었던 날에 하필이면 보고 싶었던 뮤지컬 공짜표가 생겼다고 하자. 두 가지 다 하겠다고 뮤지컬을 보러 가서 쿨쿨 잠을 잘 수는 없는 일 아닌가? 무엇이 더 중요하고 자신에게 필요한 일인지를 신중히 판단해서 한

가지만 선택을 해야 하는 것이다.

또한 모든 경제활동은 선택의 연속이라고 해도 과언이 아니다. 아침에 회사에 출근하기 위해 '어떤 색깔의 와이셔츠를 입을까? 어떤 패턴의 넥타이를 맬까?' 하는 사소한 고민부터, '다니던 직장을 그만두고 이직을 할까, 말까?' 하는 진지한 고민에 이르기까지 우리는 매 순간 크고 작은 선택을 해야만 한다. 하고 싶은 것도 많고 갖고 싶은 것도 많지만 시간과 자원이 한정되어 있기 때문에 어떤 것이 중요하고 바람직한지 신중히 판단해서 선택을 해야 하는 것이다.

문제는 그중에서 하나를 선택하면 나머지 것들은 포기할 수밖에 없다는 데 있다. 이때 포기한 여러 가지 가운데 가장 아쉽고 아까운 것의 가치를 '기회비용' 이라고 부른다. 여기서 주의해야 할 것은 기회비용이 포기해야 할 모든 것들의 가치를 합한 것은 아니라는 점이다.

현명한 선택을 위해서는 기회비용을 따져라

선택을 해야 하는 상황에서 망설이는 사람이 있다면 다음과 같이 조언해주고 싶다. 각각의 선택에 따르는 기회비용을 따져보라고 말이다. 결과적으로 기회비용이 적은 쪽을 선택하는 것이 보다 현명한 선택일 가능성이 높기 때문이다.

예를 들어 누군가가 100만 원을 가지고 어떻게 활용하는 것이 가장 효율적인가를 결정해야 하는 상황이라고 가정해보자. 100만 원으로 국채를 매입하면 10만 원의 연 이자를 받을 수 있고, 친구에게 빌려주면 연 이자 11만 원을 받을 수 있고, 정기예금을 하면 12만 원의 연 이자를 받게 된다는 계산 끝에 정기예금을 하기로 결정하였다면 이때 기회비용은 얼마일까? 이 사람이 포기한 것은 국채 매입에 따른 기대이익 10만 원과 친구에게 빌려주고 받을 11만 원이다. 그렇다 하더라도 이 경우 기회비용은 21만 원이 아니라 11만 원이다. 왜냐하면 기회비용을 계산할 때는 포기한 것의 가치 중 가장 높은 것 하나만을 인정하기 때문이다.

운동선수들을 보면 고등학교를 졸업한 뒤 바로 프로팀에 입단하여 활약하는 경우가 많다. 자신이 하고자 하는 운동이 굳이 대학교육을 필요로 하지 않는다면 대학에 진학하는 것은 특별한 의미를 지니지 못한다. 오히려 프로의 세계에서 더 많은 연봉을 받고 체계적인 관리를 받으면서 기량을 닦아나갈 수 있는 시간을 빼앗기기 때문에 대학을 졸업할 때까지 엄청난 기회비용이 발생한다. 우리가 잘 아는 설기현, 이천수 선수 등이 대학을 중퇴하고 그들의 재능과 가능성을 알아본 프로팀에 입단한 것도 대학을 다니면서 치러야 할 기회비용과 무관하지 않을 것이다.

고액 연봉을 받는 인기 학원강사들의 경우 개인적으로 보조강사(혹은 비서)를 두는 경우가 종종 있다. 보조강사의 역할이란 수강생들의 출석관리, 숙제검사, 유인물 복사 등이 전부이다. 그렇다면 자신의 소득에서 일부를 지급하면서까지 보조강사를 채용하는 이유는 무엇일까? 단지 힘이 들어서 그런 것일까? 기회비용의 측면에서 볼 때 출석을 관리하고 유인물을 복사할 시간에 자신은 수업준비를 하고, 그 일은 다른 사람을 시키는 것이 더 효율적이라는 판단 때문이다.

원하는 물건이나 서류를 빨리 받아보고 싶을 때 우리가 이용하는 퀵 서비스도 마찬가지다. 비용이 들기는 하지만 교통체증 때문에 길거리에서 허비하게 되는 시간, 물건을 갖고 오가야 하는 수고 등을 생각하면 그 시간에 다른 일을 하는 것이 더 이익이라는 판단하에 사람들은 퀵 서비스를 이용하는 것이다. 만약 일을 하지 않고 있는 사람이라면 당연히 직접 서류를 배달하는 편이 좋을 것이다.

기회비용은 실패를 줄이는 길잡이

주위 사람들과 이야기를 하다 보면 상사와의 갈등, 과중한 업무 부담 등 직장생활의 고단함 때문에 다니던 직장을 그만두고 사업을 시작하거나 장사를 해보려는 사람들이 많다. 매달 꼬박꼬박 들어오던 월급을 포기하고서라도 새로운 사업을 통해 경제적 혹은 심리적으로 더 큰 만족을 누릴 수 있다면 당장 직장에 사직서를 제출해야 할 것이다. 하지만 사업이 안정적인 궤도에 이르기까지 포기해야 하는 기회비용이 너무 크다는 생각이 든다면 성급한 결정을 하지 말아야 한다.

예를 들어 김밥집을 창업해서 돈을 벌어야겠다고 생각한 사람이 다니던 회사를 그만두고 김밥집을 창업하는 데 드는 기회비용은 얼마나 될까?

우선 단순히 금전적인 비용을 계산하면 점포를 사거나 임대해서 가게를 만들어야 하고, 실내 인테리어를 해야 하며, 조리기구를 들여놓고 식재료를 마련해서 주문이 들어오면 바로 요리를 할 수 있도록 여건을 갖추어야 한다. 만일 자신이 음식솜씨가 없다면 주방장을 고용해야 할지도 모른다. 이렇게 창업에 필요한 초기 자본 이외에도 보다 엄밀히 따지면 회사에서 매달 받아오던 월급을 더 이상 받지 못하게 되는 이른바 '상실소득'도 기회비용에 포함시켜야 한다. 연봉이 높을수록 기회비용은 더 높아질 것이다.

이처럼 우리가 새로운 일을 시작할 경우에는 필연적으로 기회비용이 발생할 수밖에 없다. 어떤 일을 시작하기 전에 기회비용을 따져봐야 실패할 확률이 적은 것이다.

같은 일을 하더라도 기회비용은 사람에 따라 달라질 수 있다. 맞벌이 부부 가운데 육아문제 때문에 휴직이나 사직을 고민하는 경우가 많다. 육아를 전담하려면 직장을 그만두어야 하고 직장을 계속 다니려면 가사 도우미를 고용해야 하는데, 가사 도우미에게 월 100만 원을 지급해야 한다고 가정하자. 월 소득이 300만 원인 사람과 150만 원인 사람이 직장을 그만두고 아이를 직접 돌볼 경우의 기회비용은 달라진다.

두 사람의 경우를 비교해보면 소득이 300만 원인 사람은 산술적으로 200만 원의 이익이 생기기 때문에 가사 도우미를 고용하고 직장을 계속 다니는 게 좋다. 물론 이때 부모가 아이를 직접 양육하면서 생기는 심리적 안정감과 정서적 평온함 등은 산술적으로 계산하지 않았다. 이 계산되지 않는 부분의 가치가 크다고 생각할수록 아이를 도우미에게 맡길 경우의 기회비용 또한 커지는 것이다. 그래서 잘 나가던 직장을 그만두고 육아에 전념하는 경우도 종종 있다. 그런 사람들은 자신의 소득보다 아이를 직접 양육하는 것이 더욱 가치 있다고 판단한 것이다.

하지만 그렇게 판단을 하면서도 현실적으로 직장을 포기할 수 없는 사람들도 있다는 점을 간과해서는 안 된다. 직장을 그만두는 게 좋을까? 나쁠까? 이 질문에 대한 정답은 없다. 사람마다 환경과 가치관이 다르기 때문이다. 다만 기회비용을 따져보면 실패하는 확률을 낮추는 길잡이가 될 수 있다.

기회비용과 함께 합리적 선택의 과정에서 중요한 역할을 하는 또 다른 비용의 개념으로 매몰비용이 있다. 매몰비용이란 일단 지출한 뒤에는 어떤 선택을 하든지 간에 다시 회수할 수 없는 비용을 뜻한다. 쉽게 말해 본전 생각하여 더 큰 손실을 가져오는 경우를 말한다.

예를 들어 구입한 제품에 문제가 있어 회사에 전화를 걸면 대부분 ARS로 연결된다. 이때 상담원이 연결될 때까지 잠시 기다려 달라는 녹음된 음성을 듣고 나서 똑같은 음악을 반복해서 듣고 있다 보면 전화를 끊고 싶은 충동을 느낄 것이다. 그러나 망설이면서도 '조금만 더' 하면서 전화를 끊지 못하고 기다리는 것은 그때까지 들인 시간과 노력의 비용이 아깝기 때문이다. 이렇듯 사람들에게는 노력이나 시간을 들인 것을 만회하려는 마음이 있다.

기회비용은 경제학에서 선택의 영역을 의미하며, 이로 인한 효율성이나 비교우위를 가지고자 하는 것으로 의사결정을 내릴 때 활용하면 좋을 것이다.

맛집에 줄서서 기다리는 이유는 기대효용이 기회비용보다 높아서이다

음식점 앞에서 기다리는 것이 즐거운 이유는?

TV 음식 프로그램에 소개된 음식점 앞에는 늘 사람들이 길게 늘어선다. 그리고 배가 고파 죽겠다고 성화를 부리면서도 다른 가게로 가지 않고 자리가 나기를 기다린다. 이 사람들의 심리는 과연 무엇일까? 누구나 한 번쯤은 이런 경험이 있을 것이다. 비록 오래 기다리기는 했지만 음식 맛이나 서비스가 좋아서 낭비한 시간보다 더 큰 만족을 얻은 경우 말이다. 이럴 때 우리는 "기다린 보람이 있었네"라고 말한다.

여기서 '배가 고프지만 참고 기다려야 하는 시간'을 기회비용이라 하고, '음식이나 서비스를 통해 얻은 만족감'을 기대효용이라고 한다. 사람들은 기회비용보다 기대효용이 크기 때문에 그곳에서 음식을 사 먹은 것이다.

기회비용은 우리가 선택을 할 때마다 발생한다. 여러 가지 중에서 어느 하나를 선택한다는 것은, 나머지 다른 것들은 포기했다는 의미와도 같다. 따라서 이때 가장 우선적으로 고려할 것은 그 선택이 과연 잃어버릴 기회비용을 보상해주고도 남을 만큼 가치 있는 것인가 하는 점이다. 이때 선택을 통하여 자신이 얻게 되는 만족감을 기대효용이라고 하는데, 기대효용과 잃어버리게 되는 기회비용을 비교하여 합리적인 선택을 할 수 있는 안목을 가져야 한다.

예를 들어 기업에서 100만 원을 투자하여 사업을 시작한다고 한다면, 기업주는 고민을 할 것이다. 100만 원을 사업에 투자할 것인가? 아니면 그냥 은행에 저축해둘 것인가? 투자를 한다면 기회비용은 은행에 돈을 예금했을 때의 이자가 될 것이다. 만약 투자의 결과가 은행이자 이상이라면 투자를 하는 것이 합리적인 선택이라고 볼 수 있다. 왜냐하면 기회비용보다 더 많은 이익이 돌아올 수 있기 때문이다.

지각이 예상될 경우 택시를 탈 것인가, 벌금을 낼 것인가?

어느 직장에서 지각을 하면 벌금 1만 원을 내야 하는데 늦잠을 자는 바람에 평소대로 대중교통을 이용하면 회사에 5분 정도 늦을 것 같다고 하자. 택시를 타야 할지 말아야 할지, 여러분이라면 어떤 결정을 내릴 것인가? 택시비가 벌금보다 적게 나온다면 택시를 타는 것이 합리적인 의사결정일 것이다. 그렇다면 택시비가 1만 원 이상 나오면 차라리 지각하고 벌금 1만 원을 내는 쪽이 더 합리적일까? 꼭 그렇지만은 않다. 만일 그동안 지각을 여러 번 해서 근무평점이 나쁘게 나올 가능성이 크다면 택시비가 1만 원 이상 나오더라도 택시를 타는 쪽이 합리적일 수도 있다.

이처럼 살아가면서 기회비용을 계산하는 것은 간단치가 않다. 선택을 한다는 것은 곧 경제활동의 시작이기 때문에 살아가면서 선택의 갈림길에 놓일 때가 종종 있을 것이다. 그런 의미에서 로버트 프로스트의 〈가지 않은 길〉이라는 시를 일부 소개하고자 한다.

가지 않은 길

노란 숲 속에 길이 두 갈래로 났었습니다.
나는 두 길을 다 가지 못하는 것을 안타깝게 생각하면서,
오랫동안 서서 한 길이 굽어 꺾여 내려간 데까지,
바라다볼 수 있는 데까지 멀리 바라다보았습니다.
그리고, 똑같이 아름다운 다른 길을 택했습니다.
〈중략〉
훗날에 훗날에 나는 어디선가
한숨을 쉬면서 이야기할 것입니다.
숲 속에 두 갈래 길이 있었다고,
나는 사람이 적게 간 길을 택하였다고,
그리고 그것 때문에 모든 것이 달라졌다고.

20세기 미국에서 가장 존경받는 기업인이자 '소프트웨어의 황제', '세계 최고의 갑부'인 빌 게이츠. 그는 하버드대 재학 시절 최초의 마이크로컴퓨터용 프로그래밍 언어를 개발했고 대학 2학년 때 폴 알렌과 함께 자신들이 설립한 마이크로소프트에 보다

전력하기 위해 대학을 중퇴했다. 그의 탁월한 식견과 과감한 선택이 없었다면 오늘날과 같은 편리한 PC환경을 얻기까지 아마 더 많은 시간이 걸렸을 것이다. 애플의 창업주이자 '아이폰(iPhone)' 신화의 주역인 스티브 잡스도 빌 게이츠와 유사한 경력을 가지고 있다.

그들이 대학을 졸업했다면 안정된 직장과 연봉이 보장된 길을 갔을 것이다. 그러나 그들은 안정된 삶을 포기하고 20대 초반에 어렵고도 험난한 벤처사업을 시작했다. 당신이라면 어떠한 선택을 했을까? 두 가지 길을 다 가본다면 좋겠지만 우리에게 주어진 시간과 자원은 한정되어 있기에 '가지 않은 길'에 대한 미련이나 아쉬움, 후회가 최소화되도록 매 순간 신중해야 하고 또 현명한 선택을 해야 할 것이다. 이때 필요한 것이 바로 기대효용과 기회비용 등을 두루 고려하는 자세라고 하겠다.

아기돼지 삼형제의 선택이 주는 가치

《아기돼지 삼형제》라는 동화를 기억하는가. 이 동화 속에 등장하는 아기돼지들은 성격이 제각각이다. 첫째 돼지는 게을러서 일을 잘 하지 않고, 둘째 돼지는 먹을 것만 좋아하는 먹보이고, 막내는 두 형과는 달리 부지런히 일하는 성실한 돼지였다. 엄마돼지는 첫째, 둘째가 걱정이 되었지만 독립을 할 때가 되었으니 각자 집을 지어 나가 살라고 하였다. 아기돼지 삼형제는 각자 어떻게 하였을까?

첫째 돼지는 한 시간 만에 짚을 모아서 대충 집을 짓고는 잠을 잤고, 둘째 돼지는 나무를 쌓아올려 집을 완성한 뒤 건넛마을로 사과를 먹으러 갔다. 막내 돼지는 벽돌로 집을 짓기 시작하여 밤이 되어서야 비로소 집을 완성할 수 있었다. 셋째 돼지는 분명히 두 형보다 더 많은 시간을 투자해서 집을 지었다. 그랬기 때문에 잠도 못 잤고 사과도 못 먹었다. 잠과 사과, 시간이 모두 집을 짓는 것 때문에 포기한 기회들이었던 셈이다.

하지만 결과적으로 자기가 선택한 것에 만족한 돼지는 제일 많은 시간을 투자했던 셋째 돼지밖에 없었다. 셋째 돼지는 자신의 시간을 투자해서 안전한 터전을 만든 것이다. 늑대가 찾아왔을 때 짚으로 만든 첫째 돼지의 집은 "후~"하는 입김 한 번에 날아가 버렸고, 나무로 쌓아올린 둘째 돼지의 집도 재채기 한 번으로 무너졌지만, 셋째 돼지의 벽돌집은 돼지들을 안전하게 보호해주었기 때문이다.

사람들은 항상 선택을 하면서 살아간다. 제과점에서 빵 하나를 고르더라도 어떤 것을 먹을 때 가장 만족감을 느끼는지 생각한 뒤 선택하며, 옷 한 벌, 신발 한 켤레를 사더라도 가장 만족스러운 것을 선택해서 구매한다.

아기돼지 삼형제도 마찬가지였다. 첫째 돼지는 한 시간 만에 집을 지은 대신 잠을 선택했고, 둘째 돼지는 튼튼한 집보다 사과를 선택한 셈이다. 물론 시간도 적게 들였다. 하지만 셋째 돼지는 밤늦게까지 튼튼한 집을 짓기 위해 시간과 사과와 잠을 포기했다. 여기서 셋째 돼지가 포기한 시간과 사과와 잠의 가치를 바로 기회비용이라고 한다.

셋째 돼지의 기회비용이 다른 돼지들보다 더 많기는 했지만,

대신 튼튼한 집을 지어서 늑대로부터 몸을 지킬 수 있었기 때문에 기회비용보다 선택의 가치가 더 컸다고 할 수 있다. 이런 것이 바로 유익한 경제의 선택이다. 비싼 기회비용을 치러야 하지만 그로 인한 선택이 미래에 더 큰 가치로 되돌아올 수 있기에, 신중하게 판단하고 소신 있게 일을 시작하고 도전하는 것은 분명 의미 있는 일이다.

남대문 화재로 국민들이 마음 아파하는 것은 그 희소성 때문이다

세상에 단 하나뿐인 소중한 남대문

2008년 2월 10일 우리나라 국보 1호인 남대문(숭례문)이 방화로 어이없이 불타버렸다. 2층 누각이 불탄 조각으로 변하여 조상의 혼이 깃든 숭례문을 원형 그대로 다시 볼 수 없다는 사실이 국민들을 더욱 안타깝게 만들었다. 대한민국의 자존심인 남대문이 무너지는 순간 대한민국이 무너지는 듯한 느낌을 준 것은 대한민국의 국보 1호는 일반 대문과는 다른 희소성을 가진 세상에서 유일한 것으로 그만큼 상징성이 있었기 때문이다.

예전에 모 정유사의 CF 광고 중에 이런 것도 있었다. 인기 영화배우 두 명이 중동 사람 차림으로 차를 타고 주유소에 간다. 한 배우가 다른 배우에게 "압둘라, 이 주유소는 정말 좋아"라고 이야기함과 동시에 주유소 직원이 생수 한 병을 증정품으로 운전자에게 전달한다. 영화배우는 깜짝 놀라며 이렇게 말한다. "아니! 이 귀한 것을……!"

평소에 기름을 넣으면 주유소에서는 이 CF 광고에서처럼 생수나 티슈를 준다. 그런데 주유소에서 사은품으로 주는 생수를 귀한 것이라고 생각하며 감동하는 사람은 없다. 그러나 만약 이 주유소가 사막에 있었다면 사정은 달라질 것이다. 우스갯소리지만 그곳에서는 생수를 사면 휘발유를 사은품으로 증정해야 할지도 모른다. 물이 석유보다 더 구하기 어려운 곳이 중동의 사막이기 때문이다. 이처럼 필요량보다 공급량이 적어 구하기 어려운 경우를 '희소성'이 크다고 말한다. 여기서 유념해야 할 점은 희소성이란 때와 장소에 따라 달라진다는 것이다.

높이 올라갈수록 아이스크림 가격도 올라간다

선풍기가 매우 귀하던 시절이 있었다. 아주 돈 많은 부잣집이나 번화가의 찻집에나 간신히 한 대씩 있던 시절에는 그 가격도 가격이지만, 전기까지 귀해서 선풍기 한 대를 유지하려면 비용이 이만저만 들어가는 것이 아니었다. 하지만 지금은 대략 3만 원 정도면 누구나 선풍기를 구매할 수 있다. 기술의 발전으로 대량생산이 가능해짐으로써 가격이 하락한 것이다. 과거에는 희소한 상품이었지만, 이제는 필요로 하는 양보다 더 많은 생산이 가능해졌기 때문에 희소성이 변화했다고 할 수 있다.

희소성은 장소에 따라 달라지기도 한다. 시내에서 300원에 사 먹던 아이스크림을 산에서는 더 비싸게 주고 사 먹은 경험이 한 번쯤은 있을 것이다. 때로는 등산로 입구에서 500원에 팔던 것을 산 정상에서는 1,000원에 팔고 있는 경우도 있다. 이처럼 고도에 따라 가격이 달라지는 이유는 무엇일까? 그곳까지 운반하는 데 드는 비용이 추가된 이유도 있지만, 산꼭대기까지 가서 아이스크림을 파는 사람은 별로 없으므로 아이스크림을 구하기가 매우 어렵기 때문이다. 즉, 아이스크림의 희소성이 산 정상으로 갈수록 커지는 것이다.

오 헨리의 소설 《마지막 잎새》를 보면, 소녀는 나무의 마지막 잎이 떨어지면 자신이 죽는다는 생각을 한다. 그러다가 비바람이 몹시 세차게 휘몰아치던 날 밤에 화가 할아버지가 담장에 똑같이 그려 넣은 마지막 잎을 보고 건강을 회복한다는 이야기이다. 만약에 그 나무에 많은 잎사귀가 붙어 있었다면, 소녀는 나무의 잎사귀를 대수롭지 않게 생각했을 것이다. 그리고 비바람이 몰아치던 날 밤에 나무에서 떨어지지 않고 꿋꿋이 견딘 잎사귀도 그저 다른 잎사귀들과 똑같은 잎사귀처럼 여겼을 것이다. 다시 말하자면, 나무에 붙어 있던 마지막 잎은 다른 잎사귀와는 다른 희소성을 가지고 있었던 것이다.

희소성의 또 다른 예로, 《마지막 수업》이라는 소설을 들 수 있다. 독일군의 점령하에 들어간 프랑스 마을에서 독일군의 명령으로 프랑스어 수업을 더 이상 진행하지 못하게 되자 마지막으로 프랑스어 수업을 진행한다는 내용이다. 주인공은 그간 열심히 공부하지 않은 것을 후회하며, 눈물을 흘리면서 마지막 프랑스어 수업을 듣는다. 마지막이란 것은, 희소성이 풍부하다는 의미를 던져준다. 만약 내일도 똑같은 프랑스어 수업이 계속되거나, 잠시 중단되었다가 조만간 다시 수업을 들을 수 있다고 생각한다면, 이 마지막 수업은 그저 똑같은 프랑스어 수업에 지나지 않았을 것이다.

여기서는 마지막이라는 것과 더 이상 경험할 수 없다는 의미에서 더욱 특별해진 것이다. 그런 이유에서 희소성이 있는 재화는 항상 동종 재화보다 높은 가격에 거래되는 경향이 있다.

오바마 대통령 당선자가 상원의원 시절 의회에서 장난삼아 그린 것으로 알려진 스케치 한 장이 전 세계 누리꾼들 사이에서 인기다. 상원의원 척 슈머, 민주당 상원 원내총무 해리 라이드 등을 그린 것으로, 미국 누리꾼들은 한눈에 누군지 알아볼 수 있을 정도로 해당 인물의 특징을 잘 그린 것이라고 입을 모았다. 결국 오바마의 사인까지 들어간 이 한 장의 그림은 오바마의 현재의 인기를 반영한 듯 무수한 경쟁 끝에 2,075달러에 낙찰되었다.

《뉴욕타임스》도 평소의 발행 부수보다 35% 늘려 찍어냈지만, 금세 매진되었다. 급히 7만 5천 부를 더 인쇄해 가두 판매점에 깔았으나 턱없이 부족했다. 이베이 같은 인터넷 경매 사이트에서는 《뉴욕타임스》 한 부의 가격이 치솟기 시작하더니 4백 달러(약 53만 원)에 거래되기도 했다. 《뉴욕타임스》는 곧 한정 기념판을 인쇄해 판매하였다.

이에 대해 AFP 통신은 "독자들이 건국 232년 만에 최초의 흑인 대통령 탄생이라는 기념비적인 사건을 기억하기 위해 종이 신문을 찾았다"라고 보도했다. 여기서 좀 더 나아가 디지로그 시대가 도래했음을 의미하는 현상이라고 분석하는 견해도 나왔다. 디지털의 대표주자 격인 인터넷을 통해 오바마와 관련된 수많은 소식들이 쏟아져 나오는데도 독자들은 굳이 아날로그 매체인 종이 신문을 손에 쥐기를 원했다는 것이다. 아날로그만이 전할 수 있는 감동을 느끼고 싶어서이다.

이처럼 희소성은 항상 변하게 마련이다. 희소성의 발생은 적은 공급과 많은 수요에 의해 결정된다. 그래서 그런지 요즘 오만한 마케팅이 뜬다고 한다. 가게 문을 닫아걸고 예약된 손님에게만 판매를 해서 제품의 희소성을 극대화하는 것이다. 이렇게 함으로써 누구나 그 제품을 이용하는 데서 오는 희소성의 하락을 막고, 다른 제품과의 차별화를 통해 그 제품만의 희소성을 유지시켜 나가는 것이다. 핸드폰의 스페셜 에디션 한정판매나 쥬얼리샵에서 동일한 제품을 많이 안 만드는 것도 희소성을 유지하는 한 방법이라고 할 수 있겠다.

희소성은 때와 장소에 따라 달라진다

지난 2006년 1월부터 5,000원 신권이 발행되었다. 그런데 당시 조폐공사에서 실수로 지폐에 위조방지를 위해 붙여놓은 홀로그램이 없는 지폐가 시중에 유통되는 일이 벌어졌다. 그런데 놀라운 것은 인터넷 경매 사이트에서 이 지폐가 100만 원 이상에 거래되었다는 사실이다. 그렇다면 왜 그 불량 지폐가 본래 가지고 있는 5,000원 이상의 가격으로 거래되었던 것일까? 그것은 바로 불량 지폐의 수보다 불량 지폐를 소유하고 싶어 하는 사람이 더 많았기 때문이다.

경제에서는 이런 것을 '희소가치'라고 하는데, 이 희소가치는 수요와 공급에 의해 결정된다. 예를 들어 과자가 딱 5개 있는데 이 과자를 먹고 싶은 사람이 다섯 사람이라면 1개씩 골고루 돌아가겠지만 먹고 싶은 사람이 열 사람이라면 이 과자의 희소가치는

2배가 오른다.

이처럼 희소가치는 고정되어 있는 것이 아니라 상황과 장소에 따라 달라진다. 예를 들어 우리의 삶에서 물은 아주 소중한 것이다. 사람은 물 없이는 1주일 이상을 살 수가 없다. 반면 다이아몬드는 소유하지 않더라도 세상을 살아가는 데 큰 불편함이 없다. 하지만 그렇게 소중한 물의 가격도 다이아몬드에는 비교할 바가 아니다. 그 이유는 다이아몬드의 공급은 적은 데 반해, 다이아몬드를 갖고 싶어 하는 사람은 많기 때문이다.

이처럼 희소가치가 변화하여 가격이 변동되는 경우는 실생활에서 얼마든지 찾아볼 수 있다. 장마나 태풍 피해가 발생하면 시장에 공급되는 농작물의 양이 적어지는데 농작물에 대한 수요는 큰 변화가 없기 때문에 가격이 오른다. 이와는 반대로 신제품이 출시되면 구형제품은 가격이 떨어지는데, 이것은 신제품으로 인하여 구형제품에 대한 수요가 줄어들기 때문이다. 이처럼 어떤 사물의 값어치는 그 사물을 사람들이 얼마나 필요로 하느냐에 따라서 결정되기 때문에 상황과 장소에 따라 다를 수밖에 없다.

주말에 펜션 대여료가 비싼 것은 수요-공급의 원칙이 적용된 것이다

입장권은 등급에 따라 가격이 다르다

온 국민을 열광의 도가니로 몰고 갔던 2002년 한·일 월드컵. 매 경기마다 터져 나오던 함성과 감동이 지금도 생생하다. 그렇다면 월드컵 당시 입장료가 얼마에 거래되었는지 혹시 알고 있는가?

당시 국내에서 판매되던 입장권은 크게 세 등급으로 나뉘어 있었는데, 경기마다 가격이 달랐다. 1등급 티켓을 예로 들면, 조 예선전에서는 165,000원이었던 것이 16강전은 247,500원, 8강전은 330,000원, 준결승전에서는 550,000원에 거래되었다. 물론 2등급, 3등급 티켓도 결승전에 가까워질수록 가격이 계속 상승하였다.

같은 경기장, 같은 등급의 좌석인데 왜 이처럼 티켓 가격이 달라지는 것일까? 그것은 결승에 가까워질수록 사람들의 관심이 높아지기 때문이다. 예선전이 치러질 때까지는 무관심하던 사람들도 경기가 16강에서 8강으로, 또 준결승에서 결승으로 올라갈수록 관심이 높아져 경기를 관람하고자 하는 사람들이 그만큼 늘어나는 것이다. 경기장에 들어올 수 있는 인원은 한정되어 있는데 입장하고자 하는 수요가 늘어나면 가격은 높아질 수밖에 없다. 또 한 경기 내에서도 좌석에 따라 가격이 다른데, 이것도 같은 이유 때문이다. 누구나 경기의 진행 상황이 잘 보이고 선수의 동작을 생생히 지켜볼 수 있는 곳에서 관람하고 싶어 하기 때문에 편의상 등급을 나누어 가격을 다르게 책정하는 것이다.

경기장이나 공연장뿐만 아니라 우리가 즐겨 찾는 영화관에서도 수요-공급의 원칙에 따라 가격이 달라진다. 대표적인 것이 바로 조조할인(早朝割引)으로, 판매되는 상품(상영되는 영화)과 좌석 모두 동일하지만 시간에 따라 가격이 달라진다는 차이점이 있을 뿐이다. 아침 일찍 영화를 보러 오는 사람은 그리 많지 않기 때문에 관람료를 할인해줌으로써 관객을 유치하고자 하는 것이다. 반대로 주말에는 영화 관람요금이 평일보다 더 비싼 경우가 많은데, 시내 중심의 영화관은 대부분 그런 추세이다. 주말에는 영화를 보려는 사람들이 급격히 증가하기 때문에 이때는 값을 조금 올린다 해도 기꺼이 그 값을 주고 영화를 보려고 하기 때문이다. 이처럼 같은 상품이지만 팔리는 시간에 따라 값이 바뀌는 현상을 우리 주변에서는 흔히 볼 수 있다.

만약 여러분이 어떤 상품을 소비해야 할 때 이처럼 하루에도 여러 번 값이 바뀌는 제품이라면, 굳이 비싼값을 주기보다 사람들의 수요가 줄어드는 시간에 물건을 사는 것도 돈을 아끼는 방법 중 하나이다. 왜냐하면 우리가 느끼는 만족이 돈을 더 주거나 덜 주어도 같다면, 굳이 비싼값을 치를 필요는 없기 때문이다.

주말에 펜션 대여료가 비싼 것도 마찬가지다. 주 5일제 근무로 인해 금요일 저녁부터 여가를 즐기려는 사람들이 몰리면서 최근에는 금요일부터 토요일까지의 펜션 숙박요금이 가장 비싸고, 일요일 밤부터 평일까지는 할인된 가격으로 판매되는 경우가 많다. 그러므로 평일에 특별한 일정이 없는 사람이라면 주말을 피해 여행지를 찾는 것도 경제적인 방법이다.

상품이나 서비스의 수요가 많은 시기를 성수기라고 하고, 그 반대의 경우를 비수기라고 부른다. 명절 차렛상 마련을 위한 제수용품, 어버이날 카네이션, 크리스마스 케이크 등 특정한 날짜에 대부분의 사람들이 같은 물건을 필요로 할 경우 바로 전날은 성수기에 해당하며 가장 비싼 가격에 거래된다.

수요와 공급에 의해 가격이 수시로 변하는 것도 있지만, 공산품의 경우는 예외이다. 수요와 공급에 따라 수시로 가격을 변동시키면 공급자와 수요자 모두에게 손해가 가기 때문이다. 공급자의 경우 수시로 가격을 바꿀 경우 거기에 들어가는 비용이 만만치가 않다. 가격표를 바꾸는 데 들어가는 비용과 새로운 가격을 알리는 데 들어가는 비용이 크기 때문이다. 소비자의 입장에서도 예측 가능한 가격을 알고 싶어 하기 때문에 일정 기간 동안의 원가 계산을 통해서 가격을 정기적으로 올리거나 내리는 것이다. 하지만 농산물이나 어패류와 같은 자연 생산품처럼 작황과 어획량에 따라서 수시로 가격을 바꿀 수밖에 없는 상품도 있다. 심지어 횟집에서는 가격표에 '싯가'라고 명시하여 시세대로 상황에 따라 값을 달리 받는 경우도 많이 있다.

이처럼 어떤 상품의 가격은 고정된 것이 아니라 그 시점의 수요와 공급으로 결정되는 것이기 때문에 어떤 선택을 할 때에는 이러한 변수도 잘 고려해야 한다. 또한 장차 필요한 것인데 미리 준비해둘 수 있는 물건이 있다면 성수기를 피해서 구매하는 소비 습관을 길러 수요와 공급의 원리를 머릿속에 잘 새겨두고 활용하면 누구나 똑똑한 소비자로 거듭날 수 있을 것이다.

황금 시간대의 광고료가 가장 비싼 이유는?

오랜 세월 인기를 끌었던 모 회사의 라면류 제품 광고가 있다. "일요일은 내가 요리사"라고 말하며 아이들끼리 즐겁게 조리해서 먹는 모습을 보여준 것이 바로 그것이다. 일요일에는 학교에 가지 않기 때문에 대부분의 아이들이 늦잠을 자다가 일어나서 TV를 보는데 때마침 이 광고가 방영되면 구미를 자극할 수밖에 없다. 그런데 우리가 '때마침'이라고 느끼는 바로 그 순간이 결코 우연이 아니라 의도된 타이밍이라는 사실을 알고 있는가?

주어진 짧은 시간 동안 소비자에게 제품을 각인시키기 위해서는 철저한 계산 아래 다양한 방법들이 동원된다.

그렇다면 광고료는 어떻게 정해질까? TV 광고는 얼마, 라디오 광고는 얼마, 이렇게 일률적으로 정해져 있지는 않다. 물론 그 기준은 있지만 수요와 공급의 원칙에 따라 가격 차이가 크다.

수많은 매체 중에서도 단연 광고의 꽃이라 할 수 있는 TV 광고료는 다양한 변수에 의해 결정되는데 우선 시간대가 가장 결정적인 요소이다. 평일 기준으로 낮 12시에서 오후 4시 사이의 광고

단가가 가장 낮고, 오후 8시부터 11시 사이가 가장 비싼 황금시간대라고 한다. 그 다음이 시청률이다. 기업은 더 많은 사람들이 광고를 보는 것을 원한다. 따라서 인기 있는 드라마나 뉴스 시간대, 혹은 월드컵이나 올림픽 같은 인기 스포츠 경기를 하는 시간대를 좋아한다. 시간은 한정되어 있고 광고를 원하는 기업은 많다 보니 광고료는 자연히 올라간다. 반대로 시청률이 낮은 프로그램이나 밤늦은 시간대에는 광고하려는 기업이 상대적으로 적기 때문에 광고료도 그만큼 낮다.

평균 시청률 35% 내외를 기록하며 종영한 〈태왕사신기〉라는 드라마의 경우, 방영 직전에 전파를 타는 15초 광고의 단가가 1,500만 원 정도였다고 한다. 이로 인해 방송사가 거둬들인 광고 수입이 그야말로 어마어마한 액수였던 것이다. 반면 가장 비싼 시간대에 편성됐는데 시청률이 10%도 안 되는 프로그램이라면 광고주들은 아예 광고를 빼버리거나, 다른 프로그램에 광고를 넣어 달라고 요청한다. 아무리 황금 시간대라도 시청률이 낮으면 광고가 들어오지 않기 때문에 방송사는 상당한 손해를 입게 되는 것이다. 방송사들이 시청률에 목숨을 거는 이유는 광고 수입을 무시할 수 없기 때문이다.

기업이 소비자에게 물건을 팔듯이, 한국방송광고공사와 방송사는 기업이나 광고주에게 광고 시간대를 판다. 이 과정에서 예외 없이 수요-공급의 원칙이 적용된다.

우리는 광고 덕분에 돈을 안 내고 TV 프로그램을 볼 수 있으며, 광고는 소비자에게 제품에 대한 정보를 제공한다. 이처럼 광고에는 유용한 측면이 있다. 하지만 제품을 살 때 광고를 너무 믿으면 안 된다. 왜냐하면 광고는 기업이 더 많은 제품을 팔기 위한 수단이기 때문이다. 근사한 배우를 섭외하거나 이국적인 분위기를 물씬 풍기면서 시각적, 청각적 효과를 총동원할 뿐 아니라 때로는 허위·과장 광고도 있다. 또한 제품의 가격에는 우리가 본 광고 비용이 고스란히 녹아 있다. 따라서 광고에 의존하기보다는 직접 제품을 비교하고 꼼꼼히 따져본 뒤에 구매하는 습관을 지녔으면 한다.

영화 두 편보다 영화 한 편과 저녁식사를 원하는 것은 무차별의 법칙이다

짬뽕과 자장면에도 경제학이 있다?

경제학은 자원의 희소성과, 그 희소성 때문에 각 경제 주체들이 경제활동을 하는 과정에서 제한된 자원을 얼마나 합리적으로 배분하는가를 연구하는 데 있다고 볼 수 있다. 이를 소비자 측면에서 쉽게 말하자면, 짬뽕과 자장면을 동시에 무한정 먹을 수 없기 때문에 반드시 짬뽕과 자장면의 적절한 조합을 선택해야 하는 것과 비슷하다. 소비자가 적절한 조합을 선택한다면 만족도가 높아지는데, 이때 느끼는 만족도를 효용이라고 부른다.

그렇다면 당신이 만약 짬뽕과 자장면의 기로에 서 있다면 과연 어떠한 기준으로 두 재화의 적절한 조합을 선택할 것인가? 우선 짬뽕 한 그릇이 주는 효용과 자장면 한 그릇이 주는 효용을 정확한 수치로 측정할 수 있다면 그것을 기수적 효용(cardinal utility)이라고 한다. 짬뽕 한 그릇의 효용이 1, 자장면 한 그릇의 효용이 2라고 한다면 자장면 한 그릇이 소비자에게 주는 기쁨의 정도가 정확하게 짬뽕의 2배이기 때문에 소비자는 자장면의 소비를 늘리고 짬뽕의 소비를 줄일 것이다.

무차별곡선을 보면 만족도가 보인다

소비자가 상품 묶음의 만족도에 따라 순위를 매길 수 있다는 기수적 효용의 가정은 소비자가 같은 만족 순위를 갖는 상품 묶음을 선별할 수 있다는 가정을 포함하고 있다. 그리고 이 가정에 의해 소비자가 느끼는 만족 순위가 같은 상품 묶음들을 그래프로 나타낸 곡선을 '무차별곡선(indifference curve)'이라고 부른다. 여기서 무차별곡선은 소비자의 만족 수준에 차이가 없는, 즉 만족 수준이 동일한 곡선이라는 뜻이다. 다시 말하자면 무차별곡선이란 소비자들이 무차별하다고 느끼는 시장바구니들을 나타내는 점들의 궤적을 말한다.

소비자가 자기의 소득을 여러 재화 및 서비스를 구입하는 데 있어 어떻게 배분하는가를 설명하는 이론을 소비자 선택 이론이라고 하는데, 이 이론의 기본이 되는 것이 바로 무차별곡선이다.

소비자 선택 이론은 사람들이 소비자로서 직면하는 맞교환 관계를 고찰한다. 어떤 소비자가 한 재화를 더 산다면 그만큼 다른 재화를 살 수가 없다. 어떤 사람이 여가시간을 더 가지면 일하는 시간은 줄고, 따라서 소득도 줄어 소비를 줄여야 할 것이다. 또, 그 사람이 소득의 대부분을 현재에 소비하고 저축을 줄이면 미래의 소비는 줄어들 것이다. 소비자 선택 이론은 이처럼 맞교환 관계에 직면한 소비자가 어떻게 의사결정을 하며, 환경의 변화에 적응하는지를 살펴보고자 하는 것이다.

한 소비자가 하나의 사과와 4개의 바나나를 받는 경우와 2개의 사과와 2개의 바나나를 받는 경우, 5개의 사과와 하나의 바나나를 받는 경우를 비교할 때 이러한 다양한 조합들로부터 얻는 만족도가 같다면 이들 조합들은 동일한 무차별곡선상에 위치한다고 말한다.

대부분의 사람들은 보다 많이, 그리고 보다 좋은 물건을 소비하기를 원하지만 사람들이 하고 싶은 모든 소비를 할 수 없는 것은 주어진 소득에 한계가 있기 때문이다.

이를 단순화하여 살펴보기 위해 한 소비자의 월 소득이 5만 원이고 소득의 전부를 빵과 달걀을 사는 데 쓴다고 가정해보자. 빵은 하나에 1,000원이고 달걀은 하나에 500원일 경우 '빵 40개와 달걀 20개', '빵 30개와 달걀 40개', '빵 20개와 달걀 60개'를 소비하더라도 모든 재화의 묶음은 정확히 5만 원어치다. 이런 식으로 같은 효용을 주는 조합을 무수히 찾을 수 있는데, 이를 모은 것이 무차별곡선이다. 그리고 무차별곡선상의 빵-달걀의 조합에서 소비자에게는 만족의 차이가 없다. 즉, 모두 무차별하다는 것이다. 만약 이 소비자가 빵의 소비를 줄이면 같은 만족 수준을 유지하기 위해 달걀의 소비를 증가시켜야 한다.

이때 무차별곡선상의 한 점의 기울기는 그 점에서 소비자가 만족 수준을 일정하게 유지하면서 한 재화를 다른 재화로 대체할 때 교환되는 두 재화의 비율을 나타낸다. 이 비율을 한계대체율이라고 한다. 이 경우 한계대체율은 빵의 소비가 한 단위 감소할 때 효용을 유지하기 위해 증가해야 하는 달걀의 양이다.

이처럼 소비자의 만족을 정확하게 측정할 수만 있다면 더 이상 편한 방법이 없을 것이다. 그런데 안타깝게도 우리가 하는 모든 선택의 경우를 수치화할 수 있는 것은 아니다. 그리고 각 선택에 따른 효용은 사람마다 다를 수 있다. 따라서 우리는 현실생활에서 자신의 필요와 요구에 따라 적절한 선택을 하고, 이를 통해 만족감을 최대화하기 위해 노력해야 한다.

무엇이든 많다고 좋은 것은 아니다

소비자는 경제활동에서 가장 중요한 의사결정 단위 중 하나이다. 이러한 소비자의 행동을 결정하는 중요한 요소의 하나로 소비자의 기호 혹은 선호를 들 수 있다. 우리는 소비자의 선호가 어떤 기본적인 특성을 가지고 있어서 2개의 시장바구니가 있을 때, 소비자가 둘 중에서 어느 하나가 좋은지 또는 그들이 무차별한지를 알 수 있다고 가정한다. 또한 소비자에게 있어 상품의 양이 많을수록 더 많은 만족을 준다고 가정한다. 하지만 현실에서는 뭐든 많이 있다고 해서 만족도가 높은 것은 아니다. 다음의 두 사례를 한번 생각해보자.

#1. 엄마 친구가 철수에게 아이스크림 10개를 사주셨다. 3개는 맛있게 먹었지만 7개는 먹기 싫었던 철수는 아이스크림을 바꾸려고 슈퍼에 갔다. 아뿔싸! 아이스크림이 녹아 쓸모없어졌다. 철수는 '아이스크림 3개와 빵 7개가 있었으면 얼마나 좋았을까?' 하고 생각했다.

#2. 젓가락 3개를 가진 사람과 2개를 가진 사람 중 누가 더 쓸모 있게 젓가락을 쓸까? 둘 다 똑같다. 젓가락은 2개가 한 짝이 돼야 쓸모가 있기 때문이다. 야구 역시 1개의 공과 글러브 9개가 필요하다.

무엇이든 많이 갖고 있으면 경제에서 만족도를 높일 수 있다고 생각하기 쉽지만, 최적(最適)의 구성이 되어야 만족도가 올라가는 것이 있다. 예를 들어 야구가 그렇다. 야구를 하기 위해서는 선수 18명(2개 팀)이 필요하지만 그 이상이 되면 18명의 2배수(36명)가 되기 전에는 각각 다른 경기를 할 수가 없다.

이 같은 현상을 발견한 경제학자가 바로 바실리 레온티예프(Wassily Leontief, 1906~1999)로 러시아에서 태어나 하버드대 경제연구소장을 지낸 인물이다. 그는 무엇이든 많이 있다고 만족도(효용)가 늘어나지 않는다는 것을 밝혀냈으며, '레온티예프 모형'을 처음 만들어 1973년 노벨경제학상을 받았다. 레온티예프는 최적의 자원을 나눠주고 남는 자원에 대한 교환을 통해 효용을 높일 수 있다고 보았다.

야구기 하고 싶은데, 사람은 9명이 있고 글러브는 20개가 있는데 배트와 공이 없다면 어떻게 해야 할까? 남는 글러브 11개를 배트와 공을 가진 사람과 바꾼다면 경기를 할 수 있을 것이다. 즉, 넘치는 자원을 부족한 자원과 바꿔 만족을 높이는 것으로 이와 같은 원리에 의해 국가끼리 무역이 이루어진다고 본 것이다.

배 두 박스보다는 사과와 배 한 박스씩!

사람들은 자기가 많이 가진 것을 남이 많이 가진 것과 바꾸어 쓰기도 하고, 불필요한 것은 교환을 하며, 제한된 예산을 가지고 효율적으로 구매하기 위해 노력을 한다.

예를 들어 같은 값이라면 영화관에 두 번 가는 대신 영화관 한 번과 저녁식사를 하는 것이 효용을 더욱 높여줄 수 있다. 또 배 두 박스보다는 사과와 배를 각각 한 박스씩 받는 것을 더 좋아할 것이다.

이렇듯 생활 속에서 최적의 선택을 하기 위해서는 동일한 조건(금액)이라도 선호도가 다를 수 있다. 무차별곡선상에서는 세 가지 선택이 동일해도 어느 하나를 증가시키면 나머지는 줄여야 한다. 따라서 우리는 만족감을 최대화하기 위해 자신에게 필요한 것들을 적절히 선택하는 것이 필요하다.

소비자가 자신의 소득으로 구입할 수 있는 여러 상품의 묶음 중에서 가장 큰 만족감을 주는 것을 선택하는 것을 소비자의 최적선택이라고 한다. 여기서 말하는 자신의 소득이란 경제학에서 소비자 선택의 제약조건, 즉 예산선을 말한다. 그리고 만족감이란 소비자의 주관적 선호 또는 효용으로, 앞서 이야기한 무차별곡선으로 나타낼 수 있다. 가장 큰 만족감이란 바로 이러한 조건들 즉 예산을 바탕으로 하여 얻을 수 있는 가장 큰 효용으로서 효용 극대화라는 개념으로 말할 수 있다.

새해 계획과 각오가 작심삼일로 끝나는 것은 한계효용 체감의 법칙이다

시간이 지날수록 성취감은 줄어든다

새해가 되면 많은 사람들이 자기만의 목표와 계획을 세우고 실천을 다짐한다. 이 순간 여러분도 올 초 계획은 어떤 것이었는지 되새겨보기를 바란다. 꾸준히 잘 지켜오고 있는지, 계획을 세울 틈도 없이 바쁘게 살아왔는지, 혹은 내가 세운 계획이 무엇이었는지조차 까맣게 잊어버린 것은 아닌지…….

누구나 삶의 목표가 있고 이루고자 하는 소망이 있는데, 그러한 소망을 이루기 위해서는 먼저 구체적인 계획을 세우고 그 계획을 달성하기 위한 노력이 뒤따라야 한다. 그런데 계획을 세우는 사람은 많은데, 성공을 했다는 사람은 보기 어렵다. 아무리 굳게 결심한 각오도 시간이 지나면 흐지부지되는 경우가 그만큼 많기 때문일 것이다. 처음에는 굳게 각오하고 지키려고 노력하지만 시간이 지날수록 점차 그러한 각오가 허물어지는 이유는 무엇일까? 의지력이 부족해서일 수도 있고 사정상 그 목표를 달성하기 어려운 경우도 있겠지만, 경제학적인 관점에서 본다면 각오했던 목표를 하루하루 달성해나가면서 얻게 되는 성취감이 차츰차츰 줄어들기 때문이라고 볼 수 있다.

달리기 시합에서 골인 지점에 들어왔을 때 처음 마시는 물은 세상의 그 무엇과 바꾸어도 부족함이 없을 만큼 소중한 것이지만, 연속해서 마신다면 처음 마신 물처럼 시원하고 맛있을까? 아마도 두 번째로 마시는 물이 처음 마시는 물의 상쾌함보다 적을 것이고, 두 번째보다는 세 번째가 더 적을 것이다. 그리고 계속해서 마시다 보면, 배가 불러서 나중에는 물을 마시는 것 자체가 싫어질 것이다.

경제학에서는 이러한 상황이 벌어지는 이유를 한계효용이 체감하기 때문이라고 말한다. 한계효용이란 어떤 재화를 소비(혹은 획득)할 때 추가적으로 소비하는 재화를 통해 얻게 되는 만족감을 말하는데, 이러한 만족감은 점차 감소하는 경향이 있다. 예를 들어 공복일 때 빵 1개의 효용은 대단히 크지만 2개째의 효용은 최초의 빵 1개보다는 분명히 적을 것이다. 이와 같이 3개, 4개로 증가하면 그때마다 빵에 대한 효용은 점차 감소하여 그러다가 배가 부를 지경이 되면 빵을 먹어도 만족도가 증가하지 않고 오히려 불쾌감이 들 것이다.

이러한 한계효용의 관점에서 보면 새해의 각오가 작심삼일로 끝나버리는 이유도 각오했던 목표를 이루기 위해 노력하면서 느끼는 성취감이 갈수록 줄어들기 때문은 아닐까? 새해 첫날 세운 목표를 그날 달성했을 때의 성취감과 다음날 느끼는 성취감 그리고 1주일 후의 성취감은 다를 것이다. 물론 장기간 그 각오를 지켜 원하는 목표를 달성했을 때의 성취감은 매우 높겠지만, 하루하루 노력을 했다는 것에 대한 성취감은 시간이 갈수록 둔감해진다.

새해 각오가 작심삼일로 끝나지 않으려면?

일반적으로 이처럼 한계효용이 체감하는 현상을 지연시키거나 둔화시키기 위해서 사용하는 방법은 다양한 소비를 하는 것이다. 예를 들어 물만 세 병을 마시는 것이 아니라, 물은 한 병만 마시고, 빵이나 과자 같은 것을 함께 섭취하는 것이다. 이렇게 하면 물만 계속 마셨을 때보다 만족은 더 커지고, 한계효용이 체감하는 것도 지연시킬 수 있다.

새해의 각오를 작심삼일로 만들지 않는 것도 마찬가지다. 하루하루 새로운 목표를 부여해보면 어떨까? 예를 들어, 새해의 목표를 금연으로 세웠다면, 단순히 하루하루 담배를 안 피우고 넘어가는 것으로 만족하지 말고, 하루는 흡연 욕구를 참으며 줄넘기 500번 하기, 그 다음날은 흡연욕구를 느낄 때마다 팔굽혀펴기 하기, 또 다음날은 담배 생각이 날 때마다 지인들을 생각하며 안부 문자 보내기, 그 후로 일주일간은 날마다 담뱃값을 저금통에 모아서 자신 혹은 아내나 친구에게 선물 사주기……. 이런 식으로 하루하루 새로운 목표를 세워보는 것도 해볼 만한 방법이다. 어쩌면 한계효용이 체감할 새도 없이 자신의 목표에 한 걸음씩 다가가고 있을지도 모른다. 기업이나 공공기관, 학교 등 큰 조직에서 연중계획을 세우고, 매월 달성목표를 정해서 그날그날의 계획이나 할당량을 새롭게 정함으로써 단계적으로 목표를 실행해 나가는 것처럼 말이다.

방법은 제각각 다르더라도 부디 여러분의 소망이 모두 이루어졌으면 한다. 그리고 자신의 성공사례를 주위 사람들과 함께 공유하는 마음의 여유를 가져보기 바란다.

재미있는 것도 많이 하면 싫증이 난다

요즘 어린아이들의 장난감을 보면 어른들의 발길도 멈춰 서게 할 만큼 화려한 색과 신기한 기능, 아기자기하고 앙증맞은 모양새가 일품이다. 하물며 어린이들은 새로운 장난감을 발견하면 그 신기하고 마법 같은 세계에 빠져들어 자리를 뜨지 못한다. 결국 부모의 옷자락을 붙잡고 떼를 쓰는 통에 어쩔 수 없이 거금을 들여 사주지만, 아이들은 며칠 가지고 놀면 금세 시들해져서 괜히 사줬나 하는 생각을 하게 만든다. 이런 점을 포착해서 최근에는 장난감을 빌려주는 곳까지 생겨났다. 탈 것, 작동 완구, 교육용 완구는 물론 비디오테이프와 음반까지 고객이 원하는 물품을 대여해주고 대여료를 받는 것이다. 아이들은 처음 접해보는 장난감에는 흥미를 갖고 오랜 시간 잘 놀지만, 아무리 비싼 장난감이라도 두 번, 세 번 계속 갖고 놀다 보면 싫증을 느끼고 새로운 장난감을 찾는다. 그런데 이때마다 매번 비싼 장난감을 새로 사줄 수가 없기 때문에 이 사업이 큰 호응을 얻고 있다고 한다.

그런데 장난감뿐 아니라 남녀노소를 불문하고 유행하던 대중가요도 시간이 지나면 그 노래를 즐겨 듣는 사람이 점점 줄어들고 결국 다른 노래가 그 자리를 차지한다. 이것은 더 나은 가수가 탄생했거나 혹은 더 좋은 노래가 발표됐기 때문이기도 하지만, 대부분 시간이 지남에 따라 자연적으로 나타나는 현상이다. 모든 사람은 무엇인가 처음 할 때 만족감과 흥미를 가장 강하게 느낀다. 그리고 같은 것을 반복할수록 재미와 만족감은 떨어진다. 그래서 오랜 시간 사랑받는 노래가 그만큼 높이 평가받는 것이다.

배가 고프면 어떤 음식을 먹어도 맛이 있지만 똑같은 음식만 계속 먹다 보면 만족감이 줄어드는 것과 같은 현상을 경제학에서는 '한계효용 체감의 법칙'이라고 한다. 우리가 상품을 이용할 때 느끼는 만족감을 효용이라고 하는데, 한계효용이란 소비자가 상품이나 서비스를 하나 더 얻었을 때 느끼는 추가적인 만족을 뜻한다. 즉 한계효용 체감의 법칙이란 처음에 물 한 잔을 마셨을 때 느끼는 만족도가 100점이고, 두 번째 물은 80점, 세 번째 물은 30점으로 계속해서 물을 마실수록 만족도가 줄어드는 것을 일컫는다.

이처럼 반복적으로 소비할수록 고객 만족도가 떨어지기 때문에 기업은 끊임없이 새로운 제품을 개발하고 나중에 출시되는 제품은 조금이라도 기능을 높여서 판매하는 것이다. 카트라이더가 늘 다양한 게임맵을 만들고, 새로운 아이템을 추가함으로써 오랜 기간 인기를 끈 것이나 장난감을 대여해주는 사업이 소비자에게 환영을 받는 것은 '한계효용 체감의 법칙'을 잘 이용한 사례라고 할 수 있다.

방송사의 프로그램 개편에도 이유가 있다

방송사에서도 주기적인 프로그램 개편을 통해 시청자를 꾸준히 확보하려고 애쓴다. 방송 횟수가 거듭될수록 관심이 시들해지는 프로그램은 아예 폐지하거나 다른 프로그램으로 대체하는 경우가 많다. 때로는 시청률이 높은데도 개편을 하면서 진행자가 바뀌거나 코너가 사라지는 경우도 있는데, 이것은 한계효용이 체감되기 이전에 막을 내리고 새로운 프로를 시작함으로써 관심을 이어 가려는 의도로 해석할 수 있다.

그런데 이러한 일들이 한계효용 체감의 법칙에 따른 방송사의 자생적인 노력이라고 말한다면 어쩔 수 없겠지만, 20여 년 가까이 사랑받는 장수 프로그램이 있는 것을 보면 모든 것이 이 같은 경제논리로만 재단되어서는 안 될 것이다. 우리 주변에는 시간이 거듭될수록 사람들이 흥미를 잃고 관심을 갖지 않으려 해도 끊임없이 상기시키고 재조명해야 할 일들이 많다. 방송사는 공익성을 가지고 이 같은 사회적 책임을 다해야 할 것이다.

우리 자신도 마찬가지다. 우스갯소리지만 한계효용 체감의 법칙을 우리의 인간관계에는 대입하지 말기를……. 내 이웃, 내 가족, 내 배우자는 언제 보아도 사랑이 다시 샘솟는 화수분임에 틀림없다.

버스비가 오르면 버스의 대체재인 지하철의 고객이 증가한다

꿩 대신 닭, 지하철 대신 버스

우리나라 속담에 '꿩 대신 닭'이 있다. 우리 조상들은 설날에 떡국이나 만둣국을 끓일 때 꿩고기로 국물을 냈는데, 꿩을 잡기가 쉽지 않았기 때문에 꿩고기를 구하지 못한 날에는 집에서 키우는 닭으로 육수를 만들었다고 한다. 그래서 지금까지도 뭔가를 쉽게 얻지 못할 때 다른 것을 대신해 쓴다는 의미로 '꿩 대신 닭' 이라는 말이 사용되고 있다.

경제학에서는 어느 한 재화가 다른 재화와 비슷한 유용성을 가지고 있어 한 재화의 수요가 늘면 다른 재화의 수요가 줄어드는 경우 서로 대체관계에 있다고 말하며, 이러한 대체관계에 있는 재화를 다른 재화의 '대체재' 라고 한다. 꿩이 없으면 꿩과 비슷한 닭을 사용하듯이 대체(代替), 즉 다른 것으로 바꿀 수 있는 관계에 있다는 것이다.

우리 주변에서도 대체관계에 있는 재화나 서비스를 쉽게 찾을 수 있다. 콜라 대신 사이다, 케이크 대신 빵, 꿀 대신 설탕, 지하철 대신 버스 등 생각해보면 의외로 많은 것들이 있다. 비록 완전히 똑같은 효용을 제공하지는 못할지라도 아쉬운 대로 대체가 가능한 것들이다. 만약 지하철과 버스 둘 다 이용할 수 있는 곳이라면 지하철과 버스는 대체관계이다. 그런데 버스비가 100원 오른다면 사람들은 어떻게 할까? 아마도 버스 대신 요금이 그대로인 지하철을 더 많이 탈 것이다. 또, 금값이 너무 올라서 목걸이, 귀걸이 등 귀금속 장신구의 가격이 오르면 소비자들은 금 대신 은이나 금도금을 한 액세서리를 구입할 것이다.

동일한 재화들 안에서도 각각의 특성이 무척 다양하기 때문에 소비자들은 이것저것 따지고 비교하는데, 비슷한 용도로 사용되는 대체재까지 존재하기 때문에 시장에서는 필연적으로 가격 경쟁, 품질 경쟁, 신제품 개발 노력이 있을 수밖에 없다. 이로써 선택의 폭은 더욱 넓어지고 삶의 다양성을 존중받는다.

웰빙(Well-being) 열풍 덕인지, 먼 길 마다않고 유명한 식당을 찾아 나서는 발길이 많다. 원조 전주비빔밥을 먹기 위해 전북 전주시에 있는 한국관이라는 식당을 찾아갔는데 공교롭게도 휴업이었다. 되돌아갈 생각을 하니 허탈했던 순간, 바로 그 식당 옆에 크게 걸려 있는 "휴일에도 영업합니다. 길 건너편 ○○식당"이라는 플래카드를 발견할 수 있었다. 바로 이 순간 자리를 함께한 가족들의 마음은 어떨까? 아마도 '돌아가기엔 멀고 배도 고프니 한번 가서 먹어봐야겠다'라는 생각이 절로 들 것이다.

맞은편 식당에서 대체 수요자에게 자신의 식당을 선택하도록 마케팅을 한 것이다. 이런 경우 대체재는 단순히 가격이나 수요의 초과로 소비자가 대체재를 찾는 경우가 아니다. 똑똑한 공급자는 소비자의 기호와 필요를 반영한 상품을 이미 만들어놓고 여유 있게 손님을 기다리는데, 바로 이러한 대체재를 틈새시장이라고 볼 수 있다.

석유가격이 천정부지로 치솟으면서 석유 사용에 대한 대안으로 유채, 콩, 야자, 옥수수 등 식물원료를 대체 연료로 이용할 수 있는지에 대한 연구가 활발하다. 만일 석유를 안정적으로 대체할 수 있는 대체재가 개발되기만 한다면 인류의 역사에 큰 획을 그을 것이다.

쌀가루가 밀가루를 대신할 수 있을까?

국제 밀가격이 천정부지로 치솟으면서 국수와 라면 등의 가격도 오름세를 보이자 가공식품의 원료를 쌀가루로 대체하자는 안이 떠올랐다. 정부는 우선 한 해 26만 톤가량 들어오는 가공용 의무수입 쌀을 술이 아닌 식품용 재료로 사용하도록 유도하겠다고 밝혔다. 쌀가루 제품의 생산을 독려하여 쌀 소비를 촉진시킨다는 점에서는 의미 있는 일이지만 과연 쌀가루가 밀가루의 대체재가 될 수 있을지는 생각해볼 일이다.

한 해 식용으로 수입되는 밀의 양은 220만 톤인 데 반해 가공용 의무수입 쌀은 26만 톤으로 밀가루를 대체하기에는 턱없이 부족한 양이다. 그렇다고 국내산 쌀을 사용할 경우 수입 밀보다 단가가 높아 가격 경쟁력이 떨어진다. 결국 얼마만큼의 가격 경쟁력이 있는지와 기존의 밀가루 식품에 길들여진 소비자의 입맛에 맞출 수 있을지의 여부가 쌀 가공식품 성공의 관건이 될 것이다.

소득이 증가함에 따라 그 수요가 증가하는 상품을 정상재라 하고 그 반대로 수요가 감소하는 상품을 열등재라고 하는데, 밀가루는 쌀과 비교했을 때 열등재이다. 소득이 오르면서 밀가루값이 하락해도 수요량은 그것에 비례해서 늘어나지 않는 곡물이며 또 현재까지 밀가루와 쌀은 거의 독립적인 곡물로 취급되고 있다. 그런데 밀가루값이 그대로이고 쌀값이 오르는 상황이라면 밀가루가 쌀의 대체재가 될 수도 있지만, 정상재인 쌀값은 그대로이고 열등재인 밀가루값이 오르는 상황이기 때문에 이 경우에는 쌀이 밀가루의 대체재가 될 수는 없다는 의견이 있다. 그리고 현재 한국 시장에서는 쌀이 밀가루보다 확실하게 비싸기 때문에 비싼 것으로 싼 것을 대체할 수 있을지 계속 지켜볼 일이다.

대체관계에 있는 상품의 특징은 어느 한 상품의 값이 오르면, 대체상품이 많이 팔린다는 것이다. 농산물 수입 개방에 대해 우리 농민들이 크게 반발하는 이유도 이와 관련이 있다. 값싼 중국산 농산물이 수입되면서 우리 농산물이 중국산에 자리를 뺏기고 있는 상황이다. 가정에서는 품질을 고려하여 국산을 고집할지라도 식당이나 업소에서는 굳이 비싼 재료를 쓸 이유가 없기 때문이다. 때론 중국산이 국내산으로 둔갑하여 비싸게 팔리기도 한다.

상품 값이 오르면, 그 상품의 소비를 줄이고 대체상품을 찾는 것은 어찌 보면 당연한 일이다. 유사한 다른 대체상품을 통해서 같거나 혹은 비슷한 효용을 느낄 수만 있다면 굳이 더 많은 돈을 쓸 필요가 없기 때문이다. 그래서 어느 정도까지 서로 대체될 수 있는 재화는 경쟁적인 관계에 있기 때문에 대체재를 흔히 '경쟁재' 라고 부르기도 한다.

합리적인 소비자가 되는 첫걸음은 적은 비용으로 더 큰 만족을 누릴 수 있는 방법을 찾는 데서 시작된다. 따라서 어떤 상품의 값이 오르면 오른 가격으로 무조건 사지 말고 한 번쯤 그 상품을 대신할 값싼 것을 찾아보는 자세가 필요하다.

소주와 맥주는 보완재인가, 대체재인가?

국내 굴지의 맥주회사(H맥주)가 소주회사(J소주)를 인수하려는 과정에서 소주와 맥주를 대체재로 보아야 할 것인지, 보완재로 보아야 할 것인지가 공정거래위원회의 핵심 논의 대상으로 떠오른 적이 있다. 만약 소주와 맥주가 경쟁관계에 있는 대체재로 판단되면 맥주시장과 소주시장은 서로 분리된 것으로 인정받을 수 있다. 만약 소주와 맥주가 보완재라면 하나의 거대한 시장이 되는데, 대형 맥주회사가 소주시장까지 장악할 경우 독과점 폐해가 생겨 소비자들이 피해를 보게 된다는 것이다.

현실에 비추어 곰곰이 생각해보자. 우리는 소주와 맥주를 함께 마시는 경우가 많을까? 아니면 소주와 맥주 중에 한 가지를 선택해서 마시는 경우가 많을까? 소주를 마시면서 맥주를 함께 마셔야 한다면 둘은 보완재가 되고, 소주를 마실 경우 맥주는 마시지 않는다면 둘은 대체재가 된다.

H맥주 회사에서는 소주와 맥주는 엄연히 다른 시장이라며 J소주의 인수에 따른 시장 지배력 확대는 우려할 만큼 크지 않을 것이라고 반박했다. 공정위는 소주와 맥주시장 간의 관계를 정확히

파악하고 시장 지배력에 따른 소비자 피해의 여부, 시장개방에 따른 대외 경쟁력 등을 고려해 독과점 여부를 조사하겠다고 밝혔다. 결과적으로 공정위는 소주와 맥주 시장은 소비계층이 다르고 계절적으로 소비량도 크게 달라지는 만큼 대체관계로 볼 수 없으므로 시장이 서로 다른 보완재라고 인정하고 H맥주의 J사 인수를 승인하였다.

애주가들 중에는 소주와 맥주를 섞어 마시지 않으면 안 된다는 이가 있을지도 모른다. 하지만 자신의 취향을 남들에게 강요하지는 않기를 바란다. 공정위 조사결과를 보면 소주와 맥주를 폭탄주로 마시는 게 더 좋다는 사람보다는 맥주값이 지금보다 오르면 차라리 소주를 마시겠다거나 소주값이 지금보다 오르면 차라리 맥주를 마시겠다는 사람들이 훨씬 더 많았기 때문이다.

우리 주변의 우등재와 열등재 그리고 기펜재

경쟁이 활발히 이루어지는 시장에서는 일반적으로 가격이 하락하면 수요가 증가하고 가격이 오르면 수요가 떨어진다. 그런데 재화의 성격에 따라서 그렇지 않은 경우가 있다. 예를 들어 가격이 오르는데도 수요가 증가하는 경우가 있고, 가격이 떨어지는데도 수요가 감소하는 경우가 있다. 그리고 소득이 증가하면 더 많은 재화를 소비하고 소득이 감소하면 소비가 감소하는 것이 일반적인데, 소득이 증가하면 오히려 그 재화의 소비가 줄어들고 소득이 감소하는데도 소비가 증가하는 재화가 있다.

소득이 증가하거나 재화의 가격이 하락할수록 소비가 늘어나는 재화를 '정상재' 라고 하는데, 우리가 사용하는 대부분의 재화는 정상재에 해당한다.

여러분의 월수입이 50만 원일 때, 한 끼에 3,000원짜리 밥을 사 먹었다고 가정하자. 만일 월수입이 100만 원으로 올랐다면 3,000원짜리 메뉴를 고집하지 않고 5,000원짜리도 사 먹을 것이다. 이때는 5,000원짜리 식사가 정상재인 것이다. 그리고 수입이 그대로 50만 원인 상황에서 5,000원짜리 메뉴의 가격이 3,000원으로 떨어졌다면 여러분은 그 메뉴를 더 자주 먹을 것이다.

정상재 중 소득이 증가한 상황에서 재화의 가격이 올라도 꾸준히 소비되거나 오히려 소비량이 증가하는 재화를 '우등재' 라고 한다. 여러분의 월급이 100만 원으로 올랐고 5,000원짜리 메뉴가 6,000원으로 상승했을 경우에도 여전히 그 메뉴를 즐겨 먹거나 혹은 더 많이 먹는다면 이 메뉴는 우등재인 것이다.

반대로 소득이 늘어나면 수요가 줄어드는 재화를 '열등재' 라고 한다. 예를 들어 '연탄' 은 저소득층의 난방연료로 주로 사용되며, 고소득층으로 갈수록 연탄을 사용하는 가정은 거의 없다. 사람들의 소득이 늘어날수록 연탄 소비량이 줄어들기 때문에 우리는 연탄을 열등재로 간주한다. 다른 예로, 소주만 마시던 사람이 소득이 증가하면서 소주 대신 양주나 와인을 즐겨 마시게 되었다면 이때 소주는 열등재라고 볼 수 있다. 또 예전에는 찌는 듯한 여름철 더위를 오로지 선풍기로 달래야 했었지만, 지금은 에어컨이 많이 보급되었다. 사람들의 소득이 증가함에 따라 에어컨을 설치하려고 선풍기를 구입하지 않는다면 선풍기도 열등재로 볼 수 있다.

열등재 중에는 '기펜재(Giffen's goods)'라고 부르는 것이 있다. 기펜이라는 영국의 경제학자가 발견했다고 해서 기펜재라고 부르는데, 가격이 하락하면 오히려 소비가 감소하는 재화이다. 보통은 한 재화에 대한 가격이 하락하면 소비자의 실질소득이 높아진 것과 같은 효과가 나타나 그 재화의 수요를 증가시킨다. 그러나 마가린과 같은 특수한 재화는 소비자가 부유해짐에 따라 수요가 감소하고 마가린보다 우등재 관계에 있는 버터로 대체되어 버터의 수요가 증가된다.

따라서 '한 재화의 가격이 하락하면 그 재화에 대한 수요가 증가한다'는 수요법칙은 정상재만을 대상으로 한 것이다. 즉, 소득이 증가했을 때 수요도 증가하는 재화일 경우에만 수요량은 가격과 반대로 움직인다.

열등재나 기펜재는 수요법칙이 적용되지 않는 예외적인 재화들이다. 단, 열등재는 소득의 변화가 발생했을 때 벌어지는 수요의 변화이고, 기펜재는 재화의 가격이 변했을 때 벌어지는 수요의 변화라고 볼 수 있다.

연애기간을 갖는 것은 정보를 탐색하여 역선택을 방지하려는 심리이다

보험사기와 탈세에는 공통점이 있다?

인기배우 박상면, 박진희 씨 등이 출연한 작품 중에 〈하면 된다〉라는 코미디 영화가 있다. 각종 상해보험에 가입해 일부러 다친 후 보험금을 타내는 엉뚱한 가족의 이야기를 그렸는데, 결국 가족 간에 상대방의 생명보험에 가입해서 서로 죽이려고 드는 다소 엽기적인 내용이다. 그런데 이 같은 보험사기가 영화에서뿐만 아니라 실제로도 종종 발생하는 이유는 무엇일까? 보험에 가입하려는 고객이 애초에 사기를 치려고 마음먹었다 하더라도 보험사에서는 이것을 알아낼 방법이 없기 때문에 조건만 된다면 가입을 허용한다. 따라서 이 같은 보험의 허점을 노리고 이를 악용하려는 사람들이 나타나는 것이다.

세금을 탈루하는 것도 보험사기가 발생하는 것과 마찬가지다. 보험사기와 탈세에는 몇 가지 공통점이 있는데, 첫째는 물질만능주의로 인한 도덕적 해이다. 금전적 이득이 생긴다면 법과 도덕은 안 지켜도 된다는 생각이 이러한 행위를 시도하게 하는 요소이다. 둘째, 정보의 불균형으로 인한 역선택이다.

역선택(逆選擇)이란, 자신만이 가진 정보에 기초하여 행동함으로써 결과적으로 정상 이상의 이득을 챙기거나 타인에게 정상 이상의 손해 또는 비용을 전가하는 행위를 말한다. 이해 당사자 중 한쪽이 상대에 대한 정보를 충분히 갖지 못한다면 그로 인해 역선택이 발생할 가능성이 높아지며 시장의 효율적 기능이 떨어진다.

보험에 가입할 때 가입자가 곧 다쳐서 보험금을 받아낼 것이라는 사실은 보험사기를 계획한 사람밖에 모른다. 보험회사에서는 이 사람이 선량한 고객일 것으로 생각하고 보험에 가입을 시키는 것이다. 탈세도 마찬가지다. 신고에 의해 세금이 부과되기 때문에 만약 세법상의 허점을 알고 있다면, 허위로 신고를 하고 정부로부터 세금을 적게 부과받을 수 있는 것이다. 그래서 보험사에서는 보험 가입 시에 가입자에 대한 조사를 더욱 더 철저히 하고, 가입기준을 까다롭게 하는 등 역선택을 막기 위해 노력하고 있으며, 국세청에서도 세무조사 등의 보완장치를 통해 탈세하려는 사람의 시도를 사전에 차단하기 위해 애쓰고 있다.

유행에도 역선택이 발생할 수 있다. 유행은 자연스럽게 발생하는 것인데, 간혹 인위적으로 유행이 조장되기도 한다. 특히 다양한 미디어가 발달한 오늘날에는 더욱 더 그렇다. 예를 들어 같은 옷이나 가방 등을 은연중에 보여주면서 유행시켜 상업적으로 이용하거나, 유명 여배우들이 너도나도 할 것 없이 단발머리를 하고 나타나면 곧이어 여성들 사이에 단발머리가 유행하기 시작하는 것처럼 말이다.

이처럼 정보 제공자가 잘못된 정보 혹은 자신들이 의도한 방향으로 만들기 위해 조작된 정보를 제공할 경우 정보를 이용하는 사람은 역선택에 휘말리게 된다. 우리 사회가 공인이나 연예인에게 신중하게 행동할 것을 기대하며 자신의 행동에 책임을 지도록 요구하는 것은 이러한 이유 때문이다.

결국 생산자가 제공하는 정보만 믿고 소비할 것이 아니라 합리적인 의사결정을 할 수 있는 지식과 판단력이 필요하며, 혹시 잘못된 정보는 아닌지 그 본질을 파악할 수 있는 지혜가 필요하다고 하겠다.

언론에 소개된 '맛집'을 되레 외면하는 이유는?

맛있는 음식점을 소개해주는 TV프로그램이 처음 생겨났을 때에는 이 프로그램에 소개되기만 하면 그야말로 사업 성공이었다. 사람들의 발길이 끊이지 않으면서 입소문을 타 속된 말로 대박이 터지는 것이었다. 그런데 많은 음식점이 그러한 프로그램을 통해 광고를 하다 보니 이제는 사람들이 TV에 소개된 '맛집'을 피해서 음식을 사 먹는 경우가 발생하기도 한다. TV에 나왔던 곳이지만 실제로는 별로 맛이 없는 경우가 많았기 때문이다.

TV에 소개되는 '맛집'은 음식점 업주가 소비자에게 '우리 집 음식이 가장 맛있다'는 신호를 보내는 것이다. 하지만 이것을 순수하게 다 받아들일 수는 없다. 그래서 우리는 낯선 지역에 갔을 때 다른 지역에서 먹어본 적이 있는 체인점을 선택하는 경우가 많다. 체인점은 음식재료나 조리방법 등을 본점과 유사하게 하기 때문에 지점마다 맛도 비슷하고 표준화되어 있다.

맥도날드 음식이 소비자들에게 그리 맛있는 게 아니라는 평가를 받음에도 불구하고 꾸준히 많은 사람들이 찾는 이유 또한 맥도날드의 음식은 표준화되어 있기 때문이다. 잘 알지 못하는 음식점에 가서 낭패를 보는 것보다는 음식의 맛이 전국 어디서나 표준화되어 있는 맥도날드 음식을 먹는 것이 더 낫다는 생각을 소비자들이 하는 것이다.

그 이유는 무엇일까? 바로 '정보의 비대칭성' 때문이다. 정보의 비대칭성이란 판매자와 소비자가 갖고 있는 정보의 양적 차이를 의미한다. 이러한 '정보 비대칭' 이론으로 미국의 조셉 스티글리츠(Joseph E. Stiglitz, 1943~) 박사는 2001년 노벨경제학상을 수상하기도 했다.

대부분의 경우 판매자가 소비자보다 더 많은 정보를 가지고 있기 때문에 판매자는 소비자에게 좋은 신호만을 보낸다. 각종 매체를 통해 광고를 하고 인위적으로 입소문을 내기도 하며 TV를 통해 '맛집' 이라고 알리려고 애쓴다. 그러나 일부 소비자는 이러한 정보를 걸러내고 스스로 선택한다. 소비자들은 판매자들이 하는 광고를 모두 신뢰하지는 않기 때문에 이미 경험해본 것을 선택하는 것이다.

맛집 대신 맥도널드를 찾아가는 상황만을 놓고 보자면 TV에 소개된 맛집 중 일부가 맛이 없었을 뿐만 아니라 터무니없이 비싼 가격을 요구했기 때문이다. 이러한 경험이 누적되어 'TV에 소개되는 집은 비싸고 맛은 별로' 라고 인식되어 당초 예상과는 다른 결과를 선택하는 것이다.

우리는 살아가는 동안 몇 가지 중요한 선택을 해야 하는데, 그중 하나가 바로 결혼이다.

대부분의 사람들이 연애기간을 거치면서 상대방을 탐색하는 시간을 갖는다. 결혼은 평생 함께할 반려자를 구하는 것이기 때문에 모든 면에서 자신에게 맞는지를 판단하기 위해 상당 기간 상대방의 여러 가지 면을 보게 된다. 이 탐색을 신중히 해서 평생의 반려자를 선택하고 행복하게 산다면 정보 탐색에 성공한 것이지만, 만약 결혼하고 나서 후회한다면 정보 탐색에 실패한 것이라 할 수 있다.

2007년 한 해 우리 사회를 떠들썩하게 만들었던 이슈 중 하나가 바로 학력 위조였다. 허위 학력으로 대학 강단에서 강의를 해온 가짜 교수와 방송에서 어느 대학을 나왔다고 거짓 자랑하던 연예인들이 속속 밝혀졌다. 이들은 왜 학력을 위조한 것일까? 자존심 때문인가? 바로 선택자로부터 선택을 받기 위해 역선택을 유도한 것이라 할 수 있다. 입사 지원자가 학력을 위조하는 행위나 기업에서 분식회계를 하는 것 또한 역선택을 유도하는 행위이다. 학력을 위조하여 고학력의 인력을 원하는 기업이나 학교에 지원을 하고, 건실한 회사에 투자하려는 투자자에게 포장된 기업정보를 전달하여 부실기업에 투자하게 하는 것도 바로 역선택을 유도하는 것이다.

그렇다면 어떻게 이러한 것이 가능할까? 그 이유는 선택자가 얻는 정보도 결국 지원자가 제공하는 일방적인 정보이기 때문이다. 오랜 시간 연애를 하고 결혼했지만 이혼을 하는 사람들이 생기는 이유 중 하나도 탐색을 제대로 하지 못했거나, 포장된 정보를 상대에게 전달했기 때문일 것이다.

중개업체는 공정하고 정직해야 한다

위의 사례들처럼 잘못된 정보로 인해 역선택을 하는 경우가 있기 때문에 사람들은 자신이 제공받은 정보를 불신하기도 한다. 그럴 경우 선택자는 결국 원하는 정보를 얻기 위해 또 다른 탐색을 위한 비용을 기꺼이 지불한다. 이 과정에서 비용을 받고 대신 탐색을 해주는 사람이 바로 중개업자(브로커)이다. 부동산 중개업체나 자동차 매매상은 판매자와 구매자를, 결혼정보업체는 남성과 여성을 연결해주고 그 대가로 수수료를 받는다. 따라서 이들 중개업자는 올바른 정보를 제공해야 할 의무가 있다. 이 의무를 소홀히 한다면 소비자들이 그 피해를 고스란히 떠안게 되어 있다.

결혼 중개업체를 지도 감독, 관리하는 법률 제정안이 국회에서 통과된 것도 중개업자의 의무 소홀로 인한 각종 폐해를 조금이나마 줄이기 위한 처방이었다. 2008년 6월부터는 결혼중개업자가 업무상 알게 된 개인정보를 누설하거나 사용해서는 안 되며, 허위과장 광고나 거짓 정보를 제공하지 못하고, 아울러 고의, 과실로 인한 업무상 손해배상에 대한 책임을 지도록 의무화했다.

이 같은 의무사항을 어길 경우에는 징역 또는 벌금을 부과하도록 한 것은 소비자 입장에서는 반가운 일이 아닐 수 없다. 모쪼록 역선택을 피할 수 있도록 소비자를 도와주어야 할 중개업체는 공정성과 투명성, 검증 능력을 두루 갖춘 전 인격체여야 할 것이다.

자녀를 한 명씩만 낳아서 키우는 것은 합리적인 선택을 위해서이다

어떤 선택을 할 것인가?

우리는 하루하루 많은 선택과 포기를 경험하며 살아간다. 자원은 무한하지 않기 때문에 원하는 것을 모두 다 얻을 수는 없다. 물건을 살 때도 많은 것 중에 마음에 드는 것을 골라야 하듯이 진로 또는 직장도 선택해야 하고 배우자도 선택을 해야 하는데, 이러한 선택에는 반드시 포기가 뒤따르기 마련이다. 그렇기 때문에 우리는 늘 신중하게 생각하고 판단해야 한다. 그 선택이 훗날의 삶에 중요한 영향을 미칠 수 있기 때문이다.

우리에게 주어진 기회와 자원을 잘 활용하여 최선의 결과를 얻기 위해서는 무엇보다 '합리적인 선택'이 필요하다. 합리적인 선택이 무엇인가 하는 문제는 개개인이 처한 입장과 취향에 따라 달라질 수 있다. 수많은 선택의 기회 중에서 단 하나를 선택하면서 살아가는 것이 우리의 삶이라고 할 때 어떤 것을 선택하는 것이 보다 가치 있고 합리적인가 하는 점은 자신이 그 가치를 어디에 두었느냐에 따르는 것이기 때문이다.

이는 만족의 극대화를 꾀하는 개인의 욕구에 의한 것이기도 하지만 때로는 비용에 의해 결정되기도 한다. 백화점에서 봐둔 30만 원짜리 가방이 마음에 쏙 든 경우, 그 가방을 사야 최대한의 효용을 얻게 되겠지만, 수중에 10만 원밖에 없다면 그 선에 맞춰 소비가 결정되기도 한다. 이처럼 자금이 한정되어 일정 금액 이상의 지출 의사가 있음에도 불구하고 지출하지 못할 때 이를 예산의 제약이라고 한다.

이 경우 소비자는 예산의 제약하에서 가능한 선택을 모두 고려해보아야 한다. 그리고 자신이 가장 만족감이 크다고 생각하는 하나 또는 둘 이상의 조합을 선택함으로써 최소의 비용으로 최대의 효용(혹은 이익)을 창출하는 것이 바로 합리적인 선택이라고 할 수 있다. 옛말에 '같은 값이면 다홍치마'라 하여 값이나 조건 등이 같을 경우 이왕이면 좋고 마음에 드는 쪽을 택한다는 말이 있는데, 바로 그런 것이라고 생각하면 된다. 시간과 비용이 모두 넉넉할 경우에는 자신이 가장 선호하는 것, 즉 효용이 가장 큰 쪽을 선택하는 것이 바로 합리적인 선택이겠지만, 그렇지 않을 경우에는 주어진 조건 안에서 최소의 비용으로 최대의 만족감을 누릴 수 있는 선택을 하는 것이 합리적인 선택이라고 하겠다.

자녀의 수에도 합리적인 선택이 숨어 있다

결혼을 하면 자녀를 몇 명 둘 것인지 부부 간에 가족계획을 세우기도 하는데, 최근에는 자녀를 갖는 것도 일종의 선택이 되고 있는 듯하다. 사실 요즘 자녀양육에 들어가는 비용이 만만치 않다 보니 출산율이 계속 감소하고 있다. 통계청의 발표에 따르면 2004년 말 1.16명에서 2005년에는 1.08명까지 떨어졌다고 한다. 출산율이 2.1명은 돼야 인구가 유지된다는데 현재 우리나라의 출산율은 세계 최하 수준이라고 한다.

과거 우리나라는 폭발적으로 늘어나는 인구 때문에 출산 억제 정책을 펴기도 했다. 한국전쟁 직후 베이비붐이 일었던 1960년대에는 '덮어놓고 낳다 보면 거지꼴을 못 면한다'와 같이 다소 과격한 가족계획 캠페인도 있었고, 그 후 1970년대에는 '딸 아들 구별 말고 둘만 낳아 잘 기르자'라는 표어 아래 두 자녀 정책을 펴기도 하였다. 그러다가 1980년대에는 두 자녀도 많다고 하여 '잘 키운 딸 하나 열 아들 안 부럽다', '하나 낳고 알뜰살뜰'과 같이 출산을 억제하는 정책을 펼쳤었다.

그러나 지금은 상황이 완전히 달라졌다. 저출산 때문에 인구가 줄어들지 모른다는 우려가 커지면서 출산을 권하는 정책으로 바뀌고 있다. '한 자녀보다는 둘, 둘보단 셋이 더 행복합니다', '아빠, 혼자는 싫어요. 엄마, 저도 동생을 갖고 싶어요'와 같이 표어가 변화되었으며, 출산 비용이나 육아 비용을 지원해주기 위한 방안이 나오고 있다.

하지만 여전히 여성에게 불리한 취업 현실과 하늘 높은 줄 모르고 치솟는 사교육비 및 주택비 부담, 고용 불안 등 자녀를 양육하기에 불안한 환경 때문에 출산을 기피하는 부부가 많다. 또한 자녀보다 개인의 자아실현을 더 중시하는 가치관의 변화도 출산율의 저하를 가속화시키고 있다고 볼 수 있다.

다행히 최근 들어 출산율이 2006년 합계 출산율(여자 한 명이 가임기간 동안 낳는 평균 출생아 수)이 1.13에서 2007년 1.26으로 조금씩 상승 추세를 보이고 있다.

시장의 원리가 적용되지 않는 인간의 행위, 즉 결혼, 이혼, 출산, 자녀교육 등을 경제학적인 눈으로 처음 바라보았던 미국의 경제학자 게리 베커(Gary Stanley Becker)는 현대사회로 오면서 출산율이 급격히 낮아지는 이유에 대해 "사람들이 자녀의 양(Quantity)과 질(Quality) 사이에서 선택을 하기 때문"이라고 말했다. 즉 평균적인 자녀의 수가 줄어드는 현상은 양보다 질을 선택한 결과라는 것이다. 많이 낳으면 한 아이에게 집중적으로 투자할 수 없기 때문에, 하나만 낳아서 남부럽지 않게 키우는 것을 선호한다는 것이다.

물론 자녀를 많이 낳으면 그만큼 양육비가 많이 들 것이고, 부모이기 이전에 개인으로서의 삶을 포기해야 하는 부분이 많아진다. 아이들이 어느 정도 자라기 전까지는 영화관에도 갈 수 없고, 또 여성은 임신 기간에 경제활동에 지장을 받는다. 다시 말해 출산이 가져다주는 이익보다 손해가 더 크기 때문에 아기를 적게 낳는 것이 더 합리적인 선택이라고 보는 것이다.

그런데 문제는 현재 우리나라의 출산율 감소가 고령화로 이어져 경제와 사회에 큰 문제로 다가오고 있다는 점이다. 2019년으로 예상됐던 고령사회로의 진입이 더 앞당겨질 전망이라고 한다. 사회가 고령화되면 일자리와 부가가치를 만드는 것이 어려워진다. 자연히 소득도 줄어들고, 인구가 줄면 세금 부담은 더 늘어날 것이다. 어린이와 청소년이 격감하고 노인만 늘어난다면 앞으로 일은 누가 하고, 세금은 누가 내며, 국방의 의무는 누가 질 것인가? 국가의 성장 잠재력 하락과 노인 부양 부담의 증대로 인한 세대 간 갈등은 어떻게 풀 것인가.

장기적인 관점에서 볼 때 합리적인 선택은 무엇인지 독자 여러분도 함께 생각해보았으면 한다.

누가 합리적인 기대에 따라 행동하고 있나?

사람들이 어떤 선택을 할 때는 자기 나름의 판단 기준이 있기 마련이다. 어떤 기준으로 판단을 하든지 그에 따르는 책임은 자신의 몫이며, 따라서 무엇이 옳고 그르다고 평가하기는 어렵다. 하지만 어떤 것이 더 합리적인 판단 기준인지는 생각해볼 수 있을 것이다. 그렇다면 다음 두 사람의 경우 누가 더 합리적인 기대를 갖고 있다고 볼 수 있을까?

- A씨는 어떤 지역에 있는 집이 환경이 쾌적하고 앞으로 교통이 점점 더 좋아질 것 같아서 대출을 받아 집을 사려고 한다.
- B씨는 어떤 지역에 있는 집이 최근 몇 년 동안 집값이 올라가는 지역이므로 대출을 받아서 집을 사려고 한다.

대출을 받는다는 것은 돈을 빌리고 이에 대한 이자를 붙여 갚아 나가는 것이기 때문에 일종의 빚을 내는 것이라 할 수 있다. 빚을 진다는 데 대해 부정적 인식이 많지만, 현재 가진 돈이 부족할 경우 대출을 받아서 집을 사는 것은 나쁜 일이 아니다. 오히려 집값이 껑충 뛰어서 이자보다 높아진다면 이익을 남길 수도 있기 때문에 재테크의 수단이 될 수도 있는데, 장차 자신에게 이익이 될 만한 곳을 잘 선택할 수 있느냐 하는 것이 관건이다.

A씨처럼 쾌적한 환경과 교통이 좋은 곳에서 살기 위해서 집을 산다면 지금보다 더 행복해질 것이고, 집값도 자연스레 올라갈 것이다. 반면 B씨처럼 최근 몇 년 동안의 정보만 믿고 집을 구입한다면 손해를 볼 수도 있다. 과거의 경험과 통계 숫자를 보고 선택하는 것이 아니라 A씨처럼 현재 이용 가능한 정보를 적절히 사용하여 미래를 예측하고 행동을 하는 사람이 있는데, 이는 '합리적인 기대'에 따른 행동이라고 볼 수 있다.

1976년 노벨경제학상을 받은 경제학자 밀턴 프리드먼의 제자인 로버트 루카스는 '합리적 기대이론'을 연구한 업적을 인정받아 1995년 노벨 경제학상을 받았다. 특히 그는 대공황 이후 많은 경제학자들에게 최고의 찬사를 받았던 케인즈의 이론에 문제가 있음을 밝혀냈다. 즉, 케인즈는 경제 주체들이 과거의 경험에 입각해 기대를 형성한다고 주장했지만, 루카스는 경험뿐만 아니라 미래의 변화를 예측한 합리적 기대를 한다고 하여 스승인 프리드먼의 이론에 큰 도움을 주었다. 쉽게 말해, 합리적 기대를 하는 사람은 새로운 움직임의 낌새만 있어도 금세 알아채고 새로운 대응책을 마련한다는 것이다. 마치 공격하는 축구선수의 표정과 동작을 보고도 공의 방향을 정확하게 읽어내는 골키퍼의 예측능력과 같다고 하겠다.

마라톤 우승과 올바른 소비계획의 공통점은 시간 배분이다

마라톤 우승은 '시간 배분'이 좌우한다

42.195km. 바로 마라톤 경기의 공식 거리이다. 출발 신호가 울리면 수많은 선수들이 일제히 달려 나가기 시작하지만 이 기나긴 거리를 누가 가장 먼저 완주할지는 아무도 예측할 수가 없다. 단거리 달리기는 출발이 빠른 선수가 유리하지만 마라톤은 그야말로 '끝까지 가봐야' 아는 스포츠인 것이다.

경기를 시작할 때부터 1등이었던 선수가 끝까지 1등을 지키는 경우는 거의 없다. 오히려 우승을 하는 선수들을 보면 경기 초반에는 두각을 드러내지 않다가 어느 순간 선두로 나서는 경우가 많다. 마라톤에서는 자기 페이스를 유지하면서 상위권 그룹에 있는 것이 중요한데 이를 위해 필요한 것이 바로 '시간 배분'이다. 슬슬 몸을 풀며 달리는 시간, 속도를 올려 상위 그룹으로 들어가야 할 시간, 상위 그룹 내에서 선두다툼을 해야 할 시간, 온 힘을 다해 막판 질주를 하여 결승선에 들어와야 할 시간을 잘 배분해야 한다. 코스가 길기 때문에 시간 배분을 잘 하면서 뛰어야 마지막까지 지치지 않고 뛸 수가 있는 것이다. 우리가 보통 한정된 시간 내에 해결해야 할 일이 많은 경우에는 우선순위를 정해놓고 중요한 일부터 해 나가는 것처럼 말이다.

어떤 사과 먼저 먹어야 하는가?

시간 배분과 관련한 일화가 있다. 어느 스승이 제자들에게 다음과 같은 질문을 던졌다고 한다. "지금 한 달 동안 먹어야 할 사과 30개가 들어 있는 상자가 있는데, 10개는 싱싱한 사과이고 10개는 일부분이 상한 사과, 나머지 10개는 이미 썩은 사과이다. 하루에 하나씩만 꺼내먹을 수 있다면 어떤 사과부터 먹겠느냐?"

여러분이라면 어떻게 하겠는가? 제자들은 하나같이 썩은 사과부터 먹겠다고 했다. 맛없는 것부터 먹고 나중에 맛있는 걸 먹는 게 더 좋다고 생각했기 때문이다. 그런데 스승이 원한 답은 싱싱한 사과부터 먹는다는 것이었다. 썩은 사과를 먹는 순간에도 상자 속의 싱싱한 사과는 조금씩 썩어가기 때문에 결국 한 달 내내 썩은 사과만 30개를 먹는 꼴이 되기 때문이다. 이 이야기는 시간에 따른 일의 배분이 얼마나 중요한 것인지를 보여준다. 중요한 것부터 시간을 정해놓고 해야 한다는 말이다.

어떤 일을 순서대로 고르게 배분하거나 무엇을 먼저 할지 정하는 것은 좋은 소비를 만드는 지름길이다. 옛말에 '개같이 벌어서 정승같이 쓰라'는 말이 있다. 힘들고 궂은일을 해서 악착같이 돈을 모았더라도 쓸 때는 가치 있게 써야 한다는 의미이다. 무작정 쓰는 게 아니라 시간과 우선순위를 따져가며 돈 쓸 것을 계획하는 것이야말로 정승같이 쓰는 것이 아닐까? 한정된 시간과 돈을 어떻게 쓰는지에 따라 인생이 바뀔 수도 있다. 그렇기 때문에 조금 귀찮더라도 계획을 잘 세워서 시간을 활용하고 돈을 사용하는 습관을 가져야 하겠다.

시간과 속도는 돈이다

시간은 돈을 주고도 살 수 없을 만큼 소중하다고 하여 '시간은 금'이라는 말을 많이 한다. 만약 우리가 무심코 허비하는 시간들을 다 모아서 팔 수만 있다면 경제학적으로 환산할 수 없을 만큼 어마어마한 가치를 지니게 될 것이다. 그런데 시간을 남에게 팔 수는 없지만 우리가 가진 시간은 실제로 '돈'이 되고 있기도 하다. 다시 말해 시간을 절약하기 위해서는 대신 더 많은 돈을 지불해야 하고, 시간을 넉넉히 잡으면 돈을 조금만 지불해도 되는 경우가 많다는 것이다.

예를 들어 컴퓨터에서 유료 자료파일을 내려 받을 때에도 전송속도에 따라 값이 다른 경우가 있다. 무궁화 열차와 새마을 열차도 도착지에 가는 데 걸리는 시간에 따라 가격 차이가 많이 난다. 고속철도(KTX)가 생겨서 먼 거리를 단숨에 달려갈 수 있지만 비용은 비행기 탑승료와 견줄 만한 수준이다. 사람마다 환경이 다르기에 돈과 시간을 감안하여 가장 합리적인 선택을 해야 하겠다.

시간의 차이 때문에 우리가 내야 할 돈이 다른 사례도 많다. 이른 아침에 영화를 보면 조조할인이라 하여 값이 싼 것이나 피자를 배달시켜서 30분 안에 도착하지 않으면 피자값을 받지 않는 업체도 있다. 피자뿐만 아니라 주로 배달을 시켜서 먹는 음식의 경우 시간이 매우 민감한 요소이기 때문에 저마다 '신속배달'을 내세우며 손님 끌기에 바쁘다. 이를 두고 '시간 마케팅'이라고 한다. 일반적으로 빠를수록, 그러니까 시간이 오래 걸리지 않는 쪽을 이용할수록 돈이 많이 필요하다. 시간과 속도가 바로 돈인 것이다. 고객의 시간을 줄여주기 때문에 비록 비싸다 하더라도 고객들은 그만큼의 만족과 기쁨을 느낄 수 있다.

이용자가 거의 없는 심야에 전화요금이 더 싸고, 스키를 타는 것도 야간에는 할인을 해주는데 이런 것도 다 시간 마케팅이라고 할 수 있다. 스타벅스는 고객들이 줄을 서서 기다리는 시간 30초를 줄이기 위해 많은 돈을 투자했다고 한다. 맥도날드도 마찬가지다. 운전자들이 차에서 내리지 않고도 햄버거를 사 먹을 수 있도록 매장을 설계하는 이유는 시간이 부족한 고객들을 유치하기 위한 방법인 것이다. 그만큼 시간을 절약하는 일은 중요하다.

쇼핑몰에서 '딱 하루만 판매' 한다고 강조하는 것이나 마트에서 '마감 임박'이라며 크게 소리를 지르는 것도 일종의 시간 마케팅이다. 고객들의 심리를 압박하여 '지금 아니면 못 산다'는 생각을 갖게 하여 물건을 사도록 유도하는 것이다.

이처럼 시간은 우리의 경제생활과 밀접한 관련이 있다. 우리에게 주어진 매 시간, 1분, 1초는 너무도 소중한 자원이다. 그럼에도 불구하고 시간을 헛되이 보내겠는가? 순간순간을 소중히 생각하며 활용할 수 있도록 계획을 잘 세워야 하겠다.

어린이용 바이킹을 공짜로 한 번 더 태워주는 것은 한계원리 때문이다

한계편익이 한계비용보다 큰 쪽을 선택하라

우리가 어떤 선택을 하고 행동을 하는 데에는 모두 나름의 목적이 있으며, 일반적으로 사람들은 그 목적을 최대화하기 위해 노력한다. 멀리뛰기 선수는 보다 더 멀리 뛰기를 원하며, 교수는 학생들의 지식이 최대화되기를, 식당 사장님은 이윤이 극대화하기를 원한다. 경제학에서는 소비자들이 최대화하려는 목적을 '효용'이라 하며, 기업이 최대화하려는 목적을 '이윤'이라 한다.

소비자든 기업이든 어떤 행위를 할 때에는 편익(benefit)과 기회비용이 동시에 발생한다. 그리고 이 편익과 기회비용의 차이를 '순편익(net benefit)'이라 한다. 소비자나 기업은 모든 활동에 있어서 순편익을 최대화하기 위한 의사결정을 내린다. 물론 고려하고 있는 활동의 종류나 내용에 따라 구체적으로 편익이 무엇이고 비용이 무엇인지는 달라질 것이다.

예를 들어 기업의 생산과 관련된 활동의 경우에는, 생산한 물건을 팔아서 버는 총수입이 생산의 편익이며, 그 물건을 생산하는 기회비용이 기업의 총비용이다. 그리고 이 기업의 순편익은 총수입과 총비용의 차이, 즉 경제적 이윤이 된다.

소비자나 기업이 순편익을 최대화하기 위해서는 자신이 하는 행위의 '한계편익'과 '한계비용'을 비교해야 한다. 그러면 한계편익과 한계비용이란 무엇일까?

한계편익(marginal benefit)은 우리가 어떤 행위를 하나 더 할 경우에 추가적으로 얻는 편익이다. 또, 한계비용(marginal cost)은 우리가 어떤 행위를 하나 더 할 경우에 추가적으로 드는 비용을 말한다. 내가 햄버거를 1개 더 먹을 때 느끼는 만족이 한계편익이라면, 햄버거를 1개 더 사기 위해 지불해야 하는 값이 한계비용이다. 기업이 휴대폰을 1대 더 생산함으로써 버는 수입이 한계편익이며, 휴대폰을 1대 더 생산하는 데 드는 비용이 한계비용이다.

어떤 활동의 한계편익이 한계비용보다 크다면 활동을 계속해야 하며, 한계편익이 한계비용보다 적다면 그 일을 중단해야 하는데, 이것을 한계의 원리라고 한다. 어떻게 보면 너무도 당연한 것 같은 이 원리가 우리의 의사결정을 분석할 때 매우 강력한 수단이 되며, 의사결정의 기본 원리로 작용한다.

이윤의 극대화를 위해 한계비용을 따져라

기업이 물량을 자유롭게 조절할 수 있다면, 오히려 많이 생산하는 것보다 덜 생산할 때 더 많은 이윤을 얻을 수 있다. 기업이 제품 1개를 더 생산했을 때 얻게 되는 수입을 한계수입이라고 한다.

생산량이 많아질수록 가격은 떨어지고, 그에 따라 한계수입도 줄어든다. 그렇다면 그만큼 많이 만들어서 많이 팔면 되지 않을까? 그런데 문제는 생산을 공짜로 하는 게 아니라는 것이다. 하나 더 생산하는 데는 추가적인 비용, 즉 한계비용이 들어간다. 즉 한계수입이 한계비용보다 줄어들 경우 그때부터는 하나 더 생산할 때마다 이윤은 오히려 줄어든다.

A씨가 근무하는 가전회사에서 에어컨을 1대 더 생산하면 한계수입 100만 원이 생기는데, 들어가는 한계비용이 90만 원이라고 하자. 이 회사의 기업주는 에어컨을 더 생산해야 할까? 이 회사가 에어컨을 1대 더 생산한다면 10만 원의 순이익(즉, 이윤)을 늘릴 수 있다. 따라서 이 회사는 에어컨을 1대 더 생산해야 한다. 즉 한계수입이 한계비용보다 단 1원이라도 크다면 이 회사는 생산을 늘려야 한다는 것을 알 수 있다. 그럼으로써 순이익이 증가하기 때문이다.

이번에는 이 회사가 에어컨을 1대 더 생산할 때 버는 한계수입이 100만 원이고 한계비용이 110만 원이라고 하자. 이 회사가 에어컨을 1대 더 생산한다면 10만 원의 손실이 발생한다. 이럴 경우 회사는 에어컨 생산을 1대 줄임으로써 순이익을 늘릴 수 있다. 한계비용이 한계수입보다 단 1원이라도 크다면 생산을 줄이는 것이 순이익을 증가시키는 방법이다.

이상의 두 가지 경우를 종합하면, 이 회사가 이윤을 최대화할 수 있는 방법을 찾을 수 있다. 이 회사는 한계수입이 한계비용과 같아질 때까지 생산을 늘리거나 줄임으로써 이윤을 최대화할 수 있다. 이것이 바로 앞서 이야기했던 한계의 원리이다.

마찬가지로 비행기를 한 번 띄우는 데 3억이 필요하다고 하자. 좌석은 총 300석인데 예약이 200석까지밖에 안 찼다. 그러면 나머지 좌석 100석을 단돈 5만 원의 할인권으로 파는 것이 이익일까? 한 사람당 최소 한계비용이 5만 원이라고 가정한다면 5만 원만이라도 받고 비행기를 태우는 것이 이익이다. 하지만 한 사람을 더 태울 때 추가적으로 들어가는 한계비용이 6만 원이라면 적어도 6만 원은 받고 비행기를 태워야 할 것이다. 한계비용이 6만 원인데 5만 원을 받고 비행기를 태우면 손실이 발생하기 때문이다.

여행사에서도 출발 며칠 전까지 여행객이 다 모집되지 않으면 할인가격으로 여행상품을 판매하는 경우가 많다. 애초에 예상했던 인원이 다 차지 않으면 어차피 빈 좌석으로 운행될 것이므로 처음 제시했던 가격을 다 받지는 못하더라도 한계비용 이상만 받으면 여행사 입장에서는 이익이 되기 때문이다. 하지만 여행객이 너무 많아져서 버스나 비행기를 추가로 예약해야 하는 상황이 발생한다면 여행객을 그만 받는 것이 이윤을 증가시키는 길이다.

이처럼 기업은 한계수입이 한계비용과 일치하는 점까지 생산을 계속해야 이윤이 극대화됨을 알 수 있다.

의사결정을 할 때는 한계의 원리에 따른다

사람들은 행복과 만족, 쾌감을 추구하며 살아간다. 소비도 그런 만족을 얻기 위한 행동이다. 그런 만족을 경제에서는 '효용'이라고 한다. 소비자는 소비를 한 단위 더 늘릴 때마다 추가적으로 늘어나는 효용, 즉 한계효용을 쫓아 행동한다. 소비로부터 느끼는 한계효용이 최소한 가격보다 높아야 구매를 하는 것이다. 만일 한계효용은 1,000원인데, 가격이 1,500원이라면 누가 물건을 사겠는가? 돈을 지불한 만큼 만족을 얻을 수 없는데 말이다.

한계의 원리는 다음과 같은 경우에도 의사결정의 기본 원리로 작용한다. 예를 들어 B 학생에게 내일 당장 국어와 수학, 두 과목 시험이 있고, 두 과목의 시험공부를 위해 사용할 수 있는 시간이 다섯 시간이라고 하자. 이때 이 학생은 다섯 시간을 두 과목 공부에 어떻게 배분함으로써 기말시험 성적을 최대로 할 것인지를 결정해야 한다.

만약 이 학생이 국어가 잘하는 과목이기 때문에 한 시간 더 공부한다면 점수가 10점은 올라갈 것이다. 이 10점이 국어공부를 한 시간 더 할 때의 한계효용이다. 그렇지만 국어공부를 한 시간 더 함으로써 수학공부를 한 시간 못하게 되는데, 이때 수학공부를 한 시간 더 했더라면 추가로 얻을 수 있었던 수학 점수의 크기가 한계비용이 된다. 만약 수학공부를 한 시간 못함으로써 수학 점수가 6점 하락한다면, 이 학생은 어떤 선택을 해야 할까?

이 경우에는 한계효용이 한계비용보다 크므로, 국어공부를 한 시간 더 해야 한다. 그럼으로써 총점을 4점 더 올릴 수 있기 때문이다. 만약 국어공부 한 시간의 한계비용이 14점이라면, 국어공부를 한 시간 더 할 때 추가적으로 얻는 한계효용 10점보다 크므로, 이 학생은 그 한 시간 동안 국어공부 대신 수학공부를 해야 할 것이다. 물론 현실에서는 시험의 난이도를 미리 알 수 없고, 예상 점수 그대로 득점을 하는 것이 아니기 때문에 이처럼 판단하고 결정을 할 수만은 없지만, 원리는 그렇다는 것이다.

다음과 같은 문제들도 모두 한계의 원리에 의해 결정해야 순편익을 최대로 할 수 있다. 치안 강화를 위해 경찰의 예산을 어느 선까지 늘려야 할까? 예산 지출의 한계효용이 한계비용과 같아질 때까지 경찰의 예산을 늘려야 한다. 그렇다면 교육 예산은 얼마로 해야 하나? 마찬가지로 교육 예산의 한계효용이 한계비용과 일치할 때까지 교육 예산을 늘려야 한다. 한편 기업은 노동자 한 명을 더 채용할 때의 한계효용(수입의 증가)이 한계비용(임금)보다 크다면 노동자를 채용해야 하고, 그렇지 않다면 채용을 하지 않으려 할 것이다.

간혹 공원 앞에는 어린이들만 탈 수 있게 설계된 작은 규모의 바이킹이 있다. 그 놀이기구를 제작하는 데 생산비가 들고, 그 장소까지 운반하는 데에는 운반비가 들었을 것이다. 또한 운영을 하는 데에도 비용이 들 것이다. 하지만 어린이들이 이에 대한 요금을 지불하고 놀이기구를 탄 다음에는 한 번쯤 더 태워준다고 해도 추가되는 비용이 거의 없다. 따라서 한 번 더 태워 달라고 떼를 쓰는 아이들에게 인심 좋게 공짜로 한 번 더 태워줄 수가 있는 것이다. 이처럼 사소하게 보이는 일에도 한계의 원리가 숨어 있다.

"더 이상 영업 안 합니다."

천정부지로 치솟는 기름값 때문에 많은 운전면허학원들이 운영을 계속해야 할지 고민이라고 한다. 위치가 좋아 수강생이 북적거리던 곳마저 적자를 감당하기 힘들다는 것이다. 게다가 정부가 '운전면허시험 간소화 방안'을 발표하자, 제도 시행을 기다리며

면허시험 응시를 미루는 사람이 늘면서 수강생도 급감했다.

최근 수년간 큰 폭으로 뛴 땅값도 이들에겐 큰 부담이다. 전국 500여 곳의 학원 중 부지를 직접 소유한 곳은 150곳 정도로 30% 안팎이며, 나머지 300~400곳은 임대로 쓰고 있다. 임대료는 보통 학원 운영비의 15%를 차지한다. 이처럼 땅값과 기름값 상승으로 운영비용은 늘었지만, 응시자 감소로 수익은 악화되는 구조가 지속되면서 폐업을 고민하지 않을 수 없게 된 것이다.

수강생이 손익분기점을 훨씬 밑도는 수준이라면 학원 운영을 중단하는 것이 보다 현명한 결정이다. 운영을 할수록 계속 손실이 발생하기 때문이다. 손익분기점(BEP: Break-Even Point)이란, 이익과 비용이 같아지는 판매량(매출액)을 말한다. 학원의 경우 수강료를 납부하는 수강생의 수가 기준이 된다.

기업에서는 분기점보다 더 팔면 이익을, 적게 팔면 손해를 본다. 손익분기점의 분석은 투자를 결정하기 이전에 투자 규모를 판단하거나 프로젝트의 타당성, 가격의 합리성, 매출 규모의 적정성을 판단하기 위해서 이용한다.

자동차보험에서도 마찬가지다. 만약 보험사고가 발생하여 이를 보험으로 처리하는 경우라면, 발생하는 이익(보험금)과 손실(보험료 할증)이 일치하는 지점을 손익분기점이라고 할 수 있다. 통상 보험금이 보험료 할증액의 합계액보다 큰 경우(손익분기점을 상회)에는 보험처리를 하는 것이 유리하며, 보험금이 보험료 할증액의 합계액보다 적은 경우(손익분기점을 하회)라면 보험처리를 하지 않는 것이 유리하다.

일반적으로는 보험가입 경력이 없거나 사고 다발로 인하여 개별할인 할증률이 높은 경우에는 보험처리로 인한 보험료 할증금액의 합계액이 보험금을 초과하므로 보험처리를 하지 않는 것이 유리하다. 다만 자동차사고가 발생했다면 보험처리에 따른 손익을 따지기에 앞서 일단 보험처리를 한 다음에 추후 손익분기점 분석을 통해 보험처리의 취소 여부를 결정하는 것이 현명하다고 하겠다.

손해보험사들의 만성 적자 사업부문이었던 자동차보험의 영업손익이 7년 만에 흑자를 내 올해 상반기 107억 원의 이익을 거두었다. 지난해 같은 기간 2006억 원 적자였던 것과 비교하면 큰 폭으로 개선되었는데, 이 같은 실적이 가능했던 요인은 상반기 중 손해율이 68.3%로 전년 동기 73.4%보다 5.1포인트 하락한 것이 영향을 미친 것으로 보인다. 손해율이 하락한 원인으로는 고유가로 인해 운전자들이 차량운행을 자제하여 교통사고가 감소한데다 하절기에 태풍·집중호우 등 풍수해가 없었던 점 등이 작용한 것으로 분석되었다.

이처럼 한계효용과 한계비용의 손익분기점은 기업에서만 활용되는 것이 아니다. 우리가 경제활동을 영위함에 있어서도 판단력의 단초를 제공해준다. 행동하기 전에 한 번만이라도 생각해볼 일이다.

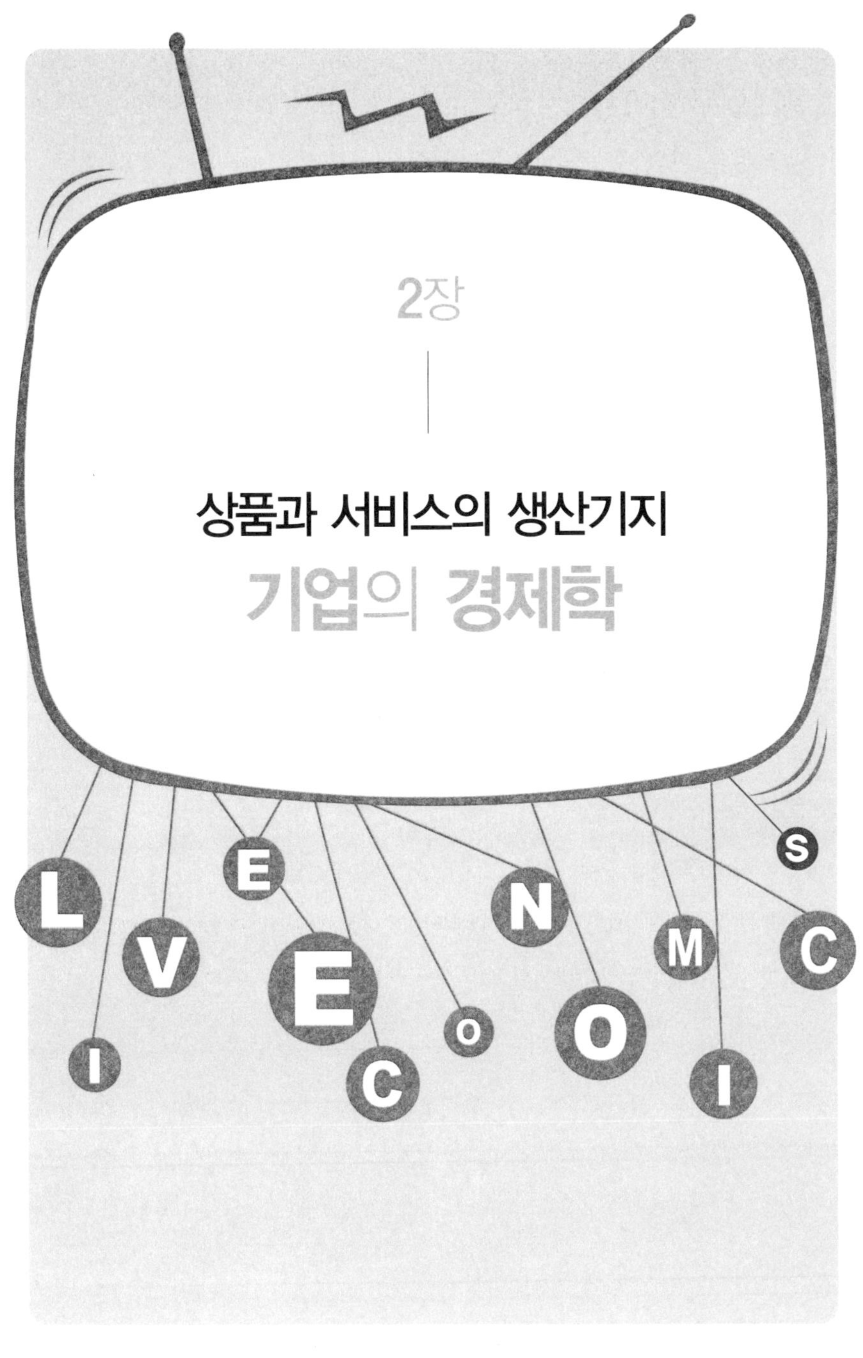

2장

상품과 서비스의 생산기지
기업의 경제학

자장면 곱빼기가 보통 두 그릇보다 싼 것은 규모의 경제 때문이다

중국음식점은 경제학의 보고다

배고플 때 중국음식점 앞을 지나가며 군침을 삼켜본 경험이 있을 것이다. 막 볶은 고소하고 달달한 자장, 쫄깃한 면발의 맛을 아는 사람이라면 중국집 철가방만 봐도 자장면을 떠올리지 않을 수가 없다. 최근에는 '자장면을 먹을까? 짬뽕을 먹을까?' 고민하는 손님의 마음을 알아채고 그릇을 반으로 나눠 자장면과 짬뽕을 반씩 담은 '짬자면'을 파는 중국집도 많아졌다.

또한 같은 자장면이라 해도 보통자장과 간자장이 구분되어 있는데, 둘은 제법 가격 차이가 난다. 양도 같고 재료도 거의 비슷하지만 간자장이 보통자장보다 1,000원 정도 비싸다. 또 같은 메뉴라도 음식의 양에 따라 값이 달라지기도 한다. 자장면 '보통'과 '곱빼기'가 그렇다. 자장면 보통이 3,500~4,000원 정도라면 곱빼기는 4,000~5,000원쯤 한다. 곱빼기는 보통보다 양이 약 두 배지만 가격은 조금 더 비싼 정도이다. 양이 두 배라면 가격도 두 배여야 주인이 손해를 보지 않을 것 같은데, 왜 그렇게 파는 것일까? 중국집 주인의 마음씨가 착해서일까?

이것은 바로 '규모의 경제' 때문이다. 생산을 많이 할수록 평균적인 원가가 낮아지는 것이다. 즉 자장면을 많이 만들수록 자장면 한 그릇의 원가는 낮아진다. 자장면은 면과 자장을 많이 만들어놓고 주문이 들어오면 면을 삶아 자장을 끼얹어 파는 경우가 대부분이다. 따라서 보통자장 한 그릇을 만드나 곱빼기를 만드나 원가 및 수고비에는 거의 차이가 없다. 하지만 보통자장 두 그릇을 만들 때는 자장과 면의 양에는 차이가 없지만, 그릇이 하나 더 필요하고 손님이 쓰는 젓가락도 하나 더 필요하며 단무지, 양파도 그만큼 더 있어야 한다. 거기다 주문을 받고 서빙을 해주고 테이블을 닦는 일을 두 번씩 해야 하는 것이다.

그렇다면 간자장과 보통자장은 왜 값이 차이가 날까? 이것도 규모의 경제 때문이다. 간자장은 보통자장과 달리 주문이 들어오면 바로바로 자장을 볶아서 내놓는다. 일반자장은 가스불을 한 번 켜면 한꺼번에 10인분 이상도 볶아둘 수 있는데, 간자장 한 그릇을 볶으려면 매번 가스불을 켜야 하는 것이다. 주방장 입장에서는 경제적뿐만 아니라 시간적으로도 손해이다. 그래서 간자장 값이 보통자장보다 비싼 것이다.

같은 제품이라도 더 많이 생산할 때, 제품의 단위당 가격은 하락한다. 따라서 규모의 경제는 소비자들이 상품을 더 값싸게 더 많이 살 수 있도록 해주며, 제품을 생산하는 회사도 더 많은 제품을 팔아서 이익을 남길 수 있다. 기업들이 인수·합병(M&A)을 통해 얻고자 하는 시너지 효과도 규모의 경제에서 나오는 것이다.

악기나 도자기처럼 사람이 하나하나 정성으로 만들어야 하는 상품들은 소규모로 생산할 수밖에 없다. 대량생산을 하려고 욕심을 내면 오히려 품질이 떨어져서 가치를 제대로 평가받지 못한다. 반면에 자동차나 선박, 그리고 반도체 같은 상품은 작은 규모의 공장에서 만드는 경우가 드물다. 이런 상품들은 단 한 대를 만들더라도 원료를 수입하고 장시간 기계를 가동해야 하며, 일정한 면적의 공장 부지를 필요로 하기 때문에 한 번 생산할 때 대규모로 생산해야만 단가를 낮출 수가 있다. 이처럼 생산 규모가 커질수록 생산 단가가 낮아질 때 '규모의 경제(economics of scale)'가 있다고 한다.

예를 들어 여행사에서 여행객을 모집할 때 한 사람당 평균원가를 낮추는 가장 좋은 방법은 바로 여행객을 많이 모으는 것이다. 한 사람이 움직이든 열 사람이 움직이든 이동을 하려면 버스는 한 대가 움직여야 하며 숙소도 하나는 확보해야 한다. 이외에도 여러 사람이 갈수록 각종 비용에서 평균원가를 낮출 수 있는데 이것도 바로 규모의 경제이다.

규모의 경제가 가져오는 또 하나의 효과는 대량판매를 통해서 재고를 줄일 수 있다는 것이다. 기업 입장에서 재고를 쌓아둔다는 것은 관리비용이 발생한다는 것을 의미할 뿐 아니라, 손실에 대한 위험을 남겨두는 것이기 때문에 기업들은 재고가 쌓이는 것을 원하지 않는다.

그런 측면에서 본다면, 관광객이 늘어난다는 것은 항공사 입장에서도 기뻐할 만한 일이다. 비행기는 어차피 띄워야 하는데, 승객이 10명이 있으나 100명이 있으나 비행기 한 대가 이륙해서 목적지에 도착하는 비용은 거의 변화가 없다. 그렇기 때문에 더 많은 사람이 여행을 할수록 항공사 입장에서는 기뻐할 일인 것이다. 항공사 입장에서는 비행기 한 대를 띄우는 데 있어 몇 좌석이 빈 상태로 운행한다는 것 자체가 재고를 쌓아두는 것이다. 게다가 이것은 재고 상품과 달리 결코 다시 팔 수도 없는 것이기 때문에 빈 좌석은 그대로 손실로 넘어온다.

국내선 제주노선은 성수기, 비수기를 가리지 않고 만석이 되는 경우가 많다. 휴가객이나 골프객이 몰리는 주말은 물론, 주 중에도 학생들의 수학·졸업여행이나 직장인들의 단체여행이 줄을 이으면서 제주행 항공권 구하기는 그야말로 하늘의 별따기다. 제주도에 가려는 승객들이 늘어났으니 항공사 입장에서 반가운 일일 것 같은데, 항공사들은 제주행 항공수요가 반갑지만은 않다. 그래서 제주행 노선을 늘릴 생각조차 하지 않는다. 실제로 최근 타 지역의 국내선 노선을 빼서 제주노선을 임시 증편한 것도 건설교통부의 강권 때문에 마지못해 결정한 일이었다.

항공사들이 수요초과임에도 제주노선을 좋아하지 않는 이유는?

제주를 찾는 여행객의 수요가 폭발적으로 증가하고 있음에도 항공사들이 제주노선을 증편하지 않는 이유는 무엇일까? 바로 제주를 비롯한 국내선은 항공사에게 '돈 되는' 노선이 아니기 때문이다. 차라리 비슷한 거리의 일본이나 중국을 운항하는 것이 몇 곱절 이익이 남는다. 실제로 서울-제주노선(280마일)의 평일 왕복요금은 14만 원대인 반면 인천-웨이하이(250마일)나 인천-옌타이(290마일) 구간은 비슷한 거리임에도 35만 원대로 배 이상 비싸다. 그리고 서울-제주보다 거리가 훨씬 짧은 부산-후쿠오카(140마일) 구간 할인 왕복요금도 26만 원대로 1.7배가량 비싸다.

게다가 해외노선의 경우 좌석등급에 따라 요금이 차등 적용된다. 그로 인한 부가적인 수입까지 감안한다면, 운항할 수 있는 비행기의 수가 한정되어 있는 항공사 입장에서는 더 높은 이익이 발생할 수 있는 국제선에 비행기를 모두 투입하고 싶은 것이다.

서울에서 제주로 가는 항공편이 수요초과 상태이기 때문에 항공사는 이익이다. 그럼에도 불구하고 항공사들이 이러한 상황을 고무적으로 받아들이지 않는 이유는 무엇일까? 가장 근본적인 이유는 제주로 가는 현실적인 교통편이 항공기를 제외하고는 없다는 데 있다. 즉, 항공기를 대체할 만한 대체재가 없다는 것이다. 육지에서는 비행기의 운행 횟수가 적으면 철도나 버스가 있지만 도서지역인 제주는 항공기와 선박이 유일한 교통수단이다. 그리고 선박의 경우에는 목포나 부산을 제외하고는 이용할 수 있는 방법이 없다. 그렇기 때문에 항공기가 결항되거나 항공사가 파업하는 경우에는 모든 이용객의 발이 묶여버리는 것이다.

둘째, 국내선 항공편이 대한항공과 아시아나항공, 두 항공사에 의해 독점화되고 있기 때문이다. 한성항공과 제주항공이 있다고는 하지만 운행횟수나 규모가 대형 항공사에 견줄 바가 못 된다. 소형비행기를 사용하는데다 그 보유 대수 또한 대한항공과 아시아나항공과 비교하여 매우 적다. 그로 인해 한성항공과 제주항공은 대한항공과 아시아나항공에 비해 규모의 경제를 이룰 수가 없다. 두 개의 빅 항공사를 제외하고 국내에서 제주로 비행기를 띄울 회사가 없다 보니, 이 회사들은 제주노선에 대해 아쉬우면 기다렸다 타라는 식의 배짱 장사를 하는 것이다. 어차피 제주도를 가려는 사람들이고, 자기들이 아니면 갈 방법도 없으니 굳이 다른 비행기를 빼서 제주에 배치를 하는 것 자체에 대한 필요성을 못 느끼는 것이다.

결과적으로 유일한 수단인 항공편이 소수의 기업에 의해 운영되는 것으로 인해 만성적인 공급부족에 시달리고 있는 것이 국내선 항공편의 특징인 것이다.

공급을 늘리면 문제가 해결된다

두 개의 빅 항공사는 모두 최근 3년간 제주-서울 간 노선을 약 3천편 줄였다. 반면에 같은 기간 항공기를 이용한 탑승객 수는 610만~641만으로 증가한 것을 보면 탑승권 구하기가 '하늘의 별따기'나 다름없음을 확인할 수 있다. 아시아나항공은 제주-서울 노선의 5월 탑승률이 2004년 77%에서 2005년 86%, 2006년에는 95%로 치솟았고 2007년 들어서도 5월 예약률이 92%에 달하고 있다. 대한항공도 90% 이상 탑승률이 계속되고 있다. 통상 탑승률이 95%를 넘어서면 예약하지 못한 사람은 공항에서 대기해도 좌석을 구하기가 어려운 상황이라고 한다.

이처럼 수요는 많은데 공급이 절대적으로 부족한 현실이다. 이렇게 되면 항공사는 탑승률을 올리기 위해서 운항 편수를 줄였다는 의심을 받을 수도 있는 것이다.

기업에게 있어 규모의 경제와 수요초과 현상은 이익을 극대화하기 위한 최적의 조건을 만족시켰다는 의미이다. 점점 경쟁이 치열해져가는 현대사회에서 이런 기회는 자주 찾아오는 것이 아니다. 그럼에도 불구하고 이들 항공사들은 독점적 지위를 누리고 있기 때문에 고객에 대한 욕구를 만족시키지 않고, 고객이 자신들의 정책에 따라오도록 만들고 있는 것이다. 결국 모든 문제는 독점이라는 것으로 귀결된다.

이러한 문제를 근본적으로 해결하기 위해서는 새로운 공급을 통해 독점을 해결하거나, 현재의 독점적 공급자에게 수요 초과의 시장에 대한 새로운 수익창출이 가능하도록 하여 독점적 공급자가 시장에 적극적으로 다가가도록 하는 방법밖에 없다.

한성항공이나 제주항공과 같은 저가 항공사들을 활성화시킬 수 있도록 지원과 규제를 완화해야 한다. 그래서 규모의 경제에 따라서 더 큰 세계로 비상할 수 있도록 해야 한다. 또한 만성적인 수요 초과를 해결하기 위해 해외의 항공사들로 하여금 이 수요를 채울 수 있도록 한다면, 소비자 입장에서는 꼭 필요한 시간에 원하는 목적을 이룰 수 있을 것이고, 공급자 입장에서도 원활한 공급을 통해 이익을 도모할 수 있기 때문에 상호 이익이다.

국내 산업을 보호하고 육성하는 것과 국내 기업이 국내에서 제도를 이용하여 독점력을 행사하는 것은 엄연히 다른 것이다. 만약 국내 기업이라는 이유로 자신만의 시장을 가지며, 국민에게 피해를 준다면 이는 엄격히 규제되어야 하며, 정부는 자유로운 경쟁이 가능하도록 만들어주어야 할 것이다.

박태환 선수의 금메달로 수영 강습이 늘어나는 편승효과가 커졌다

베이징 올림픽 후 수영교실 붐이 일다

1997년 LPGA에서 박세리가 맨발 투혼을 벌이며 골프 붐을 일으킨 뒤 박세리 키드 골퍼들이 급증했듯이 월드컵 열풍이 한바탕 지나간 해에는 '유소년 축구교실'이 문전성시를 이루었다. 한편 베이징 올림픽이 끝나자 수영 꿈나무들이 급증했다고 한다. 박태환 선수의 모습을 보고 우리 아들, 딸들도 '마린보이', '마린걸'을 만들어야겠다며 자녀를 수영회원으로 등록하는 등 부산을 떨고 있는 것이다.

또 굳이 수영선수가 아니더라도 박태환 선수처럼 균형 잡힌 몸매를 만들고 싶다며 일반인들의 강습 문의도 이어지고 있다고 한다. 뿐만 아니라 각종 수영용품 매출이 30~40% 급증했다. 특히 박 선수의 공식 후원업체인 S사가 내놓은 'KOREA'와 박 선수의 이니셜이 새겨진 수영모가 포함된 기획 제품이 인기다. 관련 업체들이 박태환 효과를 마케팅에 톡톡히 활용하고 있는 것이다.

이를 두고 혹자는 쉽게 달아오르고 쉽게 식어버리는 국민성 때문이라고 비평하기도 한다. 하지만 남이 하니까 나도 한다는 식의 의사결정은 누구에게나 나타날 수 있으며, 이 때문에 제품의 판매에서 마케팅이 중요한 역할을 한다.

초기의 경제학 이론에서는 상품의 가격이 수요와 공급의 요인에 따라 결정되는 것으로 보았으며, 모든 인간들이 똑같은 욕구를 지니고 의사결정을 한다고 전제하였다. 그러나 실제로 인간들은 같은 상황 속에서도 서로 다른 선택을 하며, 성장 과정의 차이나 교육의 정도, 자신이 속한 집단의 특성 등에 따라 욕구의 우선순위나 성취 방식이 달라진다. 그러므로 인간들의 소비 욕구는 경제적 요인뿐만 아니라 차별화, 모방, 성장배경 등 문화적 요인에도 영향을 받는 것이다.

유행은 수요와 공급의 원리 너머에 있다

시장경제에서 모든 상품의 가격은 수요와 공급의 원리에 따라 정해진다. 그러나 가끔 특정한 요인으로 인해 질서가 무너지는 경우가 생기는데 바로 유행이다. 어떤 제품이 유행을 타기 시작하면, 다른 제품보다 많이 팔린다. 이처럼 어떤 상품이 유행을 하면 너도나도 그 상품을 사고자 하는 현상을 '편승효과(band-wagon effect)'라고 부른다. 이는 서부개척시대의 역마차 '밴드웨건'에서 나온 말로 곡예의 맨 앞에서 행렬을 이끄는 악대차가 사람들의 관심을 끄는 효과를 낸 데서 유래되었다. 즉 편승효과란 많은 사람이 고른 것을 더 좋아한다는 뜻이다. 다른 사람들이 모두 그렇게 하니까 나한테 필요하지 않더라도 남들처럼 하고 싶어지고, 또 나에게 꼭 필요한 물건이 아니더라도 사게 되는 것이다.

이러한 사례는 쉽게 찾을 수 있다. 어떤 영화가 재미있다는 소문이 퍼지기 시작하면 극장에 간 사람들이 그 영화를 선택할 가능성이 커지고, 이렇게 하여 한두 극장에서 매진현상이 계속되면 아직 그 영화를 안 본 사람들도 호기심에 영화를 관람하면서 흥행을 하게 되는 것이다. 또, 어떤 책이 베스트셀러가 되면 사람들은 쉽게 그것을 고르는 성향이 있다. 한 번 히트곡을 불러서 유명 가수가 되면 다시 음반을 냈을 때 팬들에게 사랑받을 수 있는 가능성도 커진다. 또 선거에서 이길 것으로 예측 보도된 후보자들에게 투표하는 사람들도 있다.

이러한 편승효과는 결코 합리적인 선택이 아니다. 내가 선택을 하기 곤란하거나 판단이 안 서는 경우 다른 사람의 선택이나 유행을 참고할 수는 있겠지만, 유행 때문에 필요하지 않은 제품을 사거나 남들에게 뒤처지지 않으려고 사치품을 사는 것은 바람직하지 않기 때문이다.

소비를 결정할 때에는 '주관적 합리성'이 작용한다

외제, 수입 상품을 구입하고 사용하는 것에 대해 여러분은 어떻게 생각하는가? 과거에는 수입품을 구매하는 행위 자체가 비난을 받던 시절이 있었다. 지금도 예전만큼은 아니지만 수입품보다는 국산품 구입을 장려하는 분위기가 남아 있다. 하지만 수입품을 소비하는 것을 나쁘다고만 할 수는 없다. 우리가 무조건 수입품을 배척하고 국산품을 보호하려 든다면 국내 기업들이 기술개발이나 가격경쟁을 소홀히 할 수도 있기 때문에 궁극적으로는 가격이나 품질을 꼼꼼히 비교해보고 객관적으로 판단하는 것이 더 바람직한 일일 수 있다.

그렇다면 이런 경우는 어떻게 생각하는가? 친한 친구가 운영하는 가게가 있는데, 여기보다 집 근처 할인마트가 더 저렴하여 그곳에서 물건을 구매한다면? 친한 친구가 운영하는 가게에서 집 근처의 할인마트보다 더 비싼값을 요구한다면 인정상 어떻게 그렇게 하냐고 비난할 수도 있겠지만, 친구네 가게 대신 집 근처 할인마트를 이용하는 것을 비난할 수는 없다. 이 두 가지 사례는 모두 현실적이며 인간의 실제 모습에 가까운 합리성이 바탕에 있다고 볼 수 있다.

1978년 노벨상을 수상한 사이먼은 인간의 합리성은 제한되어 있기 때문에 의사결정의 과정에서는 순수한 합리성이 아니라 주관적인 합리성이 우선시된다고 주장하였다. 전통경제학에서 생각하지 않았던 의사결정 시에 심리적인 것이 크게 작용한다는 '비합리적인 경제행위'를 설명한 것이다. 사이먼의 이론을 이용하면 우리 주변에서 발생하는 비합리적인 경제행위도 해명될 수 있다. 대표적인 것이 바로 '편승효과'이다.

편승효과는 어떤 상품이 유행을 하면 너도나도 그 상품을 사고자 하는 것을 말한다. 우리나라의 휴대폰 보급률은 78%가량으로 세계 최고 수준이라고 한다. 열 명당 여덟 명이 휴대폰을 가지고 있다는 얘기다. 휴대폰이 과연 우리나라 국민 대다수에게 꼭 필요한 기계이기 때문에 이런 현상이 나타나는 것일까? 이 또한 편승효과로 설명할 수 있을 것이다. 특히 청소년의 휴대전화 보급률이 70%를 넘는 것을 보면 필요에 의해 구입하기보다는 심리적인 영향을 받은 결과로 '주관적인 합리성'에 의한 행동이라고 볼 수 있다. 즉, '너도나도 갖고 다니기 때문에 나도 갖고 싶다', 혹은 '내 자녀에게도 사줘야겠다'는 생각이 더 크게 작용했을 것이라는 말이다.

그런데 이런 생각으로 덜컥 휴대폰을 구입하여 사용하다 휴대전화 요금을 감당하지 못하는 경우는 없을까? 자신의 소비능력에 맞는 합리적인 소비를 하는 것이 미덕이며, 다른 사람에게 피해를 주지 않는 한도에서 주관적 합리성은 인정받을 수 있다. 따라서 어떤 소비를 할 때에는 남들의 생각과 행동을 따라할 것이 아니라 나의 필요와 능력을 반드시 고려해야 할 것이다.

가격이 비쌀수록 수요가 늘어나는 베블렌 효과

미국의 사회학자인 베블렌(Veblen)은 저서 《유한계급(Leisure class)론》에서 유한계급에 속하는 사람에게는 값비싼 물건을 남들이 볼 수 있도록 과시적으로 소비하는 것이 사회적 지위를 유지하는 수단이 된다고 했다. 대중사회에서는 누가 더 잘 사는지 알 수 없기 때문에 사람들은 자신을 알리려고 과시적 소비를 한다는 것이다. 이에 따르면 소비자는 어떤 물건을 구입할 때 두 가지 가격을 동시에 고려한다. 즉, 실제 지불하는 시장가격뿐 아니라 '남들이 얼마를 줬을 것이라 기대하는 가격'까지 감안하는 것이다.

예를 들어 10만 원짜리 청바지를 구입하면서 남들이 그 청바지에 기대할 가격도 고려하게 되는데, 10만 원짜리를 8만 원쯤 줬을 것이라 생각하는 사람도 있고, 15만 원이라고 생각하는 사람도 있을 것이다. 이렇게 내가 산 물건에 대해 남들이 기대하는 가격을 '과시가격(conspicious price)'이라 한다. 과시가격이 올라가면 그 제품에 대한 수요도 올라간다. 이른바 '비싸 보이는 상품'을 사람들은 더 많이 구매한다는 것이다. 보기에 값싸 보이는 상품을 사려는 사람은 없다고 봐야 할 것이다. 또 과시가격에 따른 수요증대 효과가 시장의 가격인상에 따른 수요감소 효과를 상쇄할 수 있다면 전체 효과는 당연히 수요증대로 나타난다.

이처럼 과시가격 상승에 따라 나타나는 수요증대 효과를 '베블렌 효과(Veblen effect)'라 하고, 이 효과가 가격상승에 따른 수요감소 효과보다 큰 재화를 '베블렌 재화(Veblen good)'라 부른다. 물론 베블렌 재화는 몇 천만 원에 달하는 침대, 수천만 원대의 옷, 수억 원대의 자동차 등 대부분이 고급 사치품이다. 베블렌 효과는 특히 갑자기 큰돈을 번 사람들에게서 찾을 수 있는데, 한순간에 갑부가 된 사람들이 자신의 사회적 열등감을 만회하기 위해 고급 제품들을 닥치는 대로 구입하는 현상을 보이는 것이다. 필요에 의해서라기보다는 장식용으로 클래식 음반을 사 모으거나 금박으로 된 전집류를 구입하는 사람들이 이러한 부류에 속한다.

과시적 소비는 처음에는 일부 부유층을 중심으로 시작되는 것이 보통이지만 주위 사람들이 이를 흉내 내면서 사회 전체로 확산될 수 있다. 이를 '모방효과(Bandwagon Effect)'라고 한다. 모방효과는 유행에 민감한 여성들의 의상의 수요에서 볼 수 있는 것처럼 다른 사람들이 특정 상품을 많이 소비하고 있다는 이유만으로 그 상품을 덩달아 구매하는 경우에 발생한다.

한편 모방효과가 확산되어 과시소비가 신분이나 계급의 차별화를 위한 수단으로서의 효용을 상실하게 되면 일부 부유층들은 누구나 소비할 수 있는 상품의 구매를 중단하고 남들이 쉽게 살 수 없는 진귀한 상품만을 선호하는 경우도 나타나는데, 이를 '스놉효과(Snob Effect)'라고 한다.

- 베블렌 효과(Veblen effect)

  가격이 높을수록 소비를 자극하는 효과
- 스놉 효과(snob effect)

  희귀성이 높을수록 소비를 자극하는 효과
- 밴드웨건 효과(bandwagon effect)

  다른 사람들이 많이 살수록 소비를 자극하는 효과
- 반베블렌 효과(counter-Veblen effect)

  가격이 낮을수록 소비를 자극하는 효과

무조건 유명 브랜드만 선호하는 습관은 버려야 한다. 언젠가 유명 연예인들이 가짜 명품시계를 산 것이 사회문제가 되기도 했었고, 구매력이 없는 젊은이들이 명품을 사기 위해 일명 '명품계'를 조직하여 소득의 상당 부분을 내서 모으기도 한다고 한다.

그런데 명품이 무조건 비싼 물건을 의미하는 것은 아니다. 본래 '명품(名品)'이란, 장인정신과 예술혼이 살아 있는 뛰어난 물건이나 작품을 뜻한다. 그래서 명품을 선호하는 것은 어찌 보면 자연스러운 현상이다. 문제는 장인정신이나 물건 자체의 가치보다는 '비싸기 때문에' 명품을 선호한다는 비뚤어진 소비심리이다. 이렇게 우월감을 과시하려는 소비는 개인에게나 사회 전체적으로 심각한 문제를 만들 수밖에 없다. 현명한 소비란 몸에 맞는 옷을 고르듯 자신의 벌이와 규모에 맞추는 것이다.

크리스마스 행사용 케이크에 끼워 파는 털모자는 미끼상품이다

수험표를 갖고 오면 할인해 드려요

교육열이 높은 우리나라에서는 대학입시가 사회적인 관심을 끈다. 수능시험 날에는 공무원들이 출근시간을 미루고, 듣기평가 시간에는 전파 장애를 우려해 비행기도 이륙을 못한다. 그만큼 대입에 많은 신경을 쏟고 있는 것이다. 수험생에 대한 배려는 이뿐만이 아니다. 수능시험이 끝난 후 벌어지는 재미있는 풍경. 바로 '수험표를 가지고 오면 할인을 해준다'는 업체들의 등장이다. 수험표만 보여줘도 가격을 할인해주거나, 특별 사은품을 증정한다는 광고 문구를 심심치 않게 볼 수 있다. 어떤 경우에는 구입하는 물건보다 더 비싼 것을 사은품으로 주는 곳도 있다. 백화점에서는 대대적으로 수능 수험생 대상 할인행사를 열기도 한다.

기업들이 왜 이렇게 수험생을 위한 행사를 벌이는 것일까? 과연 시험을 보느라 수고하고 지친 학생들에 대한 배려로 사회 공헌 차원에서 하는 것일까? 물론 그런 측면을 완전히 배제할 수는 없지만, 일종의 판매전략적 측면이 훨씬 더 크다. 수험생들에게 할인을 해주고 사은품을 주는 것이 기업에게 당장 이익이 되지는 않지만, 경제활동을 시작하는 대입 수험생들은 기업에서 보면 가장 좋은 고객집단이다. 따라서 이들을 공략하는 것은 바로 미래의 소비 수요를 공략하는 것과 마찬가지인 셈이다.

이들을 사로잡기 위한 대표적 사례가 영화관과 화장품회사의 마케팅이다. 수능이 끝나면 보통 학교에서는 단축수업을 하여 학생들을 일찍 보내준다. 그러면 학생들은 바로 집에 가기보다 시내에서 쇼핑을 하거나 영화를 보며 오랜만에 찾아온 자유를 만끽한다. 보통 영화관은 평일 낮 시간에 관객이 적다. 따라서 값을 깎아주더라도 수험생들로 빈 좌석을 채우면 더 이익이다. 거기다 영화가 재미있다면 입소문을 낼 수도 있고, 그 영화관이 마음에 들면 계속해서 이용할 수도 있는 것이다. 화장품회사 역시 마찬가지다. 앞으로 화장을 할 예비 대학생을 미리 고객으로 만들기 위해 사은품을 제공하거나 메이크업 쇼 등을 통해 관심을 집중시킨다. 이렇게 차츰 이미지를 각인시켜야만 이들이 나중에 이 회사의 제품을 더 많이 살 것이라고 판단하기 때문이다.

이처럼 사은품이나 할인 혜택으로 고객을 사로잡는 것을 미끼상품 전략이라고 하는데, 이 전략을 가장 많이 이용하는 곳이 백화점이다. 백화점 전단지를 살펴보면 늘 눈에 띄는 광고가 있다. 백화점 꼭대기에 있는 이벤트홀에서 이월상품 특별전을 통해 값싸게 제품을 판다거나, 전단지에 있는 쿠폰을 오려 가지고 오면 사은품을 증정한다는 등의 광고다.

미끼상품은 기업의 판매전략이다. 따라서 미끼상품에 발목을 잡혀 불필요한 소비를 하지 않도록 유념해야 한다. 하지만 합리적이고 현명한 소비자는 미끼상품의 혜택을 충분히 누리면서도 알뜰한 비용으로 만족을 얻을 수 있다. '세상에 공짜 점심은 없다'는 경제학의 기본 원칙이 있다. 이 말은 미국 서부의 술집에서 술을 일정량 이상 마시는 단골들에게 점심을 공짜로 대접하던 데서 유래되었다. 공짜 점심을 위해서 사람들은 더 많은 술을 마셨으며, 결국 자신이 내는 술값에 점심비용이 포함되어 있다는 것을 알아차릴 수 있었다.

시즌 마케팅에는 미끼상품이 주를 이룬다

크리스마스가 오면 거리마다 캐롤송이 울리고, 아이들을 위한 상점을 둘러보면, 손님들이 어느 상점보다 많다. 이때 제과점에서 케이크를 팔 때 끼워서 파는 동물 모양의 털모자가 인기가 많다. 그러다 보니 부모들은 자녀들에게 털모자를 사주기 위해 케이크를 산다. 털모자 가격이 포함된 것이라서 평상시보다 훨씬 비싼 가격으로 파는 것임에도 가격에는 아랑곳하지 않고 오직 예쁜 털모자를 좋아할 자녀들을 생각하며, 감정적 판단으로 구매를 한다.

어른들도 그러할진대 미끼상품으로 판단력이 모자란 어린이들을 현혹하는 상품들도 많다. 패스트푸드 업체가 어린이용 햄버거를 팔면서 장난감을 끼워주는 것이 대표적인 예라고 하겠다. 한 시민단체에서 일반 시민들과 전문가들이 함께 생활상의 유해물질 제품 및 기업광고에 대한 모니터링 결과를 토대로 과장 및 허위성이 높은 광고에 대해 주는 불명예상에 패스트푸드 업체의 이 같은 광고가 이른바 '나쁜 광고상'으로 선정되기도 하였다. 주력 상품인 패스트푸드 제품보다 미끼상품인 장난감 선전에 광고의 대부분을 할애하는 주객 전도형 광고인데다 미끼상품과 가족의 외식문화를 제품 이미지와 결합해 왜곡된 외식문화를 조장할 수 있다는 등의 이유에서였다. 이 같은 이유로 맥도날드의 어린이세트는 '배보다 배꼽상'을, 롯데리아의 어린이세트는 '염불보다 잿밥상'을 수상했다고 한다.

어린이는 스펀지와 같아 광고를 보면서 광고 내용을 그대로 흡수하여 쉽게 믿어버리는 경향이 있다. 따라서 어린이 대상 광고는 어린이에게 구매행위뿐 아니라 인격의 형성에도 매우 중요한 영향을 미친다. 과장·왜곡 광고는 어린이들의 정서와 품성, 가치관 형성에 악영향을 미칠 뿐 아니라 나쁜 음식에 입맛을 들이게 하고, 이는 결국 왜곡된 식생활을 조장할 수도 있기 때문에 시민 스스로가 이에 대해 감시하고 선별해내는 것이 매우 중요하다.

인터넷 포털사이트와 하루에도 수십 건씩 날아오는 광고 이메일과 전단지에는 파격적인 가격 조건을 제시한 세일 정보가 가득하다. 그러나 막상 해당 페이지를 클릭하거나 실제 매장을 방문해보면 그 품목은 최하 품질의 제품이고 마음에 드는 것은 가격을 더 주어야 살 수 있는 경우가 빈번하다. 또 주요 정보 표시는 형식적이고, 사행심만 조장하는 경품·미끼 광고가 점차 많아지는 것 같다. 기업이 소비자 심리를 파악해 적절한 미끼상품이나 서비스를 제공하여 고객을 유치하는 것이 아니라 지나친 상혼에 소비자들이 멍들고 있는 것은 아닌지, 한 번쯤 되돌아볼 일이다.

불황일수록 더욱 빛나는 미끼 마케팅

미끼상품이란, 소매점이 고객을 유인하기 위하여 통상의 판매가격보다 대폭 할인하여 판매하는 상품을 가리킨다. 미끼상품은 일반적으로 소비자의 신뢰를 받는 공식 브랜드를 대상으로 하며, 수요탄력성이 높고 경쟁력이 강한 상품일수록 효과가 있다. 예를 들면 시중에서 배추가 한 포기에 1,000원 하는데 어떤 대형마트에서 500원에 판매한다는 광고를 하는 경우 소비자들은 그 마트를 찾게 된다. 값싼 배추를 미끼로 사용하여 소비자들을 불러 모은 다음 상품의 판매 증가를 도모하는 판매정책으로 이 미끼상품을 이용하는 것이다.

인터넷 세상에도 수많은 쇼핑몰이 생겨나면서 업체들은 다양한 미끼상품을 내걸고 있다. 물론 미끼상품은 팔면 팔수록 손해다. 그러나 대신 얻을 수 있는 것들이 많다. 일단 미끼상품 때문에 방문하는 사람들이 늘어나면 자연스레 네티즌들이 더 많이 클릭하므로 쇼핑몰을 알릴 수 있는 기회를 얻을 수 있다. 또, 미끼상품을 구매하는 네티즌들이 늘어나면 인기상품 리스트에 올라 좀 더 잘 보이는 위치로 옮겨진다. 그리고 그 판매자가 파는 다른 상품들도 보도록 유인할 수 있기 때문에 자연스레 다른 물건을 덤으로 구입하는 경우가 많아진다. 소비자가 다른 상품을 함께 주문하는 한 손해 보는 장사가 아니다.

온라인 쇼핑몰이 미끼로 내거는 상품은 다양하다. 시간대별로 깜짝 세일을 실시하되 선착순으로 판매종료를 한다든지, 매일 한 제품을 선택해 기존 판매가보다 20~30% 싼 가격에 판매하는 것이 그런 예이다. 흔히 볼 수 있는 '오늘만 이 가격'이라는 문구로 판매하는 상품들도 일종의 미끼상품이다. 비록, 미끼상품은 이윤이 남지 않는 장사를 하는 것이지만, 오히려 많은 광고비를 들여 홍보하는 것보다 실질적인 이득을 남길 수 있는 훌륭한 마케팅 전략이다. 그렇다고 소비자만 판매자에게 농락을 당하고 있는 것일까?

기업이 제공하는 상품이나 서비스는 구매하지 않으면서 미끼상품과 같은 혜택만 챙기는 얌체고객도 많다. 유통업계가 내건 이벤트 상품에 응모했다가 당첨되지 않자 줄줄이 주문을 취소해 버리거나 금융상품에 가입하여 좋은 서비스나 혜택만 쏙 빼먹고 더 이상 이용을 안 하는 전략이다.

판매자와 소비자 사이의 이 같은 '미끼게임'은 앞으로도 계속 일어날 것이다. 판매자는 소비자를 현혹하기 위하여 불러 모으고, 소비자는 절약의 한 방법으로 '똑똑한 소비자'로 선수가 되어 상대방을 이기려는 게임을 하고 있는 것이다.

미끼 마케팅은 비합리적인 소비를 유도한다

미끼상품을 가지고 소비자를 끌어들여 또 다른 매출을 일으키는 경우가 있다. 예전에는 특가상품이라고 해서 특정한 제품을 미끼로 놓고 소비자를 유혹했다. 그런데 요즘에는 보이지 않는 미끼가 너무나도 늘어나 자칫하면 이러한 기업의 미끼 마케팅에 현혹되기 십상이다.

대표적인 경우가 바로 편의점에서 판매하는 '1+1'이다. 1개를 사면 1개를 더 끼워준다는 유혹은 소비자에게 너무나도 외면하기 힘든 미끼임에 틀림없다. 이뿐만이 아니다. 대형 할인마트의 공통적인 특징은 주차시설을 너무나도 잘해놓았다는 것이다. 이 역시 훌륭한 미끼가 된다. 대형 할인마트에 차를 가지고 와서 사람들이 엄청난 양의 물건을 구매하도록 만드는 요소인 것이다. 주차시설이 협소하다면, 소비자는 물건을 구매할 때 대중교통을 이용하는 경우가 많을 것이고 마트에 오더라도 많은 양의 물건을 사갈 수 없을 것이다.

만약 이러한 미끼 마케팅을 문제 삼는다면, 할인점이나 기업들은 모두가 소비자의 편익을 위해서 제공하는 서비스라고 강변할 것이다. 과거 백화점이나 대형마트에서 셔틀버스를 운행하여 공정거래위원회로부터 제재를 받았을 때와 마찬가지로, 할인점들 역시 동일한 반응을 보일 것이기 때문이다.

다른 물건을 구매하도록 유도하는 것을 크리스마스 선물효과라 한다

영화관에도 판매전략이 숨어 있다

지금은 캘리포니아 주지사가 된 헐리우드의 유명배우 아놀드 슈왈제네거는 다양한 영화에 출연했다. 그가 출연한 영화 중에 〈솔드아웃〉이라는 영화가 있는데, 크리스마스에 아들이 원하는 장난감을 사러 장난감가게에 갔다가 이미 다 팔려서 구입할 수 없게 되자, 장난감을 구하기 위해 벌이는 해프닝을 그린 영화이다.

대부분의 장난감가게들은 크리스마스에 어린이들에게 인기가 있는 장난감은 많이 내놓지를 않는다. 그리고 아이에게 크리스마스 선물을 사주기 위해 가게에 방문한 부모에게 "그 장난감은 이미 다 팔려버렸네요"라고 이야기한다. 부모는 아이가 원하는 장난감이 없다고 해서 그냥 가게를 나와버릴까? 분명 다른 장난감을 구입하여 아이에게 선물로 줄 것이다. 그리고 며칠이 지나면 아마 아이는 다시 부모에게 보챌 것이다. 그때 다 팔렸던 장난감을 다시 판매하고 있으니 사 달라고 말이다. 쉽게 말하자면 업체는 장난감을 고의적으로 예상 판매수량보다 적게 가져다놓고 다른 장난감을 구입하도록 유도하는 것이다. 경제에서는 이러한 것을 "크리스마스 선물 효과"라고 한다.

크리스마스의 의미가 외국과는 조금 다른 우리나라에서도 크리스마스 선물효과를 노린 유통전략이 난무하고 있다.

예를 들면, 백화점에서는 이벤트홀 등에서 이월상품 판매전을 한다. 시즌별로 소비자들이 현혹될 만한 품목을 골라서 판매를 하는데 겨울이 시작될 쯤에 겨울 코트를 할인하거나, 여름이 가까워 오면 바캉스 용품을 판매하는 것이다. 그런데 이곳에서는 마음에 꼭 드는 물건을 고르기가 어렵다. 뿐만 아니라 자신에게 맞는 사이즈를 구하기는 더 어려운 일이다. 결국 구매욕구가 생긴 상황에서 이왕 백화점까지 왔으니 신제품이나 보고 가자는 생각으로 정상가격으로 판매하는 매장으로 발길을 돌리게 된다.

또 다른 예를 들어보자. 영화관에 가면 사람들이 많이 보고 싶어 하는 영화는 이상하게 상영시간 사이의 틈이 길다. 그러다 보니 사람들이 많이 몰리는 주말에는 항상 매진되는 경우가 많다. 이왕 영화관까지 간 상황에서 그냥 되돌아갈 사람은 별로 없을 것이다. 그래서 차선책으로 다른 영화를 보게 된다. 그렇다면 이렇게 해서 다른 영화를 보게 된 사람은 원래 자신이 보고자 했던 영화를 보지 않을까? 분명 적어도 1, 2주 안에 다시 영화관을 찾을 것이다.

우리가 알지 못하는 사이에 기업의 크리스마스 효과를 노린 마케팅은 쉴 새 없이 계속되고 있다고 해도 과언이 아니다. 그렇기 때문에 이러한 기업의 마케팅으로 인해 더 많은 비용을 지출하고 불필요한 소비가 발생되지 않도록 소비자 개개인이 합리적인 의사결정을 하는 것이 무엇보다도 중요하다.

할인마트의 최저가 보상은 가능한 것인가?

최저가격 보상제는 우리나라에 1997년에 처음 도입되었다. 국내 할인마트 업체에서 이마트, 홈플러스가 경쟁을 하고 정부의 단계적 시장개방 정책에 따라 까르푸(현 홈에버), 월마트 등과 같은 외국 유통기업들이 국내 진출을 코앞에 둔 시점이었다.

다른 경쟁사보다 무조건 싸게 팔겠다는 강한 의지를 소비자에게 보여주고 신뢰를 구축하겠다는 전략에서 국내 이마트 측이 내놓은 전략이 바로 최저가격 보상제였다. 이마트가 최저가격 보상제를 도입하자 뒤늦게 홈플러스, 까르푸 등도 동일한 정책을 내놓았는데, 모두 동일하게 차액의 2배를 현금으로 소비자에게 돌려준다는 것이었다.

그렇다면 최저가 보상은 가능한 것인가? 결론부터 말하면, A할인마트의 최저가 선언은 항상 가능하다. A할인마트에서는 자사 제품보다 더 싸게 파는 B할인마트가 있을 경우 해당 물품가액의 보상과 함께 백화점 상품권을 주겠다고 했기 때문이다. 만약 A할인마트에서 비누를 1,000원에 판다고 가정해보자. 그런데 경쟁 중인 B할인마트에서 비누를 900원에 팔 경우, 1,000원에 산 고객이 이를 A할인마트에 신고하면 200원과 함께 백화점 상품권을 받게 되므로 더 싸게 구매한 결과가 나타난다. 따라서 A할인마트는 항상 최저가를 유지할 수 있다.

하지만 만약 A할인마트와 경쟁관계에 있는 B할인마트가 경쟁자를 제거하기 위해 출혈경쟁을 펼친다면 어떻게 될까? B할인마트는 모든 물품에 대해 최저가 정책을 유지하는 A할인마트보다 더 싸게 판다. 그리고 소비자들은 최저가 정책을 유지하는 A할인마트에서 물품을 구입한 후 최저가가 아니라는 이유로 물품의 차액과 백화점 상품권을 요구한다면, 최저가 정책을 유지하는 B할인마트는 결국 손실이 커져 더 이상 버티기가 어려워질 것이다.

하지만, A 할인마트는 최저가 정책을 고수하고 업계 시장을 지배하는 리딩 컴퍼니로 올라서 있는 상황이다. 어떻게 이러한 것이 가능한 것일까?

절대우위 전략으로 승부를 건 할인마트

모든 경제 주체는 자신이 취할 수 있는 최대한 이로운 방법으로 전략을 수립한다. 그렇기 때문에 죄수의 딜레마와 같은 상황이 수시로 발생한다. 우리가 잘 알고 있듯이 담합이 결렬되는 이유도 모든 경제 주체가 자신이 취할 수 있는 절대우위 전략을 펼치기 때문이다. 그런 의미에서 최저가 정책을 유지하는 할인마트의 정책이 오랜 시간 동안 타 경쟁업체의 도전 없이 진행되고 있다는 것은, 우리가 지금까지 알고 있던 게임이론과는 다른 상황이다.

만약 최저가 정책을 고수하는 할인마트가 최저가 정책을 자신의 절대우위 전략으로 내세운다면, 경쟁관계에 있는 할인마트는 마찬가지로 최저가 정책을 펼치는 것이 자신에게 절대우위 전략이 될 수가 있다. 그럼에도 불구하고, 경쟁업체에서 이 할인마트보다 더 싼 가격에 제품을 내놓지 않고 있는 이유는 무엇일까?

경쟁관계에 있는 양자가 절대우위 전략을 사용하는 경우는 우위의 정도를 가늠할 수 없는 상태에서 발생한다. 담합이 결렬되는 이유도 담합을 깰 때 이들에게 우위가 생기기 때문이다. 담합을 하지 않은 상태에서는 어느 누구도 우위를 가지지 못하고 있는 상황이다.

그렇다면 할인매장의 경우는 어찌된 것인가? 우선 최저가 정책을 고수하는 할인매장은 경쟁업체들과 비교했을 때 몇 가지 절대우위를 가지고 있었다. 우선 이들은 시장선도 기업으로서, 이미 유통망을 장악하고 있었다. 이는 자신들이 납품받는 데 있어 경쟁관계의 할인매장과 비교했을 때, 더 낮은 가격으로 공급받는 결과를 가져왔다.

둘째, 이들은 모기업이 유통전문 업체였다. 국내 메이저급의 대형 백화점을 가진 모기업은 최저가가 아닌 경우, 사은품으로 제공한 상품권이 모기업에서 운영하는 백화점의 상품권이었다. 상품권 액면 금액은 5천 원이었고, 그것으로 백화점에서 물품을 구매하는 것은 매우 어려웠다. 결국 소비자에게 백화점에서도 지갑을 열게 함으로써, 결과적으로 업체 전체에 이득이 되는 상황으로 만들 수 있었다.

셋째, 이 업체는 시장선도 기업이라는 이점을 가지고, 유동인구가 많은 지역에 점포를 선점할 수 있었다. 이는 다른 업체보다 더 많은 고객들을 흡수할 수 있었고, 이 업체가 최저가 정책을 유지하며 더욱 더 성장할 수 있는 원동력이 되었다.

절대우위 전략은 경쟁우위에 있을 때 유지될 수 있다

할인점의 경우에서 보는 것처럼, 절대우위 전략이 장기간 유지될 수 있게 하려면 전제조건이 필요하다. 바로 경쟁자보다 절대적인 경쟁우위에 있어야 한다는 점이다. 만약 이러한 절대적 경쟁우위 요소가 없다면, 절대우위 전략은 경쟁기업의 맞불 작전에 휘말려 더 큰 피해를 볼 수 있으며, 그런 경우가 아니더라도 생각보다 좋은 결과를 만들어낼 수 없다.

현대사회에 들어 많은 기업들이 다양한 마케팅 전략을 활용하고 있다. 이를 통해 소비자에게 높은 관심을 얻기도 하고, 경쟁기업을 소비자로부터 멀어지게 만들기도 한다. 그러나 이런 전략에 의존하는 경영은 오래갈 수 없다. 왜냐하면 마케팅 전략은 어느 회사나 실시하기 때문이다. 결국 이러한 마케팅 전략은 경쟁을 더욱 심화시키게도 하지만, 본질적인 품질과 가격을 개선하는 데 사용되어야 할 투자가 경쟁에 투입됨으로써 장기적으로 고객을 확보하기 위해 더 많은 비용을 투입해야 하는 결과를 가져온다.

하지만 절대적으로 경쟁자보다 경쟁우위에 있는 기업은 별다른 마케팅이나 전략을 펼칠 필요 없이 그 지위를 유지할 수 있다. 그 이유는 다른 경쟁기업이 가지고 있지 않은 무언가를 가지고 있기 때문이다. 이러한 기업은 경쟁을 위해 투입하는 마케팅 비용을 실질적인 소비자에게 꼭 필요한 부문에 투입한다. 가격을 낮추든지, 새로운 더 좋은 품질의 제품을 생산하는 데 이용할 수 있는 것이다.

사람도 마찬가지다. 다른 경쟁자들에 비해 우위 요소가 없는 사람은 항상 다른 사람을 견제해야 하고, 신경 써야 한다. 하지만,

우위 요소가 있는 사람은 다른 사람을 신경 쓰기보다는 자신의 질적 성장을 위하여 노력할 수 있다. 자기계발을 위해 꾸준히 노력하면서, 다른 경쟁자에게 없는 우위 요소를 보유하게 된다면 더 쉽게 목표하는 바를 이룰 수 있을 것이다.

외환위기 이전만 하더라도 제조업체가 물건을 주네 안 주네 하며 유통업체에 큰소리쳤으나, 외환위기 이후 대형 할인점이 우후죽순처럼 생겨나면서 유통업체의 제조업체에 대한 장악력이 지속적으로 높아졌다.

106개 점포를 가지고 있는 업체 1위의 이마트가 '최저가 보상제'를 폐지하기로 했다. 연도별 보상액이 증가하기 때문이라고 하지만, 속내는 제조업체를 장악할 수 있는 환경들이 만들어졌기 때문이다. 그와 함께 상품 가격을 최대 40%가량 낮춘 자사 브랜드(PL: Private Label) 상품을 내놓으면서 '가격파괴'를 선언하고 나섰다. 이로써 소비자에게는 유리할 수 있으나, 중소 제조업체들에게는 자체 브랜드를 가질 수 있는 길이 더욱 멀어졌다. 또한 농민들이 땀 흘려 수확한 농산물의 산지 가격이 유통단계를 거치면서 최대 10배 이상의 소비자가에 팔리고 있는 현실이다. 중소 제조업과 거대 유통점이 상생의 관계로 나아가며 윈윈(win-win)할 수 있는 전략이 절실하게 필요한 시기이다.

패스트푸드점이 한데 몰려 있는 현상은 미투(Me Too) 마케팅 전략이다

초코파이는 대표적인 미투상품이다

러시아에서 불티나게 팔리는 한국 제품이 두 가지 있는데, 하나는 네모난 도시락 모양의 컵라면이고, 또 하나는 초코파이이다.

오리온 초코파이는 1974년 시장에 선보였는데, 제과제품 중에서 수십 년간 가장 많이 팔린 제품이라고 한다. 제품이 나온 후 지금까지 낱개로는 약 85억 개, 총 1조 원어치가 판매되었으며, 러시아, 중국, 베트남을 비롯해 50여 개국에 수출되고 있는 '효자상품'이다. 그동안 팔린 초코파이를 이어놓으면 지구를 열여덟 바퀴(57만km)나 돌 수 있다는 분석이 나오기도 하였다.

그런데 초코파이는 한 기업에서만 생산되는 제품이 아니다. 오리온제과에서 처음 나왔지만, 대부분의 제과기업이 초코파이를 만들고 있으며 심지어 이름까지 똑같다. 이 때문에 1977년 동양제과는 '초코파이'가 고유 상표라는 소송을 냈지만, 4년여의 분쟁 끝에 대법원은 '초코파이'가 특정 상표라기보다 '보통 명사'

라는 판결을 내렸다. 초콜릿으로 만든 파이라는 뜻이 담겨 있기 때문에 어느 회사도 사용할 수 있다는 것이었다.

이처럼 여러 기업에서 유사한 이름으로 판매되는 제품은 초코파이뿐만이 아니다. 불가리스-불가리아, 야쿠르트-요구르트, 아미노업-아미노밸류, 오뜨-오뉴 등 이름만 들어도 서로 헷갈리는 제품들이 많다. 입냄새를 없애는 효과가 뛰어나다며 광고하던 '후라보노껌'이 불티나게 팔리자 다른 기업도 너도나도 후라보노껌을 만들었고, 최근에는 '자일리톨껌'을 여러 기업에서 내놓고는 서로 자기네 회사 제품이 좋다고 광고하고 있다. 또 음료 가운데 '비타500'이 인기를 끌자 '비타1000', '비타파워', '제노비타', '비타플러스' 등 비슷한 제품이 시장에 나왔다.

이런 제품을 부르는 말이 있다. 바로 '미투제품'이다. '나도 똑같이'란 뜻의 '미투(me too)' 제품은 인기 브랜드나 히트상품을 베껴서 만든 제품 또는 경쟁사 제품과 비슷한 것을 말한다. 미투제품이 생산되고 판매되는 이유는 물건을 살 때 소비자들이 제품의 '원조'를 굳이 따지지는 않기 때문이다. 특히 음료, 과자 같은 식품의 경우는 눈에 잘 보이거나 맛있어 보이는 것을 살 뿐 다른 경쟁제품과 꼼꼼히 비교 분석하는 상품이 아니라서 미투제품 출시가 더욱 용이하다. 또한 식품을 구매하는 소비자는 브랜드 충성도가 그다지 높지 않다.

이들은 디자인도 비슷해 소비자들의 판단에 혼동을 주기도 한다. 식품시장에는 이와 같은 이른바 '미투제품'이 많다. 경쟁사의 인기제품을 모방해 기존 제품의 인기에 편승하는 이들 미투제품은 시장에 손쉽게 진입해 이익을 얻는다.

미투제품은 항상 좋은가?

미투제품이 시장에서 선도제품의 독점체제를 경쟁체제로 변화시켜 가격 인하를 유도해 소비자에게 이익을 주고 다양한 마케팅 경쟁을 통해 시장 규모를 확대시킨다는 긍정적인 측면이 있는 것도 사실이다. 하지만 선도제품을 내놓은 업체의 입장에서 보면 미투제품은 얄미운 존재가 아닐 수 없다. 막대한 자금을 들여 신제품을 개발하고 시장을 개척한다는 신념으로 마케팅 활동을 펼쳐 성공을 거두었는데, 꿀맛 같은 과실을 미투제품과 나눠야 하기 때문이다. 또한 제품의 공급량이 늘어나 수익성을 악화시키기도 한다. 이런 이유 때문에 최근 몇 년 동안 미투제품과 관련된 상표권 소송이 줄을 잇고 있다.

그동안은 미투제품이 식품업계의 관행처럼 용인되어 왔지만 경기침체가 장기화되자 업체들도 민감한 반응을 보이고 있으며, 상표권 소송에서도 미투상품 제조업체가 패소하는 일이 점차 늘고 있다. 하지만 이처럼 서로 비방과 소송을 주고받으면서도 업체들은 끊임없이 미투제품을 만들어내고 있다. 분명히 아이디어 도용이고 시비에 휘말릴 것을 알면서도 끊임없이 미투제품을 만들어 무임승차하려는 것은 각 업체의 마케팅 전략과도 밀접한 관련이 있다.

미투상품은 연구개발비를 거의 들이지 않고, 선발업체의 인기를 이용해 새 제품을 쉽게 만드는 비도덕적인 상술이라는 비판이 많다. 시장에서 비슷한 제품의 공급이 늘면 수익성이 떨어지고 연구개발 의욕을 꺾는다는 주장도 있다. 힘써 개발한 브랜드가 미투제품에 밀리거나 아예 시장이 무너지는 부작용도 일어날 수도 있다고 한다.

반면 미투상품은 1위 브랜드의 독점을 막는 등 순기능도 엄연히 존재한다. 여러 기업이 마케팅을 통해 시장의 규모를 넓히기 때문에 소비자와 기업 모두에 이익이 된다는 점에서 정당한 영업 전략으로 인정받기도 하는 것이다. 소비자로서는 선택의 폭이 넓어지는 장점이 있다. 경쟁제품이 나오면 기업은 더 노력하기 마련이다.

그러나 장기적으로 볼 때 미투제품이 좋은 것만은 아니다. 기업이 새 제품을 개발하기보다 성공한 제품을 토대로 제품을 만들 생각만 한다면 신제품 개발 노력이 감소할 것이고, 이는 결국 소비자에게 손해를 입히기 때문이다.

'진짜 원조'를 찾아라!

신당동 떡볶이 골목에 가면 너도나도 '원조'라고 내세우며 즉석 떡볶이를 팔고, 장충동에 가면 서로 자기네 가게가 '원조'라고 하면서 족발을 팔고 있다. 이제는 도무지 누가 '진짜 원조'인지 가늠하기 어려울 정도이다. 이처럼 한 음식점에서 어떤 메뉴를 특화해 인기몰이를 하기 시작하면 그 주변에 비슷한 업종의 음식점들이 모이고, 급기야 그 일대가 특정한 음식으로 유명해진다.

패스트푸드점도 마찬가지다. KFC나 맥도널드, 버거킹 등 특정 업체가 들어서 있는 지역에 후발업체가 뒤이어 점포를 여는 경우가 많다. 패스트푸드점이 처음 개점을 할 때는 그 지역의 유동인구나 주 소비계층, 교통 등을 분석하고 가게를 차렸을 것이기 때문에 그런 지역에 뒤이어 가게를 여는 것은 사전조사 비용을 절감할 수 있는 측면이 있다. 또 한곳에 모여 있음으로 해서 서로 판매전략을 따라하거나 홍보효과를 높일 수 있고 집적이익을 기대할 수도 있기 때문에 미투 마케팅이 활발한 것이다.

가전·휴대폰 등 제조업체에도 '따라하기(me too)' 마케팅이 붐을 이루고 있다. 새로운 마케팅 기법에서 디자인이나 기술을 뒤따라하다가 불과 수개월이면 오히려 원조업체를 뺨칠 정도로 성공을 거두는 사례까지 나오고 있다. 이에 따라 '무분별한 베끼기 전략'이라는 다소 비판적인 시각과 가전 시장에서 기술과 디자인이 이미 보편화한 상황에서 '모방을 통한 마케팅 혁신'이라는 시각이 팽팽하게 대립하고 있다. 에어컨이나 양문형 냉장고, 대형 평면 TV 등은 외형만 보고는 도무지 어느 회사 제품인지 가늠하기도 힘들다.

전자업계의 미투 마케팅은 국내 업체들의 기술력이 엇비슷한 수준으로 평준화되었기 때문이라는 옹호론이 있는가 하면, 기업들이 연구나 개발에 투자하기보다는 상대방의 히트 상품을 베껴 쉽게 돈벌이에 나선다는 비판의 목소리도 거세다.

대기업의 경우 시장 자체가 커지는 효과가 있기 때문에 미투 마케팅으로 인한 피해를 어느 정도 보상받을 만한 여유가 있지만, 중소기업은 경우에 따라서는 회사 문을 닫아야 하는 처지에 내몰리기도 한다. 우여곡절 끝에 신제품을 개발해놓으면 너도 나도 따라 하는 바람에 오히려 개발자로서의 우위를 점하지 못하는 경우가 다반사인 것이다.

대표적인 예로 홈쇼핑에서 대박을 터뜨린 H스팀청소기는 이 분야에서는 선두주자로서의 자리를 굳건히 하고 있지만 유사 상품이 쏟아지면서 고민이 많다. 이밖에 가정용 진공포장기나 황토 솔림욕 등 대표적인 중소기업 제품들도 시장에 명함을 내밀기 무섭게 경쟁사의 모방 제품이 등장해 투자비의 회수도 어려운 실정이라고 한다. 어떤 제품이 잘된다 싶으면 서로 유사 제품을 만들어내기 때문에 히트상품을 출시한 보람도 오래가지 못한다는 것이다. 더욱 심각한 문제는 중소기업 제품의 효과적인 마케팅 수단 중 하나로 꼽히는 TV홈쇼핑에서 이러한 미투 마케팅을 부추기고 있다는 현실이다.

신제품을 개발한 기업이 법적으로 보호를 받는 것도 쉬운 일이 아니다. 법원은 디자인권의 인정 범위를 엄격하게 해석해 독창성이 뛰어난 디자인에 대해서만 선발업체의 기득권을 보호해주고 있기 때문이다.

실제로 제품의 생명 주기가 갈수록 짧아지는 반면 개발비용과 마케팅 비용은 천정부지로 치솟고 있는 상황에서 미투 마케팅은 가장 현실적인 영업 전략이긴 하다. 그러나 궁극적으로 독자적인 브랜드와 차별화된 이미지를 구축하는 데에는 해가 될 수 있다는 사실을 깨달아야 할 것이다.

특히 소비자들은 모방상품이 기본적으로 적은 마진을 담보로 탄생하는 만큼 제품의 질에 있어 신뢰성을 다시금 고려하며 합리적인 소비를 할 책임이 있다. 법적인 제재를 넘어선 자발적인 상도의와 소비자의 합리성이 어우러져야 우리 시장을 보다 건강하게 지킬 수 있기 때문이다.

같은 3만 원이라도 소비자의 심리로 인해 그 가치가 변할 수 있다

조삼모사 소비자

우리가 살아가는 생활은 선택의 연속이라고 할 수 있다. 매일 아침마다 입고 나갈 옷을 선택해야 하고, 재테크에 관심 있는 사람이라면 수익률이 좋은 금융상품이 어떤 것인지 여러 채널을 통해서 결정해야 한다. 이처럼 여러 가지 선택을 할 때는 나름대로 상당히 합리적으로 생각하고 결정한다고 하지만, 결과 면에서 볼 때 비합리적인 선택을 하게 되는 경우도 종종 발생한다.

다음의 상황을 한번 생각해보자.

> 상황 1: 100만 원짜리 컴퓨터를 사러 한 가전제품 매장에 들렀는데 점원이 1시간 정도 떨어진 다른 매장에서는 3만 원 더 싸게 팔고 있다고 귀띔해주었다. 여러분은 1시간 버스를 타고 그 매장으로 가겠는가?
>
> 상황 2: 5만 원짜리 게임기를 사러 한 가전제품 매장에 들렀는데, 마

찬가지로 점원이 1시간 정도 떨어진 다른 매장에서는 3만 원 더 싸게 살 수 있다고 귀띔해주었다. 여러분은 1시간 버스를 타고 그 매장으로 가겠는가?

아마 100만 원짜리 컴퓨터를 3만 원 할인해준다고 해서 1시간이나 버스를 타고 다른 매장으로 가지는 않을 것이다. 오가는 수고로움, 차비, 들고 와야 하는 불편함 등을 계산하면 100만 원에 비해 3만 원은 푼돈이기 때문이다. 그러나 두 번째 상황에서는 마음이 상당히 끌리는 자신을 발견할 것이다. 5만 원이 정가일 때 3만 원은 대단히 큰돈(?)으로 보이기 때문이다. 경제적 관점에서 보면 두 상황 모두 3만 원을 절약할 수 있기 때문에 똑같은 조건이지만, 심리적으로 보면 다른 조건으로 받아들여지는 것이다.

2002년 노벨 경제학상을 받은 다니엘 카네만(Daniel Kahneman)이라는 심리학자가 있었는데, 그는 사람들의 경제적 선택이 그것을 바라보는 '마음의 창'에 따라 달라지기 때문이라는 것을 증명하였다. 똑같은 3만 원이라도 상황에 따라 '푼돈'으로 여겨지기도 하고 '큰돈'으로 여겨지기도 하는 것처럼 말이다. 이것은 사람들이 합리적인 생각을 가지고 경제적 선택을 하게 된다는 경제학의 오래된 원칙에 의미 있는 수정을 요구하게 만드는 이론이었다.

불합리한 소비행위에 대한 자기합리화를 부추기는 기업

요즘 자동차 관련 광고를 보다 보면, 예전에 볼 수 없었던 또 다른 형태의 광고가 있다. 차를 할부로 구입하는데 어떤 카드로 구매하면 할부로 구매하는 것이 일시불로 구매하는 것보다 더 싸다면서 카드를 만들라고 홍보하는 것이다. 그런데, 이때 카드를 만드는 사람들의 심리는 바로 마음의 창이 달라져 현명한 소비행위를 하지 못하는 소비자의 모습이다.

만약 경제적인 사정으로 일시불로 구매할 수 없을 때 할부로 승용차를 구매한다고 가정하자. 이 과정에서 카드를 만들었는데, 카드사에서 일정액 이상을 매달 카드로 소비할 경우, 할부금을 줄여주겠다고 홍보한다. 이러한 조건하에서 카드를 만든 사람은 그 후 매달 원하든, 원하지 않든 이 카드로 일정액 이상을 의무적으로 지출하게 된다. 당장 필요하지 않은 제품이라도 카드를 써야 내 자동차 할부금이 깎이므로 제품을 구매하는 것이 싸게 먹히는 것이라고 스스로 위로하며, 불필요한 소비를 하는 것이다.

대형 할인마트에서 공통적으로 발견할 수 있는 모습은 커다란 카트에 엄청난 양의 물건을 사서 나르는 사람들의 모습이다. 할인마트의 장점은 싸게 물건을 구매할 수 있다는 점인데, 이 때문에 사람들은 자신이 거주하는 곳에 마트가 있어도 차를 몰고 할인마트까지 가서 물건을 구매하는 경우가 많다. 그런데 재미있는 사실은 이렇게 물건을 구매하고 집에 오면 모든 음식물은 냉동실로 직행하며, 이때 구매한 물건이 다 소비되기도 전에 또다시 할인마트에서 엄청난 양의 구매를 하게 된다는 것이다.

소비자는 어떤 상품을 집 앞의 가게에서 구매하면 얼마에 구매할 수 있는데 할인마트에서 몇 개를 더 구매하면 내가 전체적으로 얼마가 이익이라는 자기합리화에 빠진다. 나에게 1개만 필요한 것을 5개들이 포장으로 사서 1개를 공짜로 얻었다고 좋아하지만 실상은 5개만큼의 불필요한 소비를 한 것이다. 뿐만 아니다. 만약 마트가 집에서 먼 거리에 있다면 분명 차를 끌고 왔을 것이다. 그러면 대부분의 사람들은 '오가는 데 지출된 기름값은 뽑아야지' 라는 생각에 결국 다 소비하지도 못할 정도의 엄청난 양의 물품과 음식물을 구매하게 된다.

합리적인 소비를 위한 원칙은 있다

합리적인 소비를 위해서 소비자에게 필요한 것 중 첫째는 '원래 가격'에 속지 말아야 한다는 점이다. 50만 원에 하던 물건을 30만 원에 판다고 해서 아무런 소비 계획 없이 덥석 그 물건을 집어서 계산대로 직행하면서 소비자는 자신이 20만 원을 이익 봤다고 생각할지 모르지만 사실은 30만 원을 소비한 것이다.

둘째 착시현상을 극복해야 한다. 10억짜리 집을 사면서 1,000만 원을 깎아준다고 해봤자 구매자의 마음을 흔들지는 못한다. 10억에서 1,000만 원을 할인해 줘봤자 1%밖에 안 되기 때문에 소비자는 많이 할인받는다는 생각을 하지 않기 때문이다. 그러나 10만 원짜리 물건을 5만 원에 판다고 하면 소비자는 매우 흔들린다. 50%나 할인해준다고 생각하기 때문이다. 실질적으로 10억짜리 집을 구매하면서 1,000만 원을 할인받는 것이 10만 원짜리 물건을 5만 원 할인받는 것보다 무려 995만 원을 싸게 구매하는 것임에도 소비자는 10만 원짜리 물건에서 더 심한 구매충동을 느끼게 된다. 고가의 상품에서는 가격할인을 기대하지 않고 오히려 저가의 상품을 구매할 때 가격을 깎기 위해 주인과 더 많은 시간을 보내기도 한다.

경제적인 선택은 합리적인 선택을 할 것으로 생각되지만 현실에서는 그렇지 않다. 이러한 이유 때문에 기업들은 고객을 유혹할 수 있는 판매기법을 지속적으로 만들어낼 수 있는 것이다.

샤워효과와 분수효과는 심리를 활용한 마케팅이다

어떤 장소에서든 식당가나 식품매장은 손님을 모으는 효과가 높다. 심지어 금강산도 식후경이라는 말도 있지 않은가! 그래서 백화점 식품매장이 지하에 있고, 전문 식당가가 맨 꼭대기 층에 있는 것이다. 고객은 식사를 마친 후 바로 백화점을 나오지 않고 쇼핑까지 하는 경우가 많다. 배가 부르기 때문에 소화도 시킬 겸 매장을 둘러볼 만한 여유가 생기는 것이다. 지하에서 밥을 먹거나 식품을 사면 분수처럼 위층으로, 꼭대기에서 밥을 먹으면 샤워 물줄기처럼 아래층으로 내려가게 된다. 이를 두고 '샤워효과'와 '분수효과'라고 표현하는데, 이는 백화점이 판매를 촉진시키기 위한 전략 중 하나다.

샤워효과(Shower effect)란 위층에 소비자들을 유인할 수 있는 상품을 배치해 위층의 고객 집객 효과가 아래층까지 영향을 미쳐 백화점 전체 매출이 상승하는 효과를 말한다. 이와 반대로 위층에서부터 내려오지 않고 아래층에서 위층으로 올라오도록 유인하는 것이 분수효과(Fountain effect)이다.

백화점에서는 단순히 물건만 판매하는 것이 아니라 문화센터를 운영하기도 하는데, 고객이 없는 오전에 강좌를 통해 주부 고객들에게 정보를 제공하기도 하고, 자연스럽게 백화점을 방문하도록 유도한다. 또한 정기적으로 영화시사회나 공연 등을 선보이고 무료 카페 등을 마련하여 고객이 편안하게 즐길 수 있도록 만드는 이유도 매장에 머무는 시간이 늘어나면 그만큼 구매도 많아지기 때문이다.

비슷한 이유로 대부분의 백화점 화장실은 내부 깊숙한 곳에 있으며, 놀랍게도 1층에 화장실이 없는 경우가 많다. 화장실을 이용하고 싶은 사람들이 일단 백화점 안으로 들어오면, 화장실만 이용하고 나가는 것이 아니라 전시된 물건 등을 보면서 가도록 유인하는 것이다. 이런 것을 이른바 위치마케팅이라고 하는데, 그냥 놔두면 얼마 안 팔릴 물건이나 이용이 적은 장소를 사람들이 접하기 좋도록 위치를 정해서 더 많이 판매하거나 이용하도록 유도하는 것을 말한다. 식품매장의 계산대 근처에 시원한 음료수나 소시지, 껌 등을 두고 계산하면서 쉽게 살 수 있게 유도하는 것도 고객의 습성을 이용한 것이다.

또 백화점에 없는 것이 하나 있는데 바로 창문이다. 일단 내부로 들어가면 각종 조명이 밝게 비춰주기 때문에 시간 가는 줄 모르게 쇼핑을 하거나 물건을 구경하는 데 집중할 수가 있다. 또 마음에 안정을 주는 클래식 음악을 틀어주어 고객이 서두르지 않고 백화점에 오래 머물도록 하는 심리 전략을 쓰고 있다.

반면 고객의 회전율을 높여야 매출이 극대화되는 패스트푸드점이나 일반 의류 판매점 등에서는 빠른 음악을 틀거나 다소 불편한 의자를 놓는 전략이 사용되기도 한다.

분수효과와 샤워효과는 처음 백화점에서 시작됐지만, 지금은 대형 상가나 쇼핑몰에도 적용되고 있다. 전자제품 쇼핑몰인 테크노마트에는 가장 위층에 대형 멀티플렉스 영화관과 푸드코트가 입점해 있다. 이는 영화를 보고 난 고객들이 에스컬레이터를 타고 아래층으로 이동하면서 층마다 전시된 제품들에 자연스럽게 노출되는 효과를 노린 것이다.

이런 효과들 때문에 정말 매출이 올라갈 수 있을까? 정답은 그렇다. 분수효과나 샤워효과의 장점은 아무 연관이 없는 다른 이유로 백화점에 고객을 끌어 모은다는 것이다. 백화점과 상관없는 영화관을 만들어서 소비욕구가 없던 사람들에게 상품을 보이게 하여 소비하게 만들기도 하는 것이다. 하지만 이런 전략은 소비자들의 충동구매를 유발하기 때문에 구매하고 나서 나중에 후회하지 않도록 신중하게 생각하고 선택하는 자세가 필요하다.

게임이론을 통해
불법적으로 담합한 기업을 적발해낼 수 있다

'게임이론'이란?

두 명의 학생이 놀다가 유리창을 깼는데, 혼날까 봐 둘 다 "유리창을 깨지 않았다"고 거짓말을 했다. 이 경우 선생님은 속을까?

만약 두 학생이 사전에 거짓말을 하기로 합의했다고 하자. 하지만 선생님은 두 학생을 따로 불러서 한 학생에게 "친구가 이미 네가 유리창을 깼다고 자백했다"고 말한다. 그러면 이 말을 들은 학생은 펄쩍 뛰지 않을까? "지 혼자 그린 게 아니에요. 같이 놀다가 깬 거예요"라고 진실을 자백하면서 말이다.

이처럼 상대방이 어떤 행동을 취할지를 예상하거나 내가 어떤 행동을 취할 때 더 많은 만족을 얻을 수 있는가를 설명한 이론이 '게임이론(Game theory)'이다. 게임이론은 경제현상을 게임으로 보고 서로 전략을 채택하는 과정과 그 과정에서 어떤 결과를 도출하는가를 연구하는 학문이라고 할 수 있다. 폰 노이만이라는 학자가 처음 만든 게임이론은 영화 〈뷰티풀 마인드〉로 유명한 존

내쉬(John Nash)에 의해 경제학 이론으로 완성되었다. 위의 사례처럼 담합이 깨지도록 되어 있다는 주장을 '죄수의 딜레마' 라고 한다. 일정한 조건에서 경쟁자 간의 경쟁상태를 잘 이용해 최적의 전략을 선택하는 것인데, 이때 당사자들은 상대방의 결과는 고려하지 않고 자신의 이익만을 최대화한다는 가정하에 움직인다.

이 경우에는 언제나 협동보다는 배신을 통해 더 많은 이익을 얻으므로 모든 참가자가 배신을 택하는데, 이 상태가 '내쉬 균형'이다. 참가자 입장에서는 상대방의 선택에 상관 없이 배신을 하는 쪽이 언제나 이익이므로 합리적인 참가자라면 배신을 택한다. 결국 결과는 둘 모두가 배신하지 않는 것보다 나쁜 결과가 된다. 이 죄수의 딜레마에 따른 '내쉬 균형이론'으로 존 내쉬는 1994년에 노벨 경제학상을 받았다.

게임이론이란 화투놀이, 장기, 축구경기 등의 놀이게임과 같다. 놀이게임의 공통점은 게임의 결과가 자신뿐 아니라 상대방의 행동에 의해 결정된다는 것이다.

기업들이 설탕, 기름값, 보험료, 교복값 등을 담합하여 공정거래위원회로부터 과징금을 받는 뉴스를 가끔 접하게 된다. 공정위는 이런 기업들의 불법 거래를 조사하는 과정에서 게임이론을 사용한다. '먼저 자백하면 처벌을 면해준다' 혹은 '자수를 하면 과징금을 면제해준다' 는 식으로 기업들로 하여금 스스로 자백하게 하여 적발하고 있다. 과거 현장조사로 불법 입증자료를 확보해 온 전통적인 기법에서 게임 속성이 강한 게임이론을 활용하여 상호 간 갈등을 만들게 하는 것이다.

조선후기 실학자인 연암 박지원의 소설 《허생전》의 내용을 떠올려보자. 허생은 10년 공부를 접고 변 부자를 찾아가 돈 1만 냥을 빌려 경기 안성에 내려가 과일을 모두 사들인다. 그러자 시장에 과일이 없어 야단이 나고, 과일 값이 마구 뛰어오르자 허생은 사들인 과일을 10배 높은 가격으로 팔아 큰돈을 벌게 된다. 허생은 다시 제주도에 내려가 양반들이 쓰는 갓의 원료인 말총을 모두 사들인다. 말총이 없으니 망건 장수가 망건을 만들지 못해 전국에 갓의 공급이 끊겨 값이 치솟자 그는 또 10배 값으로 되팔아 10만 냥을 쉽게 번다는 내용이다.

허생이 쉽게 돈을 벌 수 있었던 비결은 나라 안의 과일이면 과일, 말총이면 말총을 모두 사들여 마음대로 값을 결정할 수 있었기 때문이다. 여기서 과일이나 말총이 특별한 소수에게 필요한 물건이 아니라, 조선시대의 양반들에게는 필수품인 물건이었기 때문에 허생은 더 배짱을 부릴 수 있었던 것이다. 이처럼 독점을 한 판매자는 소비자에게 높은 가격을 부담시킬 뿐 아니라 높은 가격을 받기 위해 의도적으로 생산량을 줄이기도 한다. 정상 가격보다 더 비싼값에 팔면 소비자들은 울며 겨자 먹기 식으로 비싸게 사거나 소비를 줄이게 되는 것이다.

독점이 발생하면 가격이 올라서 기업에게는 큰 이윤을 가져다주지만, 고객에게는 나쁜 영향을 준다. 독점이 있는 시장에서는 더 좋은 제품이 나오는 것이 힘들어진다. 왜냐면 공급자가 소비자의 입맛을 당기는 제품을 만들고, 더 좋은 제품을 만드는 데 힘을 쏟기보다는 다른 경쟁자의 진입을 막고, 시장을 지배하려는

데 더 많은 힘을 쏟기 때문이다.

그런데 꼭 독점이 되어야만 기업의 이윤이 늘어나는 것은 아니다. 독점이 아닌 상황에서도 독점과 같은 효과를 낼 수 있는데, 그것이 바로 담합이다. 담합은 동일한 상품을 생산하는 기업끼리 가격을 정하고, 그 가격 아래로는 상품을 팔지 않는 것이다. 그렇게 되면, 독점과 같은 비싼 가격에 상품을 공급할 수 있기 때문이다. 흔히 독점을 이야기할 때 '바늘에 실 따라가듯' 따라오는 이야기는 담합에 관한 이야기이다. 왜냐하면, 담합이 성공하게 될 경우 그 경제적인 파급효과는 독점과 같기 때문이다.

담합의 사례를 최인호의 소설 《상도》에서 찾아보자. 《상도》는 몇 해 전 TV에서 드라마로 방영되어 큰 인기를 끌기도 하였는데, 주인공인 임상옥은 조선 후기 무역상으로 크게 이름을 떨친 유명한 상인이었다. 그가 1821년 변무사(辨誣使)의 수행원으로 청에 갔을 때, 중국 상인들이 불매동맹을 펼쳐 인삼값을 낮추려 하였다. 중국 상인들은 고려인삼의 효능은 인정하였지만, 인삼가격을 낮춤으로서 자신들의 이윤을 더 크게 만들고자 한 것이다.

그러나 약삭빠른 중국 상인들에게 그는 원가의 10배로 파는 수완을 발휘했다. 가지고 간 조선 인삼을 불태우겠다고 위협하며 배짱을 부린 것이었다. 중국 상인들의 인삼불매 동맹은 깨지고 다행히 담합은 실패하였다. 독점과 담합은 단기적으로는 개인이나 기업에게는 더 많은 이윤을 가져다줄 수도 있지만, 시장에 혼란을 가져와 사회 전체에 나쁜 영향을 미친다.

그렇기 때문에 정부에서는 독점과 담합을 불공정한 거래행위로 규정하고 규제하고 있다. 그런데 이러한 규제에도 불구하고 왜 기업들은 처벌의 위험을 감수하면서 담합을 시도하는 것인가? 그 이유는 간단하다. 원래 자신들이 거둘 수 있는 이윤보다 더 많은 이윤을 거둘 수 있기 때문이다.

임상옥의 이야기에서 중국 상인들이 담합한 이유가 중국인들에게 품질 좋은 고려인삼을 싸게 공급하기 위해서였는가? 아니다. 중국 상인들은 더 싸게 사서 더 많은 이윤을 남기려 했던 것이다. 심지어 이러한 담합이 실패하여 임상옥으로부터 높은 가격으로 인삼을 구매했다고 하더라도 중국 상인들이 손해를 보았을까? 결코 아니었을 것이다. 이들 중국 상인들은 자신들이 매수한 가격에 더 웃돈을 붙여 중국의 소비자들에게 판매했을 것이다.

결론을 이야기하자면 담합이 실패를 했든, 성공을 했든 담합을 시도한 중국 상인들은 손해를 보지 않는다는 것이다. 담합으로 인한 기대수익은 매우 높고, 담합의 실패로 인한 위험은 거의 없다 보니, 이들은 남합을 하는 것이다. 임상옥은 중국 상인들의 담합 의도를 물거품으로 만들고 비싼 가격에 인삼을 판매하여 이익을 보았다. 중국의 상인들도 비싼 가격으로 인삼을 구매했지만, 어차피 소비자에게 더 비싼 가격에 판매하면 될 것이니 손해를 보지는 않았다. 그렇다면 담합으로 인한 피해는 누가 보는가? 이는 결국 고스란히 소비자에게 전가된다.

담합의 생리를 살펴보면 규칙이 있다. 첫째, 담합을 실행하는 이들은 절대로 손해를 보지 않는다는 것이다. 담합이 실패해도 본래 얻어야 했던 정상이윤은 최소한 얻을 수 있다. 둘째, 담합을 실행하면서 단순한 공급자와 담합 수요자 혹은 수요자와 담합 공급자 간의 이해관계가 아니라 제3의 피해자가 발생한다는 것이다. 이는 대개 최종소비자가 될 가능성이 매우 크다.

이러한 규칙이 적용되는 몇 가지 사례를 찾아보자. 지난해 나라를 떠들썩하게 했던 현대자동차 노동자 파업도 이러한 규칙이 지켜지는 담합의 현장으로 볼 수 있으며, 사회적 문제로 지적되고 있는 아파트 부녀회들의 아파트 가격 상승을 위한 판매가 담합, 심지어 교복가격 담합, 시내전화요금 담합, 밀가루 회사의 담합, 정유사의 담합 등 손해배상 소송이 진행되고 있는 뉴스가 도처에 많이 있다.

현대자동차 노동자 파업부터 살펴보면, 근본적인 원인은 회사 측에서는 본래 정해진 연간 생산목표를 달성하지 못했기 때문에 목표 달성 시 지급을 약속했던 성과급을 지급할 수 없다는 입장이었고, 노조 측은 그 성과급을 내놓으라는 것이었다. 어느 쪽이 잘못했는가를 따져보기 전에 과연 현대자동차 노조파업으로 어느 쪽이 손해를 보았는지 생각해보자.

현대자동차가 손해를 보았는가? 현대자동차는 노조의 파업으로 인해 생산을 하지 못해 얼마의 손실이 났다고 이야기하지만, 파업이 철회되면 다시 만들면 될 것이고 그 전에 부품이 썩어 없어지지도 않았다. 현대자동차는 엄밀히 말해서 손해를 본 것이 아니다. 그렇다면 노조가 손해를 보았는가? 적어도 이들은 파업을 했다 하더라도, 최소한 회사가 제시한 성과급을 지급받을 수 있을 것이다. 즉, 노조 측도 손해를 전혀 보지 않은 것이다.

그렇다면 누가 손해를 보았는가? 가장 큰 손해를 본 쪽은 소비자이다. 계약했던 차량이 제때에 출고되지 않으니 소비자로서는 가격을 지불하고도 기다려야 하는 시간이 늘어났으며, 파업으로 인하여 현대자동차에 부품을 공급하던 하청업체들도 손을 놓고 공장이 중단되는 사태까지 벌어졌다. 즉, 현대자동차 파업으로 인한 손해는 현대자동차회사 측이나 노조 측이 본 것이 아니라 파업과는 하등의 관계가 없는 소비자와 하청공장이 피해를 보게 된 것이다.

아파트 담합도 마찬가지다. 특별히 커다란 시장의 변화가 나타나지 않는 이상 이들의 담합은 유지될 것이고, 그로 인해 아파트를 담합가격에 매수한 소비자도 나중에 아파트를 다시 팔 때 담합을 통하여 더 비싼 가격에 매각할 수 있다. 이 경우 피해는 미래의 구매자가 지게 된다. 아파트 가격이 담합을 통해 터무니없이 올라가다 보니 아파트를 구매하려는 사람들은 선택의 폭이 좁아지고, 아파트 구매를 위하여 자신의 소비를 더욱 위축시켜야만 한다.

위의 두 사례에서 보는 것과 같이 담합은 담합의 참여자가 게임의 승패에 따라 이익과 손실을 나누어 갖는 것이 아니라, 이 게임에 참가하지 않은 최종소비자와 협력관계에 있는 선의의 피해자를 발생시키는 것이다.

담합은 조직 이기주의의 한 형태이다

담합은 조직 이기주의의 한 형태이다. 비슷한 것으로 지역 이기

주의를 볼 수 있는데 해당 지역에 '원전 폐기물', '화장터', '공동묘지' 등과 같은 혐오시설이 들어선다면 무조건 반대하는 것과 마찬가지로 자기 집단의 이익만 생각하는 것이다.

담합으로 인한 피해는 제3의 조직과 개인에게 돌아간다. 그렇기 때문에 기업의 담합을 규제하듯이 조직 이기주의를 담합으로 간주하고, 자기의 이익만을 추구하는 담합과 같은 행위에 대해서는 정부에서는 선의의 피해가 가지 않는 선에서 대처해야 한다.

그렇기 때문에 정부는 독점이든, 담합이든 시장질서의 유지와 원활한 경제흐름을 위하여 독과점금지법이나 공정거래법 등을 두어 규제하는 것이다. 담합이 근절되려면 적발될 경우 기업이 당장 문을 닫을 수도 있다는 인식이 확산되어야 하며, 정부의 규제도 보다 강력해져야 할 것이다.

판매시장을 다르게 하여 이중가격으로 고객을 안심시키기도 한다

이중가격이란?

같은 상품에 대하여 두 가지 이상의 공정 가격을 매기는 일을 '이중가격제(double price system)' 라고 하며 그 가격을 '이중가격' 이라고 부른다. 동일 품목에 대해 국내에서 판매하는 가격과 해외에 파는 가격이 다른 경우가 많은데, 이때 이중가격이 있다고 하는 것이다.

또, 이중가격은 시장에서 부르는 가격과 실거래가격이 다름을 뜻하는 말로 '가격에 거품이 끼었다' 라고 빗대어 표현하기도 한다. 쌀의 생산자 가격과 소비자가격, 높은 국내가격과 낮은 수출가격 등을 예로 들 수 있다. 하지만 국내용과 해외용으로는 품질과 규격도 다른 것이 많기 때문에 일률적으로 비교하는 것은 무리가 있다.

자유롭게 경쟁이 이루어지는 일반적인 시장에서는 동일한 물건에는 같은 가격이 책정되지만 실제로 우리의 일상생활에서는 항상 그렇지만은 않다. 이른바 일물일가의 법칙(Law of Indifference)이란, 시장에서 같은 종류의 상품에 대해서는 하나의 가격만이 성립한다는 원칙이다. 만약 같은 시장에서 동일한 상품이 다른 가격을 갖는다고 하면 완전경쟁이 이루어지고 있는 한, 사람들은 보다 싼 상품을 사려고 할 것이므로 높은 가격의 상품에 대한 수요가 사라져 가격을 인하하지 않을 수 없게 되는 것이다.

즉, 동일한 시장의 어떤 한 시점에서는 동질의 상품가격은 단 하나의 가격밖에 성립되지 않는다. 하지만 현실에서는 동일한 상품이나 서비스라고 하더라도 판매자나 판매처에 따라 서로 다른 가격으로 거래되는 것을 볼 수 있다. 가격차별화이든, 공급자의 의견이든 동일 물건에 대해서 이중가격이 존재하는 것이다.

가전제품에 숨어 있는 가격의 비밀

가전제품을 손수 장만해본 적이 있다면, 구입하기까지 적잖이 애를 먹은 경험이 있을 것이다.

TV나 냉장고, 에어컨과 같은 비교적 고가의 가전제품을 살 때는 한 번에 쉽게 결정을 내릴 수가 없기 때문에 여기저기에서 정보를 찾아보게 된다. 그런데 인터넷 쇼핑몰과 백화점, 대형마트 등을 뒤지다 보면 도무지 결론을 내리기 어렵다. 백화점은 환불이나 교환이 쉬울 것 같지만 가격이 부담스럽고, 홈쇼핑이나 인터넷은 못 미덥게 느껴지는 것이다. 같은 회사 제품이라도 비슷한 모델이 워낙 많고 가격도 천차만별이어서 도무지 갈피를 잡을 수가 없다.

왜 가전제품은 유통경로에 따라 가격이 다른 것일까? 그렇다면 과연 품질도 그만큼 천차만별인 것일까?

비슷하게 보이는 가전제품이라도 어디서 사느냐에 따라 가격이 달라진다. 그 이유는 각 유통경로마다 '전용 모델'이 있는 탓이다. '전용 모델'은 백화점과 대형마트, 대리점, 홈쇼핑, 대형 가전매장, 인터넷 쇼핑몰 등 특정 유통업체에만 공급되는 제품을 말한다. 생김새는 거의 같지만 능력이나 성격이 다른 쌍둥이라고 보면 된다.

이런 제품은 겉으로 봐서는 구분하기가 힘들다. 하지만 유심히 보면 모델명에 차이가 있고, 모델명의 숫자 하나 혹은 알파벳 하나 차이지만 제품값은 훌쩍 벌어진다. 백화점 전용 모델의 판매가가 더 비싼데, 그런 만큼 두 제품의 사양에도 차이가 있다. 백화점 전용 모델에 몇 가지 고급 기능이 추가되어 있는 것이다.

전용 모델과 일반 모델의 가격이 다른 이유는 판매자가 제조자에게 일부 기능을 빼는 대신 가격을 낮춘 '맞춤 상품'을 요구하기 때문이다. 더구나 대형마트나 홈쇼핑은 제조사로부터 대량으로 물건을 들여와 값싸게 파는 시스템을 갖고 있기 때문에 백화점보다 매입 가격이 낮아질 수밖에 없다. 다시 말해 유통업체에 따라 제조사와 유통업체가 합의를 보는 기본 공급가격이 달라지고, 각 공급가에 매장 운영료나 마케팅 비용, 마진 등이 더해져서 제품의 가격이 정해진다.

가격만 놓고 보면 온라인 쇼핑몰이나 할인마트가 저렴하다. 그러나 품질에 대한 우려가 소비자들의 발목을 잡는다. 제품의 내구성이나 부속품의 질이 떨어질까 걱정하기도 한다. 그러나 괜히 걱정을 사서 할 필요는 없다. 동일한 모델일 경우 유통업체에 따라 품질 차이가 나는 경우는 없기 때문이다. 제조사가 수백 가지에 이르는 상품을 일일이 판매자의 요구에 맞게 만들어줄 수도 없을 뿐더러 한 생산라인에서 여러 제품을 만드는 것은 수지 타산에도 맞지 않다.

결국 제품가격의 차이는 유통업체가 마진을 얼마나 붙이느냐에 달려 있다. 실제 관련 업계에서는 전용 모델이 전체 판매되는 제품의 10~15%에 불과한 것으로 보고 있다. 백화점 제품이 인터넷 쇼핑몰 제품보다 고급스럽고 좋아 보이는 것은 선입견이라는 얘기이다.

다만 전용 모델에 한해 일부 기능이 빠졌거나 내 · 외부 마감재, 디자인 등이 달라질 수 있다. 물론 값이 싼 만큼 제품의 기본 구성부터 디자인, 재질의 차이를 감수해야 한다. 각종 사은품을 얹어주는 홈쇼핑 제품도 재고품이거나 일반 모델과 기능이 차이 나는 경우도 많기 때문에 주의할 필요는 있다. 하지만 재고 물량을 소진하기 위해 제조사에서 저가에 구제품을 대형마트나 홈쇼핑으로 넘기는 경우도 있고, 백화점에서 단종되는 물품을 처리하기 위해 가격을 낮춰서 파는 경우도 있기 때문에 이중가격을 잘 알고 활용하면 좋은 제품을 싼 가격에 살 수도 있다.

돈을 더 내더라도 고급 외장에 다양한 옵션이 있는 제품을 살지, 아니면 한두 가지 기능이 없더라고 좀 더 저렴하게 제품을 살 것인지, 자신의 입맛에 맞는 모델을 찾아 구입처를 선택하는 것은 소비자의 몫이라고 하겠다.

현대·기아자동차 그룹이 야심차게 새로 출시하는 럭셔리 세단인 제네시스가 이중가격 논란에 휩싸였다. 제네시스의 미국 수출가격이 발표되면서 문제가 제기되기 시작했는데, 안방, 즉 국내에서는 이윤을 엄청 챙기는 반면 해외에서는 밑지면서 판다는 게 골자다.

업계에 따르면 기본형을 기준으로 제네시스의 미국 수출가는 3만 달러대인 반면 국내 판매가는 달러로 치면 4만 달러를 넘는다. 이에 국내 고객들이 제네시스의 한국과 미국 자동차 가격을 조목조목 비교하며 현대차가 국내 고객을 봉으로 보는 게 아니라면 어떻게 이런 이중가격을 붙이겠느냐고 목소리를 높이고 있는 것이다.

제네시스의 내수용 차와 수출용 차의 차이는 이뿐만이 아니다. 국내 모델의 경우 6기통(V6)에 3.3*l*, 3.8*l* 람다엔진이 탑재되고 수출용에는 현대차가 새로 개발한 380마력의 8기통(V8)에 4.6*l* 타우엔진이 추가 탑재된다는 게 회사 쪽 설명이다. 수출용이 내수용보다 한층 뛰어난 성능을 갖추고 있음에도 가격 면에서는 내수용 차가 최고 1700만 원가량 비싼 셈이다.

어떤 제품이든 내수 시장용과 해외 수출용은 품질과 규격이 서로 다른 경우가 많기 때문에 이중가격이 존재하는 것이 일반적이다. 하지만 이처럼 해외용 품질이 더 우수함에도 해외시장 경쟁에서 살아남기 위해 수출가격을 인하하고, 그 부족분을 국내 소비자들로부터 채우려는 속셈은 비판받을 소지가 충분하다고 하겠다.

가격 경쟁만 하는 우물 안 'PB상품'

대형마트에서 포장지에 마트이름이 큼지막하게 적혀 있는 라면이나 우유, 화장지 등을 발견하고는 값이 싸기 때문에 한 번쯤 구매해본 경험이 있을 것이다.

'PB(Private Brand)'나 'PL(Private Label)'이라고 부르는 이런 상품은 이른바 '자체상표 제품'이다. '자체상표'는 이름 그대로 대형마트·백화점 같은 유통업체의 상표가 붙은 제품을 말한다. 유통업체는 제조업체가 만든 상품을 진열해놓고 소비자들에게 판매하는 역할을 하는데, 이 유통업체가 제품을 기획하고 개발한 뒤 제조업체에 생산 주문을 하고, 포장에 유통업체 상표를 붙여 파는 것이다. 실제로 대형마트들이 내놓는 PB제품은 대부분 이런 식으로 생산된다.

대표적인 자체 브랜드로는 롯데마트의 와이즐렉, 베이직아이콘, 위드원 등이 있다. 롯데마트에서 매출의 12%를 차지하고 있는 PB상품은 매년 30~60%의 성장률을 보이며 많은 투자를 하고 있는, 그야말로 롯데마트의 주력 상품이 되어가고 있다. 이 밖에도 이마트나 홈에버, 하나로마트, 킴스클럽 등 많은 대형마트에서 자체 브랜드 개발에 열을 올리고 있으며 대형마트 외에도 각종 지역, 편의점 등에서 PB제품의 추세가 증가하고 있다고 한다.

이에 따라 백화점들도 자체 브랜드 상품으로 맞대응에 나서고 있다. 이들 PB상품들은 자체 유통업체의 상품 전문가들이 직접 고른 상품이기 때문에 소비자들에게 신뢰를 얻고 있으며, 매출 비중도 점차 늘고 있다고 한다. 고유 브랜드 상품과의 가격 경쟁력에서 유리하고, 특히 백화점이라는 신뢰성을 바탕으로 검증된 우수 제조업체의 고품질 상품을 부담 없는 가격에 제공함으로써 소비자의 만족도가 크게 높다는 특징이 있다.

그러나 아직까지 우리나라 백화점에는 자체 브랜드 상품이 활성화되지 못하고 있다. 어느 백화점에 가나 비슷비슷한 물건들이 진열되어 있고 소비자들은 여전히 유명 브랜드 상품을 선호하는 경향이 있기 때문이다.

PB제품은 왜 보통 제조업체 제품보다 쌀까?

제조업체들은 상품을 하나 개발하면 이를 소비자들에게 알리기 위해 광고도 하고, 경품 증정 같은 행사도 한다. 이런 활동에 드는 돈을 마케팅 비용이라고 하는데, 이 때문에 제품가격이 조금씩 올라간다. 또 제품을 전국의 슈퍼마켓·대형마트에 전달하려면 운반비용이 든다. 거기다 중간 도매상이 끼면 이들의 마진도 챙겨줘야 한다. 이런 것을 통틀어 물류·유통 비용이라고 하는데, 다 제품가격이 올라가는 원인이다.

이에 비해 PB제품은 공장에서 유통업체로 바로 옮겨 오기만 하면 되기 때문에 물류비가 훨씬 적게 들고, 마케팅·유통 비용은 거의 쓸 필요가 없다. 대형마트를 찾는 손님들을 대상으로 물건을 팔기만 하면 되기 때문이다. 이마트·홈플러스·롯데마트 등과 같이 매장이 많은 대형마트들은 한 번에 주문하는 양이 많아서 제조 단가도 떨어지게 마련이다. 실제로 PB제품은 일반 제조업체의 제품보다 보통 20~30% 정도 싸게 팔리고 있다.

PB제품이 늘어나는 것이 모두에게 반가운 일은 아니다. 소비자로서는 다양한 가격대의 상품을 만날 수 있다는 점에서 잘된 일이지만 제조업체들 사이에서는 PB제품 때문에 볼멘소리가 나오고 있다. 가뜩이나 경쟁이 심해 힘든데 유통업체까지 강력한 경쟁 상대로 등장한 셈이기 때문이다. 실제로 PB상품의 가격을 낮추기 위해 유통업체들이 생산자에게 납품 원가를 내리도록 지나친 압력을 넣는 사례도 적발된 적이 있다. 품질 대신 가격으로만 경쟁하려 하는 것이다. 분명한 것은 이렇게 PB제품이 늘면 소비재 시장의 경쟁은 더 치열해질 것이라는 사실이다.

진짜 현명한 소비자라면, 이번 기회에 브랜드나 제조업체만 보고 제품을 고르기보다 제품의 품질을 잘 따져서 구매하는 습관을 들이도록 해야 하겠다.

농산물이 풍년이어도 판매가격이 떨어지지 않는 것은 유통구조 때문이다

생산가보다 유통마진이 더 높다?

김장 배추가 풍성하게 자라서 배추밭을 가득 채운 모습을 한 번이라도 본 적이 있다면 농부의 그 흐뭇한 미소를 이해할 수 있을 것이다. 자식을 키우는 것을 '자식 농사'에 빗대었을 정도로 농사를 짓고 작물을 수확하는 일은 농부들의 삶, 그 자체인 것이다. 그런데 이토록 소중한 수확물을 농부들이 갈아엎어버리는 안타까운 일이 종종 발생한다. 그 이유는 무엇일까?

어느 해에 배추가 지나치게 많이 생산되면 값이 갑자기 큰 폭으로 떨어진다. 사람들의 배추 소비량은 거의 변함이 없는데, 생산량이 갑자기 많아지면 시장가격이 하락하기 때문이다.

농부는 배추를 팔아야 하는데 값이 너무 떨어지면 배추를 수확할 엄두를 내지 못한다. 배추를 뽑는 인건비와 운반비 등 경비를 빼고 나면 이익이 남지 않기 때문이다. 이럴 때면 농부들은 온 정성을 다해 기른 배추지만, 차라리 트랙터로 갈아엎는 것이 더 낫다는 생각을 하게 되는 것이다.

전어가 풍년이면, 어민들은 전어값이 떨어질까 걱정을 한다. 이와 반대로 소비자들은 전어를 싸게 먹을 수 있다는 생각에 횟집에 갔는데 지난해와 별 차이가 없다는 것을 느낀다. 어민은 싸게 파는데 소비자가 사 먹는 단계에서는 비싸지는 것이다. 왜 그럴까?

바로 농수산물의 복잡한 유통구조 때문이다. 우선 국내 농산물 생산 농가는 규모가 영세하거나 분산되어 있어 생산자와 소비자가 직접 연결되지 못하고 있다. 또한 농민단체나 영농조합에서 공동으로 출하하는 사례가 늘고 있지만, 규모가 영세해 공동 출하의 이점을 제대로 누리지 못하고 있다. 이에 따라 여전히 중간수집상, 일명 브로커나 단위농협을 거쳐 도매시장이나 대형마트 등으로 농산물이 판매되는 경우가 많다. 업계에 따르면 70~80%가 농협이나 중간수집상을 거친다고 한다.

흔히 말하는 밭떼기 거래는 중간수집상을 통해 일어난다. 이 과정에서 경험과 정보가 많고 거래 관계에서 우월한 지위에 있는 상인들이 투기적 이익을 얻는 사례가 적지 않다.

근본적인 문제는 이러한 브로커 거래에서 농민이 보호받을 수 있는 장치가 없다는 점이다. 예컨대 밭떼기 계약을 할 때 계약금은 10~20%만 주고 중도금과 잔금을 차례로 주는 것이 일반적이다. 만약 시세가 크게 떨어지면 브로커들이 잔금을 주지 않고 계약을 일방적으로 파기하는 사례가 많아진다. 시세 하락에 대한 손해를 고스란히 농가가 지게 되는 것이다.

배추값이 폭등했던 지난해 김장철에 주부들은 한 포기에 3,000

원 이상을 주고 배추를 샀지만 농민들에게는 남는 게 거의 없었다. 산지에서 배추가 포기당 500원 정도에 팔려 나갔지만, 도시 대형마트에서는 5~6배 비싸게 판매된 셈이다.

풍년에도 걱정, 흉년에도 걱정

사실 대형마트들도 대부분 산지 직거래를 한다고 하지만 실제로는 영농조합이나 단위농협, 중간수집상을 거치는 경우가 많다. 또 외국에서는 농협이 직접 수매하고 영업을 하면서 이익을 남기는 반면 국내 농협은 위탁거래로 수수료를 받는 경우가 많다. 이처럼 복잡한 농수산물의 유통구조는 물가 상승의 원인 중 하나이다. 다단계로 이루어지는 농수산물 유통 시스템 때문에 생산자와 소비자 모두가 피해를 보는 것이다.

반면 공책이나 연필 같은 학용품은 대량으로 공장에서 만들면 언제든 팔 수 있어 값이 떨어지는 일이 비교적 적다. 농산물이나 수산물과 달리 상하거나 변질되지 않고 보관비가 비교적 적기 때문이다.

농산물 수확량이 적어 값이 올라도 수입 농산물 때문에 농부의 이익은 더 적어질 수도 있다. 만약 자연재해로 흉작이 되어 우리나라 농산물의 가격이 오를 경우 소비자는 다른 나라의 수입 농산물을 사기 때문이다. 무역과 유통의 발달로 인하여 소비자에게는 득이 되고 있지만, 이 때문에 농민은 큰 이익을 보지 못하고 있다.

그래서 농민들은 우산 장수와 부채 장수 아들을 둔 어머니처럼 풍년에도 걱정, 흉년에도 걱정이다. 풍년이 들어 작물 값이 떨어지면 정부나 관련 기관에서 국민에게 더 많이 소비하도록 권하는 캠페인을 하는 것도 이 때문이다.

농산물 정책, 대책이 필요하다

농산물의 수요는 비탄력적인데, 이는 다시 말해 농산물 가격이 오르고 내림에 따라 농산물 수요량이 그에 맞춰 늘거나 줄어들지 않는다는 말이다. 쌀값이 내렸다고 해서 밥을 두 공기 먹거나, 쌀값이 올랐다고 밥을 반 공기만 먹지는 않는다는 이야기이다. 이는 쌀뿐만이 아니라 대부분의 농산물이 마찬가지다.

그렇다면 이처럼 수요가 비탄력적인 농산물 가격이 왜 때에 따라 급등하거나 급락하면서 불안정해지는 것일까? 이는 농산물 수요량이 거의 일정한 추세를 나타내고 있는 데 비해, 공급량은 일정치가 않기 때문이다. 따라서 공급량이 수요량에 비해 조금만 넘쳐나도 가격은 크게 하락하고, 수요량에 비해 조금만 모자라도 가격은 크게 오른다. 애호박을 예로 들면, 생산량이 적은 겨울철에는 비싼 가격에 팔리다가도 생산량이 늘어나는 여름철에는 가격이 크게 떨어진다.

또한 농산물은 태풍이나 집중호우, 한발, 한파, 혹서 등 기후조건에 따라 생산량에 큰 차이가 나타난다. 배추는 그 이전 해에 작황이 좋지 않았다면 겨울철 월동 배추물량이 크게 줄어들어 가격이 오른다. 이에 따라 김장비용이 오른 해에는 '김치'가 아니라 '금치' 라고 불러야 한다는 우스갯소리가 나오곤 한다.

이처럼 국내 배추의 가격이 장마나 폭우 등 기상재해로 인해 비싸지면 중국산 배추를 더 많이 수입하거나 해외에서 비행기로 양배추를 수입하여 몇 배의 가격 차이를 남겨 장사하는 사람들이 오히려 국내가격이 안정화되는 데 기여하기도 한다. 양배추가 배추의 대체재가 되기 때문에 외국산 배추를 수입하는 의존도가 커질수록 소비자의 입장에서는 배추 구매가격이 안정되는 것이다.

한편 일부 저장이 가능한 품목들은 출하조절을 통해 가격을 조절하기도 한다. 결국 농산물 가격을 안정시키기 위해서는 농산물의 수급 조절이 이루어져야 하며, 이에 따라 농산물 유통정보의 중요성이 한층 커지고 있다고 하겠다.

이렇듯 무역을 통하여 농산물 가격을 안정화시키는 것은 도시의 소비자들에게는 이득이지만, 농민들에게는 상당히 불리한 것이다. 그야말로 평생을 농사만 지어 온 농사꾼들로서는 무역이 활성화되면서 이제는 농사만 지어서는 돈을 벌기가 어려워졌기 때문이다.

전업농가들이 농사를 완전히 포기하기 전에 정부는 농민에게 다양한 경제적 지원을 해야 할 것이다. 농산물 시장개방이 되어 소비자들이 값싼 농산물을 사 먹게 된다고 해도, 모든 농산물을 수입에 의존할 수만은 없다. 우리나라는 식량 무기화에 대비하기 위해서라도 농업을 유지해야만 하기 때문이다.

이와 더불어 농민들은 농산물의 가격경쟁에서는 경쟁력이 없기 때문에 질 좋은 농산물을 생산해서 농산물을 브랜드화 하는 등의 방법으로 가격보다는 질로 승부하는 방안을 찾아보아야 할 것이다. 소비자는 먹거리에 있어서만큼은 가격만을 구매 이유로 삼지는 않기 때문이다. 가격보다는 안정성, 품질, 맛 등 까다로운 기준으로 농산물을 구매하기 때문에 개방에 대비하여 농업의 가치혁신을 통해 숨겨진 블루오션을 찾는 접근법이 필요하다.

우리 농가와 정부가 모두 새로운 사고와 방식으로 접근함으로써 틈새시장, 즉 블루오션을 찾아낸다면 농산물 시장개방은 위기가 아니라 기회가 될 수 있을 것이다.

티져광고는
최소의 비용으로 최대의 효과를 거두려는 광고기법이다

티져광고의 대표적 성공 사례, "선영아 사랑해!"

광고기법 중에 '티져광고(Teaser Advertising)'라는 것이 있다. 티져(Teaser)는 놀려대는 사람, 짓궂게 괴롭히는 사람이라는 뜻으로, 처음에는 회사명과 상품명을 밝히지 않고 구매의욕을 유발시키면서 서서히 밝히거나 일정 시점에 가서 일거에 베일을 벗기는 방법의 광고기법을 말한다.

지난 2000년 2월, 대도시의 육교와 지하철역 등에 '선영아 사랑해'라는 여섯 글자의 포스터가 일제히 나붙었던 것을 기억할 것이다. 이때 선거관리위원회는 총선을 앞두고 이 현수막이 특정 후보를 홍보 또는 음해하려는 것이 아닌지 촉각을 곤두세웠고, 대학가 등에서는 선영이라는 이름을 가진 여성들에게 전화와 이메일이 쏟아지는 등 해프닝을 연출했다. 누군가 선영이라는 여자에게 프로포즈를 하는 것으로 오인하게 만들었던 이 광고는 결국 3월 초 오픈을 앞둔 한 여성 포털 사이트의 광고로 밝혀졌다. 이처럼 대중의 호기심을 유발하기 위해 메인광고에 앞서 시행하는 광고를 티저광고라고 한다.

상품의 정체를 일시적으로 숨겨 시청자를 궁금하게 만들어 상품에 대한 기대와 인지도를 넓혀 나가는 것이다. 이러한 티저광고는 옥외광고나 현수막뿐만 아니라, UCC나 방송광고 등 다양한 매체에서 활용되고 있다.

티저광고는 일반적으로 다음과 같은 특징을 가지고 있다. 첫째, 제품을 완전히 노출시키지 않는다. 광고의 초기 단계에서는 상품과 관련된 기본적인 정보마저도 제시하지 않고, 다만 완성된 상품이 이미 존재하고 있으며 곧 정체가 밝혀질 것이라는 메시지만이 간접적으로 전달될 따름이다. 때문에 그것을 보는 사람들은 이것이 무슨 광고인지 궁금해하고 의아하게 여김으로써 한 번 더 관심을 가지게 된다. 둘째, 시리즈이다. 모든 내용을 한 번에 보여주는 것이 아니라 몇 차례에 걸쳐 나누어 보여줌으로써 차츰 베일을 벗고 상품의 정체가 공개된다. 또 스토리가 있는 광고의 경우 시리즈로 제작하여 뒷내용을 생각하게 하여 자연스럽게 그 상품의 이미지를 심어준다.

예를 들어 KTF는 3G+네트워크 서비스를 제공하기에 앞서, '○월 ○일 쇼(show)가 시작된다' 라는 문구만으로 방송광고를 시작하였다. 그 후 '세상에 없는, 세상에 하나뿐인 쇼를 하라' 는 카피로 후속광고가 방송될 때까지도 이것이 통신사 광고임을 짐작하는 사람은 많지 않았다. '쇼(SHOW)' 라는 브랜드를 각인시킨 다음에야 비로소 광고 속에는 휴대폰이 등장하였으며, 차츰 서비스에 대한 설명을 이미지로 보여주기 시작하였다.

티져광고는 고객의 호기심을 유발해서 제품에 대한 궁금증을 유도한다는 점과 반복되는 문구로 고객의 뇌리 속에 각인을 시킨다는 특징이 있다. 따라서 브랜드 강화 효과가 있지만 메시지가 제대로 전달되지 않을 경우에는 고객이 이해하지 못하는 경우도 생길 수 있다.

티져마케팅의 성공조건

정보화가 급진전되면서 제품이나 서비스 관련 정보들이 각종 매체들에서 쏟아져 나오고 그로 인해 정보의 과부화가 생기면서 소비자들은 점차 일률적인 마케팅 방식에 싫증을 느끼고, 웬만한 마케팅으로는 상품에 관심조차 갖지 않는 경우가 많아졌다. 이를 알아차린 기업들이 창의적이고 독특한 방법들을 동원해 각사의 신제품을 알리는 데 열을 올리게 됐다. 하지만 이색적인 마케팅을 하는 이유가 쏟아지는 제품 정보에 염증을 느끼는 소비자들에게 참신함을 제공하고자 도입된 방식이었음에도 불구하고 오히려 이색적이고 다채로운 마케팅 기법들에 대한 소비사들의 내성만을 키워 오히려 싫증을 증폭시키는 측면도 있다.

세계적인 브랜드 전문가들은 신규 브랜드의 경우에는 당분간 고전적이고 평범한 광고를 통해 브랜드를 홍보하는 편이 낫다고 충고한다.

기존 연구에 따르면 의미를 알 듯 모를 듯하게 만들어서 더 기억에 남는 광고 메시지는 비즈니스계에 이미 확고한 자리를 잡은 기존 브랜드만이 누릴 수 있는 막강한 특권으로 이해하기도 한다. 예를 들어 '저스트 두 잇'(Just Do IT!)이라는 나이키의 캐치프레이즈가 뜨면서 '우리는 운동화를 파는 회사입니다'라는 노골적인 설명을 기대하는 소비자들은 거의 아무도 없다는 것이다. 오히려 무슨 광고인지 모르게 광고하는 것이 더욱 매력적이고 세련된 접근법으로 이해되기도 한다. 그러나 분명한 것은 나이키가 이미 모든 소비자들에게 알려진 유명 브랜드였기 때문에 이 광고가 성공한 것이지 독특한 기법 자체가 성공의 핵심 요건은 아니라는 사실이다.

중요한 것은 제품을 구입해 직접 체험을 해본 소비자가 실망감을 느끼지 않도록 높은 품질이 확실히 전제되어야 한다. 이색기법에 이끌린 소비자일수록 제품 사용 이후 실망을 느끼면 그 불만족감이 다른 소비자보다 훨씬 클 수 있으며 이 사실을 기업들은 반드시 기억해야 할 것이다.

양치기 소년의 블러핑 전략

혹부리 영감과 양치기 소년 이야기의 공통점은 무엇일까? 바로 거짓말이다. 혹부리 영감은 도깨비를 속여 골칫거리인 혹을 없애고 보물을 얻었다. 반면 계속해서 거짓말을 일삼던 양치기 소년은 늑대가 진짜로 나타났을 때 사람들이 믿어주지 않아서 피해를 보았다.

거짓말의 심리를 연구해 노벨 경제학상을 받은 로버트 아우만(Robert J. Aumann) 교수는 2005년 '협조적 게임이론'을 통해 경제적 갈등과 협력에 대한 이해를 증진시키고 블러핑 전략을 통해 사회현상과 경제 주체의 행동을 설명했다.

기업들도 자신들의 능력을 과대 포장하여 상대 기업들을 겁먹게 하는 전략을 사용하는데, 이를 블러핑이라고 한다.

블러핑(bluffing) 전략이란 속된 말로 공갈, 뻥 전략이라고 할 수 있다. 나의 능력을 과대 포장해 상대방에게 겁을 줌으로써 이익을 보는 것이다. 실제로 우리 사회에서는 블러핑 전략으로 이익을 본 경우를 많이 볼 수 있다. 트로이 전쟁에서 그리스군이 항복의 대가로 거대한 목마를 선물하고 승리에 들떠서 만취한 트로이를 패배시킨 것이 그 예라고 하겠다.

기업들도 경쟁사의 추격을 피하기 위해 막대한 투자계획이나 신제품 개발계획을 발표하지만 실제로는 이행하지 않는 경우가 많은데 일종의 블러핑 전략이라고 할 수 있다. 이러한 전략을 세계에서 가장 잘 구사하는 집단으로는 북한을 들 수 있다. 사실 여부를 떠나서 '서울 불바다' 라든가 '핵무기 보유' 등의 발언을 통해서 협상을 유리하게 이끄는 전략이 여기에 속한다.

그런데 블러핑 전략이 성공하기 위해서는 중요한 3가지 속성이 있다. 첫째, 분명한 이익이 있어야 한다. 뻥을 치면서 양치기 소년이 누렸던 것은 무료함을 달래는 '재미' 였다. 마찬가지로 기업에게도 경쟁사의 추격을 물리친다든가, 내가 막대한 순익을 취할 수 있다는 등의 확실한 이익이 보장되어 있어야 한다. 이익 없는 거짓말은 의미가 없는 것이다.

둘째, 나의 정보를 상대방이 몰라야 한다는 것이다. 양치기 소년의 경우 언덕 아래에서 일하는 동네사람들은 언덕 위 양떼들의 상황을 알 수 없었기 때문에 거짓말에 깜빡 속았던 것이다. 세계 최고의 블러핑 전략집단인 북한이 성공하는 이유도 우리가 북한의 군사상황을 정확히 모르기 때문이다.

마지막으로, 블러핑 전략은 반복적이어서는 안 된다. 혹부리 영감도 한 번은 도깨비들을 속였지만, 혹부리 영감을 흉내 낸 또 다른 혹부리 영감은 혼쭐이 났다. 양치기 소년도 마찬가지다. 블러핑 전략은 항상 성공하는 것이 아니라, 처음에만 성공한다는 사실을 잊었다가는 양치기 소년 꼴이 되고 만다.

블러핑 전략은 상대방이 나를 잘 모르고, 나에게 명백한 이익이 있을 경우 충분히 매력적인 전략이다. 어쩌면 막대한 투자나 부단한 노력 없이도 이익을 챙길 수도 있다. 하지만, 이러한 뻥튀기 전략은 분명 1회성 전략이다. 따라서 눈앞의 이익에 눈이 멀어 자주 구사하다 보면 결국은 본인에게 손해가 돌아올 것이다.

기업은 소비자가 반응하기 나름!

몇 년 전 신문사들이 구독자를 높이기 위해 마케팅 활동을 펼친 적이 있는데, 가장 대표적인 것이 신문을 구독하는 사람에게 자전거를 무료로 주는 것이었다. 이들 언론사들이 자전거를 제공하자 결국 신문과는 아무 연관이 없는 자전거 산업이 커다란 타격을 입게 되었다. 신문을 구독하고 자전거를 받은 사람들로서는 굳이 새로운 자전거를 구매할 이유가 사라졌는데, 이들 신문사들이 제공한 자전거가 국내 업체가 제작한 것이 아니라 중국으로부터 수입한 자전거였다고 한다. 신문사들이 경쟁적으로 수입한 자전거를 제공하면서 국내 자전거 회사들이 수요층을 잃어버리게 된 것이다.

적절한 경쟁은 기업의 경쟁력을 높이고, 소비자에게 더 좋은 제품을 선택할 수 있는 효과를 가져다주지만, 경쟁이 심화되고 과열되는 경우에는 해당 기업에 부담을 줄 뿐만 아니라, 다른 산업에도 보이지 않는 피해를 주게 된다. 경쟁을 한마디로 표현하자면, '과유불급(過猶不及)'이라고 할 수 있다. 그렇기 때문에 정부에서는 경쟁의 과열을 항상 경계하며, 부당한 경쟁행위에 대해서는 제재조치를 취하는 것이다.

기업들의 지나친 마케팅과 과도한 경쟁은 소비자에게도 피해를 준다. 이동통신사들이 보조금 지급을 통해 단말기를 싸게 공급하면서 신규고객을 유치하는 것으로 인한 피해가 바로 그것이다. 이동통신사는 신규고객 유치를 위해 단말기에 보조금을 지급하며 마케팅 비용을 쏟아 붓지만, 정작 이를 이유로 기존 고객에 대한 통신요금 인하와 같은 조치는 취하지 않고 있다. 결국 기존 고객이 낸 이용요금을 고스란히 신규고객 유치를 위한 마케팅 비용으로 쓰고 있는 것이다.

이와 같은 불건전한 과당경쟁으로부터 소비자가 자신의 권익을 보호하는 방법은 무엇일까? 그것은 바로 불건전한 마케팅에 현혹되지 않는 것이다. 제품이나 서비스를 구매함에 있어 자신에게 가장 필요한 제품이 무엇인지 합리적으로 따져보고 결정한다면 기업들의 비효율적인 경쟁은 사라지고, 소비자 만족을 극대화시킬 수 있는 품질과 서비스의 질적 개선을 추구할 것이다.

결국, 기업의 경쟁을 이용하는 것은 소비자이다. 기업의 경쟁을 품질경쟁으로 가져갈 것인가, 기업의 마케팅을 통해 부수적인 혜택에 만족할 것인가는 소비자가 결정할 몫이다. 만약 기업의 마케팅에 따른 부수적 혜택에 만족한다면, 기업들은 계속해서 제품의 품질 개선이나 소비자 니즈를 극대화시키는 방법을 모색하기보다는 지금과 같은 부수적인 혜택을 지급하고 본질적인 서비스를 외면하는 방법을 택할 것이다. 반면 소비자가 기업에 서비스의 질적 개선을 요구한다면, 기업은 이에 부응하여 더욱 더 좋은 서비스로 생산적 경쟁을 실시할 것이다.

옛날 모 가전사의 "남편은 여자하기 나름"이라는 광고 카피처럼 결국 "기업은 소비자가 반응하기 나름"이라고 볼 수 있다. 현명한 소비행위는 비생산적인 과당경쟁을 생산적이고 현명한 경쟁으로 유도하여 소비자뿐 아니라 사회 전체에도 이익을 가져다 줄 것이다.

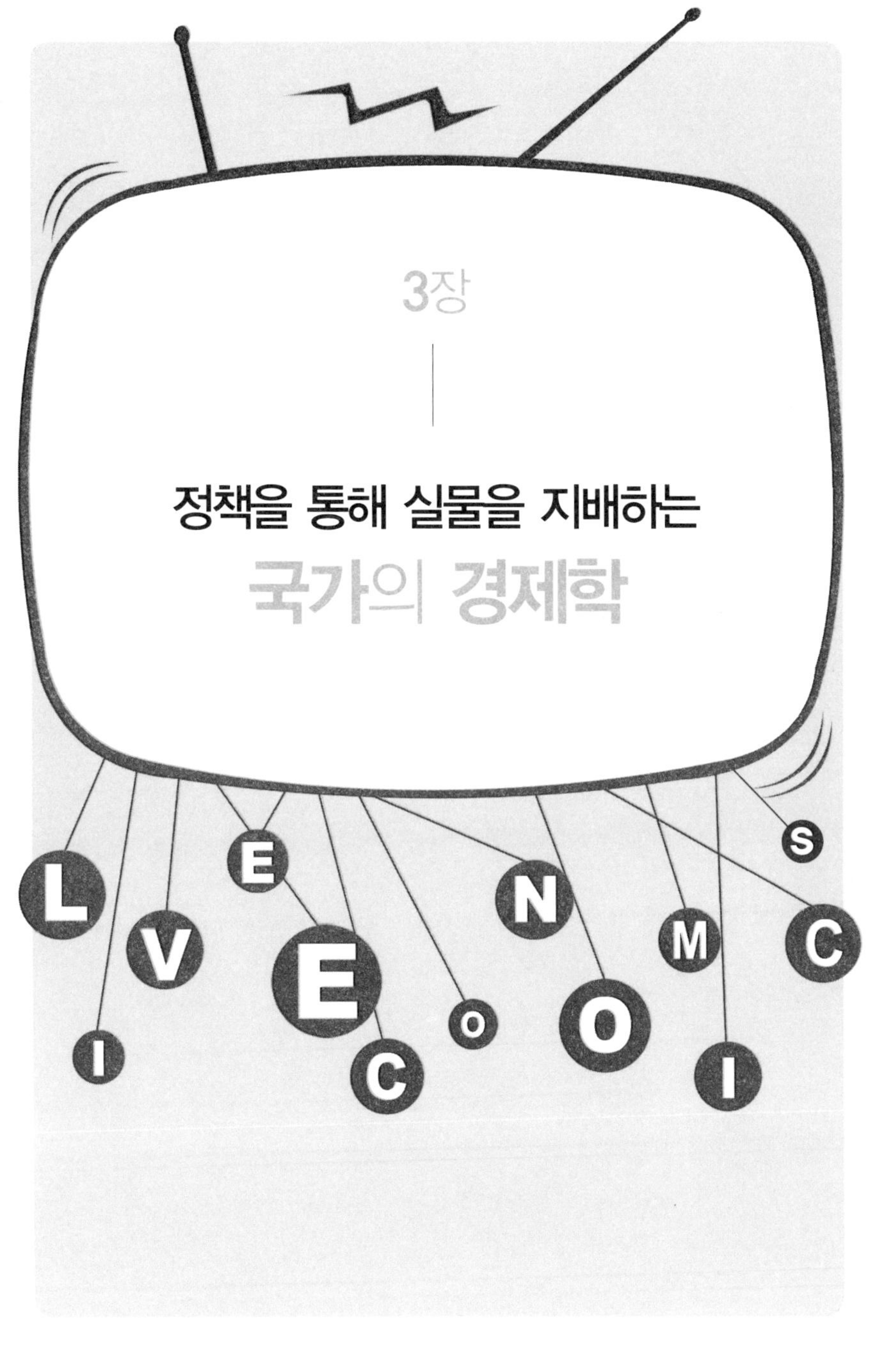
3장
정책을 통해 실물을 지배하는
국가의 경제학
L
I
V
E
E
C
O
N
O
M
I
C
S

'마린보이' 박태환 선수가 받은 포상금 중 일부는 비과세이다

올림픽 금메달 포상금에도 세금이 있을까?

2008년 베이징 올림픽에서 우리나라 선수들은 금메달 13개라는 역대 최고의 성적으로 종합순위 7위에 올랐다. 메달을 따면서 명예와 함께 '돈방석'에 앉은 영웅들은 세금을 얼마나 냈을까?

가장 많은 포상금을 받은 선수는 수영에서 금메달 1개와 은메달 1개를 딴 박태환으로 박태환 선수가 대한체육회로부터 받은 7,500만 원(금메달 5,000만 원, 은메달 2,500만 원), 수영연맹 1억 원, 국민체육연금관리공단 3,000만 원이다. 또 후원기업에서 받은 금액도 2억 5천만 원으로 포상금은 총 4억 5,500만 원이다.

그렇다면 박선수가 받는 포상금에 대한 세금은 얼마나 될까? 올림픽에서 메달을 따는 경우 포상금은 소득세법에 따라 비과세가 되므로 세금을 내지 않아도 된다. 또한 수영연맹, 국민체육연금관리공단 등 특별법에 의해 설치된 단체로부터 지급받는 포상금도 역시 비과세이다. 다만 특별법에 의하지 않은 단체나 일반

기업으로 받는 포상금에 대해서는 과세가 된다.

따라서 박선수의 경우에 포상금 4억 5,500만 원 중 2억 500만 원은 특별법에 설립된 단체로 받았기에 비과세이며, 나머지 후원사에서 지원한 2억 5,000만 원에 대해서는 총 1,925만 원(2억 5,000만 원×20%×38.5%)의 세금이 부과된다.

세금에도 지켜야 할 원칙이 있다

대한민국 국민은 누구나 국민으로서의 권리를 갖는다. 기본적인 교육을 받을 권리를 갖기 때문에 중학교까지 수업료를 내지 않고 무상 교육을 받을 수 있으며, 일정한 나이가 되면 누구나 나라의 대표를 선출할 수 있는 투표권을 갖는다. 또 행복을 추구할 권리와 최소한의 인간적인 삶을 살아갈 권리도 갖게 된다.

이처럼 권리를 갖는 것과 더불어 지켜야 할 의무도 있다. 나라를 지켜야 하는 국방의 의무, 자녀를 교육시켜야 하는 교육의 의무, 일을 해야 하는 근로의 의무, 국가에 세금을 내야 하는 납세의 의무가 그것이다.

세금을 안 내고 살 수 있다면 얼마나 좋을까? 세상에 납세의무를 부과하지 않는 나라도 있기는 있다. 예를 들어 브루나이는 모든 부동산과 석유를 국유로 하는 대신 국민들은 납세의 의무를 지지 않고 있다고 한다. 세금을 걷지 않고도 국왕이 나라를 운영할 수 있을 만큼 부국인 이 나라의 국민들이 얼마나 행복한지는 알 수 없으나, 이처럼 특수한 경우를 제외한 대부분의 자본주의 국가에서는 국가가 국민들에게 국가의 안녕과 질서의 유지, 공공복리의 증진을 보장하기 위해서 국민들에게 국방, 교육, 근로의 의무와 함께 납세의 의무를 부과하고 있는 것이 보통이다. 국가도 한 유기체로서 고유의 권한과 책무를 수행하기 위하여 많은 자원이 필요한데, 그 가운데 재정적인 자원 즉, 경제력의 확보는 국가 존립의 중요한 요소가 아닐 수 없다.

우리 헌법은 모든 국민에게 법률이 정하는 바에 따라 세금을 내야 할 의무를 진다고 규정하고 있으므로 우리는 직접세와 간접세, 국세와 지방세를 납부해야 한다. 만약 이를 이행하지 않으면 국가는 가산세를 부과하고 우리의 재산을 체납 처분하여 강제로 징수하며 심지어 조세를 고의로 포탈한 경우에는 징역이나 벌금을 부과하기도 한다. 따라서 국민들로부터 세금을 징수할 때에도 그 원칙이 있어야 할 뿐만 아니라, 징수한 세금을 사용하는 데에도 반드시 지켜야 할 원칙이 필요하다.

세금은 공공의 경비를 국민에게 강제적으로 배분하는 것으로 납세 의무자 상호 간에는 '평등의 원칙'이 적용되어야 한다. 그런데 여기서 '평등'이란, 국민 누구나 똑같은 금액을 납부해야 한다는 절대적 평등을 의미하는 것이 아니라 실질적인 평등을 뜻한다. 절대적 평등이 적용되어야 하는 분야는 인간으로서 가지는 기본적인 인권, 정치적 권리, 각종 청구권 등이며, 사회 경제적 분야(복지, 임금, 납세 등)에 있어서는 상대적 평등(실질적 평등)이 적용된다.

이에 따라 국가는 형평성을 실현하기 위해 개개인의 소득과 능력에 따라 세금을 걷고 있다. 10만 원을 버는 사람과 100만 원을 버는 사람이 똑같이 5만 원씩의 세금을 낸다고 치자. 이 경우 100

만 원을 버는 사람은 세금을 내고도 95만 원이 남지만, 10만 원을 버는 사람에게는 5만 원이 수입의 절반이기 때문에 공평하지가 않다는 얘기다. 그렇다면 조세부담이 공평하게 분배된다는 것은 과연 무엇을 뜻하는 것일까?

공평한 조세부담의 원칙으로 여러 가지를 제시할 수 있지만, 가장 보편적인 지지를 받는 것은 능력원칙이다. 이 원칙은 경제적 능력이 큰 사람일수록 더 무거운 조세부담을 져야 한다는 뜻이다. 일반적으로 경제적 능력의 척도로 소득과 재산이 있는데, 소득을 기준으로 과세할 경우 납세자들, 특히 개인사업을 하는 납세자의 경우 소득을 감추려고 할 가능성이 커진다.

따라서 소득세에만 의존할 것이 아니라, 재산에 대한 과세를 통해 경제적 능력에 따른 조세부담의 분배를 실현시키는 것이 중요해진다. 그런데 재산에 대한 과세 또한 몇 가지 문제점을 갖고 있다. 우선 어떤 사람의 재산을 정확하게 파악하기도 힘들 뿐더러 재산은 있어도 현금이 별로 없는 사람은 납세에 어려움을 겪을 수도 있는 것이다.

노블레스 오블리주, 훈훈한 감동

기업들은 경영권을 상속하면 막대한 상속세를 내야 하는데, 세금을 내기가 아까워서 변칙 승계를 했다가 법적 문제가 붉어지자 부랴부랴 사회기부를 했던 재벌가의 모습을 보며 일종의 배신감을 느낀 국민도 많았을 것이다.

빌 게이츠는 자신의 아이들에게 평생 풍족하게 살 돈만 상속하고, 나머지는 모두 사회에 환원하겠다고 밝혔다. 최근에는 우리나라의 기업들도 이익금을 사회공헌 활동에 사용하는 경우가 늘고 있다. 이따금 유명 연예인들의 기부 소식도 우리의 마음을 훈훈하게 한다. 정부는 기부금에 대해서는 세금을 감면해주는 소득공제제도를 운영하고 있다.

우리 사회가 직면한 각종 사회문제를 해결하기 위해서는 정부의 예산이 많이 필요한데, 이를 모두 세금으로 충당한다면 국민의 담세율은 계속 증가할 수밖에 없다. 그래서 지금 새로운 사회문제 해결방법으로 거론되는 것이 민간 기부이다. 기업의 사회공헌 활동이나 개인의 기부가 사회문제 해결에 투입된다면, 전통적으로 정부가 해결하던 문제를 민간이 해결할 수도 있다는 시각이다. 실제로 정부가 제공하던 보육이나 간병 같은 사회 서비스에 기업 기부금이 큰 재원이 되고 있으며, 김밥 할머니가 기부한 돈도 대학 운영에 유용하게 쓰이고 있다.

나눔과 기부가 늘어나는 사회로!

매슬로의 욕구 5단계에 따르면 생리욕구, 안전욕구, 귀속욕구가 충족된 사람은 다음 단계로 사회적으로 인정·존경받고 싶어하는 자기존중(명예)욕구가 생긴다고 한다. 물불 안 가리고 돈을 번 사람들이 사회공헌에 관심을 갖는 것도 대개 이런 단계라고 할 수 있다.

미국에서는 이런 명예시장, 명예 마케팅이 활성화되어 있다. 마을 공원에 벤치를 만들고 나무를 심는 데 10달러, 20달러를 기부한 사람의 이름까지 남겨준다. 로키산맥의 경우 4천 미터가 넘는 봉우리가 많은데 산의 이름을 보면 명예로운 사람의 이름을 따서 만든 것이 많다.

미국 동부의 유명 사립대학들을 아이비리그라고 부른다. 이 사립대학들은 명문대학이라는 공통점 외에도 또 다른 공통점이 있다. 바로 이들 학교의 이름과 학교 내부의 건물명이 모두 이 학교에 기부를 한 사람들의 이름을 따서 지어졌다는 것이다. 하버드, 스탠퍼드, 예일대 등의 유명대학들은 모두 도서관의 이름도 도서관을 짓도록 기부한 사람들의 이름을 넣어 명예를 높여주었으며, 이들 대학의 운영에 있어서도 기부금으로 운영되는 부분이 많다. 대부분의 장학금들은 이러한 기부금을 통해 가난한 학생들에게 지급되고 있다. 반면, 우리나라는 어떠한가? 학교의 운영은 대부분 학생들이 내는 등록금에 거의 100% 의존하고 있으며, 학교의 경쟁력 강화라는 빌미로 신축되는 건물의 비용은 또 고스란히 학생들의 등록금 인상으로 이어지고 있다.

미국에서는 지난 대통령선거에서 보수 경향을 대변하는 공화당의 부시 후보가 자신의 지지층인 미국 내 기업가들을 모아놓고 대통령이 되면 상속세를 없애겠다는 공약을 제시하자, 기업가들은 만약 상속세가 없어진다면 부시 대통령에게 표를 주지 않겠다고 하였다. 그 이유는 이들이 내는 상속세가 사회 빈곤층에게 더 많은 교육의 기회를 제공하고 삶의 질을 윤택하게 만들기 때문이라고 한다.

만약 우리나라의 대통령 후보가 똑같은 공약을 제시했다면, 과연 우리나라의 기업가들은 어떠한 결정을 했을지 매우 궁금한 대목이 아닐 수 없다.

서해에서 기름 유출 사고가 일어났을 때, 아무도 그들에게 보수를 지급하지 않음에도 불구하고 구슬땀을 흘리며 복구작업을 실시하고 있는 자원봉사자들의 모습은 우리 사회가 선진형 자본주의 사회로 갈 수 있다는 하나의 희망을 보여주었다.

자발적 기부와 나눔을 확산하기 위해서는 기부행위에 대해서 칭찬과 격려를 하고 지금보다 더 명예를 갖게 하여야 한다. 또한 사회 제도적으로 기부를 자연스러운 것으로 받아들일 수 있는 기반을 조성해야 한다. 현재 실질적으로 기부에 대한 지원은 연말 근로소득에 대한 소득정산 시 기부금에 대한 공제를 실시하는 것을 제외하고는 어떠한 사회적 시스템도 구성되어 있지 않다. 그런데 근본적으로 필요한 것은 기부금에 대한 세금공제가 아니라, 이 기부금이 좀 더 효율적으로 사용될 수 있는 사회적 시스템이다. 워렌 버핏과 빌 게이츠가 함께 손을 잡고 자신들의 재산을 빌 게이츠 재단을 통해 기부활동을 실시하는 이유는 빌 게이츠 재단에 모인 기금을 좀 더 효율적으로 사용하여 더 많은 빈곤층에게 혜택이 돌아갈 수 있도록 할 수 있다는 이들의 신념 때문이다.

우리도 이와 같은 사회봉사 재단이 필요하고, 이러한 재단에 대한 사회적 지원과 감시를 통한 투명성을 확보해야 할 것이다.

고속도로 통행료를 받는 이유는 이용자 부담 원칙 때문이다

고속도로는 왜 통행료를 받을까?

휴가철이 되면 산과 바다가 있는 휴양지를 찾아 많은 사람들이 대규모 이동을 한다. 이때 대부분의 사람들이 대중교통 대신 자가용을 타고 고속도로를 이용한다. 고속도로는 국도처럼 길이 좁거나 급커브길이 많지 않고 신호도 없기 때문에 속도를 높일 수 있으며, 목적지에 조금 더 빨리 도착할 수 있기 때문이다.

고속도로를 이용할 때마다 우리는 통행료를 내야 한다. 고속도로는 처음 만들 때부터 건설비용이 엄청나게 많이 들며 공사기간도 아주 길다. 또 도로를 유지하는 데에도 꽤 많은 비용이 든다. 승용차뿐 아니라 무거운 화물차도 시속 100km를 넘나드는 속도로 달리기 때문에 도로가 망가지고 마모되는 경우가 많기 때문이다. 고속도로 유지, 보수는 운전자들의 생명과 직접 관련된 문제이다. 그래서 조금만 파손되어도 긴급한 유지, 보수가 필요하다. 결국 고속도로 통행료는 이용자가 막대한 건설비용과 유지, 보수

비용을 내는 셈이라고 할 수 있다.

그렇다면 왜 국도는 이용료를 받지 않을까? 국가가 세금으로 시설을 만들고 국민 모두 이용할 수 있는 '공공재' 이기 때문이다.

공공재는 대부분 세금으로 운영되기 때문에 무료로 이용할 수 있다. 가로등이나 공원도 공공재에 들어간다. 하지만 고속도로는 모든 사람이 늘 이용하는 것이 아니고, 유지 및 보수 비용도 일반도로보다 더 많이 든다. 그래서 이용료를 받는 것이다.

1970년 속리산을 시작으로 해서 그동안 국립공원에서 입장료를 징수했던 것도 이 같은 수익자부담원칙에 근거한 것이었다. 그런데 다른 공공시설과 달리 국립공원 안에는 사찰이 있는 경우가 많기 때문에 국립공원 입장료는 사찰 관람료와 통합 징수되어왔다. 따라서 국립공원 입장료를 폐지하거나 사찰 관람료와 분리징수해야 한다는 의견이 우세하였고, 서민들의 자연 향유권을 보장해야 한다는 차원에서 지난 2007년 국립공원 입장료는 폐지되었다. 그러나 여전히 국립공원 내 사찰에서는 입장료의 폐지 여부와 상관없이 문화재 관련법에 근거, 별도 징수 여부를 결정할 수 있으며, 고궁 및 능원 등 다른 공공시설에 대한 입장료는 이용객이 부담하도록 되어 있다.

이처럼 어떤 서비스를 이용자가 직접 부담하는 것을 '이용자 부담 원칙'이라고 한다. 고속도로처럼 설치비용과 유지, 보수비용을 이용자가 내는 경우도 있지만, 국가가 정책적인 이유로 공공시설에 '이용자 부담 원칙'을 적용하는 경우도 있다.

남산터널을 지날 때는 혼잡통행료를 내야 한다

남산터널은 서울 시내로 들어오는 통로 역할을 한다. 그러다 보니 이곳은 늘 차량들로 꽉 막혀 원래 터널의 역할을 할 수 없을 지경에 이르렀다. 그러자 서울시에서 혼잡통행료라는 명목으로 통행료를 받기 시작했다. 그 후 차량으로 막혀 제 할 일을 못하던 남산터널은 이용수요가 감소하면서 원래 기능을 할 수 있게 됐으며, 우회도로 정체가 심해지고 있다.

현재 남산터널 중 1, 3호 터널에만 적용되고 있는 혼잡통행료는 교통혼잡 지역에서 승용차의 사용을 억제하고 대중교통을 활성화하기 위해 지난 1996년에 도입됐으며, 평일에는 아침 7시부터 밤 9시까지 총 14시간 동안 통행료를 받고 있다. 그러자 터널 입구에서는 진기한 현상을 볼 수 있게 되었다. 아침 7시가 가까워지면 그 전에 통과하려고 차들이 속도를 내서 달리고, 저녁 8시 30분부터는 조금이라도 버텨서 통행료를 내지 않으려고 터널 입구 한쪽에 차를 세워두고 기다리는 사람들이 생긴 것이다. 그럴 때면 이 주변은 흡사 주차장을 방불케 한다. 단, 이 제도는 운전자를 포함하여 2인 이하의 인원이 탑승한 승용·승합자동차에 한해 부과하며 주말에는 무료로 통행할 수 있다.

현재 신한카드와 삼성카드에서 출시한 승용차 요일제 카드를 이용하면 남산 1, 3호 터널 혼잡통행료를 2,000원에서 1,000원으로 감면받을 수 있다고 한다.

최근 정부청사 주차장 유료화에 이어 서울 도심의 백화점 주차장에 혼잡통행료를 부과하겠다는 방침이 발표되었다. 대형건물 진출입 차량에 대해 혼잡통행료를 부과하는 것은 전 세계에서 처음 시도되는 것으로 서울시는 삼성동 코엑스와 명동 일대의 주요 백화점 등 시내 대형건물 60여 곳을 교통혼잡 특별관리 시설물로 지정한 상태이다.

세금을 좋아하는 사람은 아무도 없지만, 세금을 내지 않을 권리는 누구에게도 없다. 오죽하면 벤자민 프랭클린이 "인간에겐 피할 수 없는 두 가지가 있다. 하나는 죽음이고 다른 하나는 세금이다"라고 얘기했을까. 프랭클린은 미국 독립선언서의 기초를 작성하였으며, '시간은 금이다'라는 말로 우리에게 더 익숙한 인물이다. 이처럼 뛰어난 정치가이자 경제학적 관념이 탁월한 그 또한 세금을 죽음과 함께 피할 수 없는 것으로 꼽은 것이다.

정부가 세금을 걷는 이유는 세금의 수입을 늘리기 위한 이유도 있지만 시장원리가 작동하지 않는 시장의 실패를 치유하기 위한 목적으로도 사용된다. 이른바 외부효과가 발생하는 경우이다. 예를 들어 도심 한복판에 위치한 백화점에 쇼핑을 하러 가기 위해 자가용을 몰고 길을 나서는 경우를 생각해보자. 이때 개인적으로 소요되는 비용은 단순하게 얘기하면 기름값 정도일 것이다. 하지만 가뜩이나 복잡한 도심에 차를 몰고 나오면 기리는 더 막힌다. 또 기준치 이상의 오염물질이 뿜어져 나오면서 공해 문제가 심각해진다. 자가용 운전자 입장에서는 기름값만 치르면 되지만 사회 전체로는 공해와 도심혼잡이라는 추가 비용이 생겨난다.

통계에 따르면 우리나라 교통혼잡비용은 2000년 19조원, 2005년 23조 7,000억 원, 2006년 24조 6,000억 원으로 매년 증가하고 있다. 이 정도 비용이면 경부고속도로를 매년 2.6개 정도 건설할 수 있는 천문학적인 액수이다. 정부는 국내 총생산의 29% 규모에 달하는 교통혼잡비용을 선진국 수준인 1% 미만으로 낮추겠다는 의지를 발표하였다.

피구세 도입

조그마한 마을이라면 서로 약속을 해서 자가용의 사용을 자제하면 문제가 해결되지만 대도시에서는 이 같은 협상이 불가능하다. 그래서 경제학자들은 차선책으로 도심혼잡통행료 징수처럼 세금을 부과해서 비용을 올리는 방법을 고안해냈다. 이른바 '피구세(Pigouvian tax)' 이다.

외부효과의 해결은 정부의 손이 필요한 영역이다. 하지만 어느 정도로 정부가 개입해야 하는지에 대해서는 여러 의견이 존재한다. 정부가 직접 해결해야 한다는 주장과 조정자로서 개입하고 그 해결 방식은 시장에 맡겨야 한다는 주장, 그리고 사적 소유권만 설정해주고 나머지는 시장이 해결하도록 놔두어야 한다는 주장들이 그것이다.

피구세는 정부가 조정자 역할을 하고 나머지는 시장에 맡기는 형태라고 할 수 있다. 한마디로 표현하자면 '오염자 부담 원칙'에 입각한 환경오염세라고 할 수 있다. 말 그대로 환경오염을 유발하는 기업이나 개인에게 세금을 매기는 것이지만, 이는 여타의 세금들과는 다른 성격을 가진다. 관세, 부가가치세, 소득세 등등의 여타 세금은 그 목적이 재정수입 확충 또는 거시정책적 이유로 부과되지만 피구세는 그런 이유라기보다는 사회적으로 가장 바람직한 생산량을 유도하기 위해 부과하는 것이다.

그렇다면 도심의 차량혼잡을 해결하기 위해서는 세금을 어떤 방식으로 부과하는 게 최선일까? 우선 휘발유와 경유에 세금을 높게 매기는 방법이 있다. 자동차 연료에 대해 우리나라보다 높은 세금을 매겨서 공해와 도심혼잡 문제 해결을 시도하는 유럽 국가들이 많다. 하지만 한적한 시골에서 차를 몰기 때문에 다른 사람에 대한 공해 피해나 도심혼잡비용이 발생하지 않는 경우에도 세금을 물어야 하는 단점이 있다.

따라서 최근의 추세는 초래한 실제 사회적 비용만큼 세금을 물리는 것이다. 예를 들어 도심 무료 주차장을 줄이고 주차요금을 물게 하는 방법 등이 그것이다. 단순히 도심을 지나치는 차량보다는 교통편의시설이 잘 발달되어 있음에도 불구하고 구태여 도심에 자가용을 몰고 들어오는 차량에 대해 차별을 주는 것이다.

탕수육을 자장면보다 먼저 먹는 것은 공유지 비극에 기초한다

생태계 파괴를 막기 위해 죽음을 택하다

경제학자로 가끔 잘못 소개되는 개럿 하딘(Garret Hardin)이라는 미국의 생태학자가 있다. 동물학과 미생물학을 공부하고 캘리포니아대 인류생태학 교수를 지낸 환경보호론자로, 인구과잉에 따른 생태계 파괴를 막기 위해 스스로 죽는 날을 결정해야 한다며 2003년 89세의 나이에 아내와 동반자살을 하였다.

그가 경제학자로 혼동되는 이유는 무엇일까. 바로 1963년 《사이언스》지에 기고한 논문 〈공유지의 비극(The Tragedy of the Commons)〉 때문이다.

"임자 없는 목초지가 있다. 목동들은 서로 더 많은 소를 풀기 위해 경쟁한다. 더 많은 풀이 돋아나도록 기다리다가는 다른 목동에게 풀을 빼앗길 터이다. 결국 지나친 방목으로 공유지는 곧 수용능력을 초과해 오염되고 황폐해진다"라는 게 이 논문의 골자다. 즉 개개인의 사적인 이익 추구가 전체의 몰락을 야기한다는 얘기다.

인구 통제와 자원 관리를 강화하자는 하딘의 당초 의도와는 달리 '공유지의 비극'은 경제논쟁으로 번졌다. 반색한 자본가들은 이를 기회로 삼아 개별 기업의 권리를 내세우며, 사유재산권의 철저한 보장이 없는 한 '공유지의 비극'이 불가피하다고 주장했다. 즉, '렌터카를 세차하는 경우는 없다'는 논리다.

예를 들어 자기 집에서는 책상을 소중히 다루는 아이들도 학교에서 쓰는 책상은 공유물이라는 생각 때문에 칼로 긋거나 낙서를 하는 등 제대로 관리를 하지 않는다. 이럴 경우 책상을 깨끗이 쓰라고 아무리 말을 해도 듣지 않는 아이들에게 적용하면 좋은 방법이 하나 있다. 학기 초에 책상과 의자마다 이름표를 떡 하니 붙여주고, 1년 동안 자기 책상과 의자를 책임지라고 하는 것이다. 그러면 적어도 1년 동안은 '소유권'이 생긴 것이고, 훼손이나 오염에 대한 책임도 본인이 져야 하기 때문에 대부분 관리를 잘 한다는 것이다.

공유지의 비극은 왜 생기는 것일까?

개인의 합리성과 사회적 공공성이 충돌하는 영역에는 반드시 이러한 공유지의 비극이 존재할 수밖에 없다. 경제학자들은 이를 '시상의 실패'라고도 부른다. 공공성을 중시하는 측에서는 '공유지의 무분별한 사용에 따른 황폐화는 곧 시장의 실패를 의미하는 것'이라고 맞서며 이를 보완하기 위해서는 국가 개입이 필요하다고 주장한다. 한편 공공 선택론자는 시민의 사유재산권만 확보해두면 상호계약을 통해 시민 스스로 이런 문제를 해결할 수 있다고 본다.

이러한 공유지의 비극은 개별 국가로만 한정되지는 않는다. 글로벌한 세계에서는 국가 간 아니면 전 지구적인 차원에서 공유지가 존재하게 마련이다. 최근의 온실효과에 기인한 기상이변은 글로벌 차원에서의 공유지의 비극이다.

그렇다면 이를 해결할 수 있는 방법은 무엇이 있을까? 한 국가 내에서는 정부의 개입과 강제를 통하여 해결할 수도 있다. 아니면 공유지를 놓고 사용하는 당사자들 간에의 '사회적' 협약이 해결책일 수도 있다. 이는 국제적인 차원에서도 마찬가지다. 지구 온난화를 방지하기 위한 국제적인 협약의 체결이 한 사례가 될 수 있다.

물론 이러한 '공유지의 비극'에 뿌리를 둔 사회현상이 사회적인 협약이나 국가 또는 국제기구의 개입을 통해서 완전히 사라질 가능성은 높지 않다. 공유지의 비극은 하딘이 이름 짓기 전에도 존재했던 현상이었다. 인간이 탐욕을 버리지 않는 한, 개인의 욕망과 이기심이 공동의 것을 탐내고 사회적인 공공성을 위협하는 한 '공유지의 비극'은 계속해서 논의해야 할 문제로 남을 것이다.

자장면보다 탕수육이 먼저 없어지는 이유는?

중국집에 가보면 맛있는 메뉴들이 참 많다. 남녀노소 모두가 좋아하는 자장면부터 라조기, 깐풍기 같은 화려한 요리까지 정말 많은 메뉴가 존재한다. 그런데 이 많은 메뉴들 속에 환상의 궁합을 자랑하는 보완관계의 메뉴가 있다. 바로 자장면과 탕수육이다.

대개 여러 명이서 식사를 하면 1인당 한 개씩 자장면을 시키고 모여 있는 사람의 수를 가늠하여 탕수육을 시키는 모습을 볼 수 있다. 자장면과 탕수육에는 우리들 대부분이 공감하는 원칙이 있다. 바로 여럿이 모여서 자장면과 탕수육을 먹을 경우 대부분 탕수육이 먼저 사라진다는 것이다. 왜 자장면과 탕수육을 다 같이 먹으면 자장면보다 탕수육이 먼저 없어질까? 자장면보다 탕수육이 더 맛있어서일까? 아니면 탕수육이 자장면보다 더 비싸서일까? 그럴 수도 있겠지만 자장면은 1인당 한 그릇이지만, 탕수육은 한 접시에 놓고 모두가 함께 먹기 때문에 다 같이 먹는 것부터 먹어야 한다고 생각하기 때문이 아닐까?

내 음식, 내 옷, 내 물건과 같이 소유권이 자신에게 한정된 것은 스스로 아끼고 관리를 잘 하지만, 소유권이 분명치 않은 자원을 공동으로 사용할 때에는 비효율적 사용에 따라 자원고갈 현상이 나타난다. 즉 소유권이 불분명하여 자원을 아껴 쓸 만한 원인이 없기 때문이다. 이와 같은 현상을 우리는 공유지의 비극이라고 말한다.

공유재(common-pool resources)란, 잠재적 수요자로 하여금 그 자원을 이용하지 못하도록 배제하기 어렵고, 어느 개인의 이용이 다른 사람이 이용할 수 있는 자원의 양을 감소시키는 경합성의 속성을 가진 자원을 의미한다. 연안어장, 목초지, 관개시설, 산림자원 같은 것이 대표적인 예라고 할 수 있다.

따라서 자연상태에서는 고갈이나 남획이 발생하기가 쉽고 이를 막기 위해서는 이용에 대한 제한이 필요하다. 즉 효율적인 관리체계가 구축되지 않으면, 자원이 황폐화되어 공유자원의 비극이 발생하기 쉽다.

이와 같은 경우는 주변에서 수도 없이 많이 찾아볼 수 있다. 우리나라 연안어장에는 고기가 없다고 한다. 누군가 법으로 정한 것보다 더 촘촘한 그물을 이용해서 치어까지 잡아버리는 바람에 그렇게 된 것이다. 만약 어장이 토지처럼 어느 누구의 소유물이었다면 이렇게 할 수 있었을까? 우리나라 연안어장에 고기가 없는 것은 어느 누구의 재산이 아닌 모두의 재산이기 때문에 당장의 이익에 급급하여 함부로 노획을 했기 때문이다. 이로 인해 이제 그물에는 물고기는 잡히지 않고, 해파리만 잡히게 되는 결과를 낳은 것이다.

자기 것이 아니기 때문에 어떻게 쓰든지 당장 내가 이익을 보면 된다는 개개인의 이기심 때문에 공공의 소유물은 잘 관리되기가 어렵다.

대중목욕탕에서는 요금을 내고 목욕탕에 들어온 순간부터는 물을 많이 쓰든 적게 쓰든 상관이 없기 때문에 시설물이나 자원에 대해 아껴 써야 한다는 생각을 하지 않는다. 비누칠을 하거나 탕에 들어가면서도 수도꼭지를 계속 틀어두는 사람들 때문에 고안된 제품이 바로 절수형 수도꼭지였다. 손잡이를 한 번 누르면 일정 시간 물이 분사되다가 자동으로 멈추는 방식으로 이제 우리에게는 아주 친숙한 제품이 되었다.

개개인의 도덕심에 호소하는 것만으로 공유지의 비극을 막기 어렵다면, 이처럼 다소 강제적으로나마 자원을 아낄 수 있는 제품을 개발하는 것도 좋은 방법일 것이다.

공유물의 남용을 막는 가장 좋은 방법은 사람들이 공동재산에 대한 인식을 바로하여 아껴 쓰고 소중히 다루는 것이겠지만, 모든 사람이 자발적으로 행동하기는 어렵기 때문에 정부에서는 어획량을 법으로 제한하고 공원의 시설이용료를 받아 운영하는 등 법과 제도로 이를 보완하고자 하는 것이다.

지역주민의 지혜로 생태계를 지키자

자연은 모든 이의 것이지만 또 어느 누구의 것도 아니다. 먼저 쓰는 사람이 임자라는 생각에 인류가 자연자원을 앞 다투어 이용한 성적표가 바로 최근 유엔이 발표한 방대한 분량의 '밀레니엄 생태계 평가 보고서'다. 이 보고서는 지난 4년 동안 95개국 1천 명 이상의 전문가들의 분석을 익명의 동료 과학자 검토를 거쳐 2,500여 쪽의 방대한 보고서로 묶었다. 아직 원인과 영향, 대응 면에서 불확실한 점이 많지만 더는 대책을 늦출 수 없기에 세계적으로 정보와 통찰력을 동원한 것이다.

그리고 그 메시지는 명료했다. 바로 지구라는 공유지의 목초 가운데 60%는 벌써 사라졌고, 이대로라면 지구는 누구도 뜯을 풀이 없는 황무지가 될 것이라는 내용이었다.

이 보고서는 자연자원 남용의 대표적인 사례로 대서양 대구어장의 붕괴를 들었다. 캐나다 동쪽 뉴펀들랜드 해역은 16세기부터 세계 최대의 대구어장이었다. 전통적인 연근해 대구어업에 더해 1950년대 말에 이른바 '물에 뜬 공장'인 대형 저인망이 확산되면서 어획량이 급증했다. 그런데 공교롭게도 하딘이 '공유지의 비극'을 발표한 그 해, 대서양 대구 어획고는 사상 최대인 80만 톤을 기록했다.

그리고 70년대 말 캐나다 정부는 자원의 고갈을 막기 위해 어획량을 제한하는 정책을 펴기 시작했다. 하지만 과학에 기초한 조심스런 관리의 성공사례로 꼽히던 이 정책은 90년대 들어 파탄을 맞는다. 어획량이 곤두박질치고 자원량 평가에 문제가 있었음이 드러나자 캐나다 정부는 급기야 1992년 고기잡이를 전면적으로 금지시켰다. 이로써 3만 명이 졸지에 일자리를 잃는 캐나다 사상 최대의 실업사태가 일어났다. 그 후 10여 년이 지났지만 대구어장은 회복될 기미를 보이지 않았고, 2003년 어장은 무기한 폐쇄되었다.

대구가 잘 잡히는 시절인 80년대 초부터 연근해 어민들이 심상찮은 조짐을 발견했다. 어민들은 점점 어린 대구가 많이 잡히는 문제를 지적했지만 아무도 귀담아 듣지 않았다. 반면, 정교한 장비와 컴퓨터 모델을 동원한 과학자들은 낙관적인 예측을 통해 수산 당국과 정치가들을 만족시켰다. 나중에 밝혀진 사실이지만 번식을 할 성숙한 대구의 감소는 자원 붕괴의 핵심 원인이었다. 과학이 해결책이 아니라 오히려 문제가 되었던 것이다.

이 보고서는 생태계를 오래 보전하도록 관리하는 대안의 하나로 과학 못지않게 특정한 장소에 기반을 둔 지식을 활용할 것을 제안하고 있다. '지역 자원 관리자가 갖고 있는 전통적 지혜나 현장 지식은 과학과 동등한 또는 더 나은 가치를 지닌다'라는 것이다. 생태계에 대해 과학은 아직 모르는 것이 많다. 비록 이성적인 분석과 판단으로 나온 과학의 형태는 아니라도 지역주민이 오랜 세월 동안 자연과 접하면서 얻은 통찰을 무시해서는 안 된다는 것이다.

자연을 관리하는 오랜 지혜는 우리에게도 낯설지 않다. 이미 수백 년 전부터 어촌에서는 개펄을 이런 방식으로 관리해 왔다. 또 최근 전국에서 확산되고 있는 '자율관리 어업'도 마찬가지다. 자율관리 어업이란 국내외 어업환경이 점차 악화됨에 따라 정부 주도의 수산자원관리의 한계를 벗어나기 위해서 어업자원의 이용 주체인 어업인 스스로가 어업자원을 관리하는 자율적인 어업 자원관리 체제를 말한다.

법을 어길 경우 벌금을 많이 내면 사회 질서를 유지하기가 쉽다

싱가포르 거리는 왜 깨끗한가?

싱가포르는 3가지가 깨끗한 나라로 유명하다. 먼저 '물' 인데, 세계보건기구가 인정할 만큼 깨끗하다. 식수는 국민의 생활을 좌우하는 것이기 때문에 철저히 관리된다고 한다. 둘째, 공무원의 청렴도이다. 싱가포르에서는 공무원의 자부심이 대단해 뇌물을 받는 일이 없다. 만년필 1개라도 받으면 뇌물인지, 선물인지 판정받아야 하기 때문이다. 셋째는 바로 담배꽁초 하나 없는 깨끗한 거리다. 이것은 담배꽁초는 물론 쓰레기를 무단으로 버릴 경우 엄격하게 벌금을 받았기 때문에 가능한 일이었다.

싱가포르뿐만 아니라 대다수의 문명국가들은 기초질서 위반자에 대한 처벌조항을 법에 명시하고 있다. 헌데, 유독 싱가포르의 벌금제도가 전 세계적으로 유명해진 이유는 '지위고하를 막론하고 예외 없이 철저히 이루어지는 법의 적용' 때문이다.

다른 나라 같으면 웬만하면 눈감아줄 만한 사안임에도 불구하고 싱가포르에서는 '남에게 피해를 주는 행위'라는 이유로 철저히 제재를 가하고 있는데, 이는 고위층은 물론 외국인에게도 결코 예외 없이 적용되고 있다.

약 10여 년 전 마이클 페이라는 미국 청소년이 싱가포르에 놀러왔다가 타인의 차량 십 수 대를 벽돌로 부수고 페인트 스프레이를 뿌려 더럽히는 등 못된 장난을 저질렀는데, 당시에 싱가포르 정부가 미국의 압력에도 불구하고 그 청소년을 가차 없이 태형(곤장)에 처한 사례는 잘 알려진 일이다. 당시 초강대국인 미국의 압력 앞에서도 싱가포르의 법 적용은 예외가 없었던 것이다.

싱가포르에서는 전동차 내에서 음식물을 먹어 냄새를 피우거나 음식물을 흘릴 경우 500싱가포르 달러 상당의 벌금이 부과된다고 한다. 만약 인화성 물질을 갖고 탑승하려 한다면 5,000싱가포르 달러(한화 300만 원)의 벌금을 내야 한다. 인화성 물질에 대한 철저한 단속은 대구 지하철 방화 사건과 같은 참사를 겪은 우리나라에서는 특히 눈여겨봐야 할 부분이 아닌가 싶다.

벌금을 내면 범죄율이 떨어진다

공원에 서식 중인 새들에게 함부로 먹이를 주어도 벌금형이다. 이유인즉 함부로 먹이를 주면 새들 본연의 임무인 해충구제를 제대로 시행하지 못하기 때문이다. 그 대신 싱가포르에서는 방역활동을 한다고 살충제를 남용하는 일은 없다고 한다.

세계에서 가장 먼저 운전 중 휴대폰 사용을 처벌하기 시작한 나라도 싱가포르이며, 500싱가포르 달러의 벌금이 부과된다. 음주운전을 하면 초범인 경우에도 1,000~5,000싱가포르 달러의 벌금과 함께 징역형과 사회봉사명령이 부과된다. 또한, 상습범인 경우 최고 30,000 싱가포르 달러의 벌금과 함께 징역형 등이 부과된다. 덕분에 싱가포르에서 1년 동안 적발되는 음주운전 건수는 100여 건이 채 되지 않는다.

자신이 씹은 껌을 함부로 버리는 바람에 도시미관이 크게 손상되고, 심지어 씹고 난 껌을 전동차 출입문에 붙여놓는 일부 시민 때문에 전동차 출입문 개폐 시 오작동 사고가 자주 발생하자 1993년 싱가포르 정부는 껌의 판매, 소지, 수입을 완전히 금지하였다. 2007년 말에 와서야 껌 판매 금지규정이 완화되었으나 껌을 함부로 버리면 여전히 무거운 벌금형이 부과된다고 한다.

이처럼 모든 부분에서 규제하고 벌금이나 형벌을 부과하는 것은 어찌 보면 융통성이 없어 보이기도 하지만, 반대로 생각해보면 '법을 지키면 오히려 손해'라는 그릇된 인식을 바로잡는 효과가 있다. 또한 이런 엄격한 제도들 덕분에 싱가포르의 범죄율은 세계 최저 수준에 가까워졌으며, 오늘날과 같은 'CLEAN & GREEN CITY'라는 명성도 얻게 되었다. 물론 사람 사는 동네이기에 거리에 쓰레기가 아주 없는 건 아니지만 여타 국가에 비하면 쓰레기를 구경하기가 쉽지 않은 편이다. 한편 싱가포르는 별다른 관광자원이 없는데도 도시 곳곳을 개발해 주롱 새 공원, 나이트 사파리, 센토사 섬 등 인공 관광지를 만들어내 싱가포르를 찾는 사람들이 계속해서 이어지고 있다.

우리나라도 공공법규를 어기면 벌금을 낸다. 쓰레기 무단투기, 교통위반 범칙금, 음주운전 벌금은 물론 담배꽁초 무단투기에 대해서도 과태료를 부과하고 있다. 2007년 서울 강남구에서는 담배꽁초 무단투기에 대해 5만 원의 벌금을 부과키로 하고 특별단속을 시행한 후, 1월 한 달 동안 9,400건 넘게 적발해 4억 7,000여 만 원의 과태료를 징수했다고 한다. 그리고 담배꽁초 투기단속의 실효성을 높이기 위해 점차 서울 시내 전 지역으로 대상을 확대하여 대대적인 단속을 시작하고 있다.

하지만 벌금보다 더 빈번하게 부과되는 과태료는 벌금과는 다르다. 대부분의 사람들은 자신의 잘못에 대하여 국가에서 징수하는 돈을 '벌금'이라고 생각하고, 과태료를 부과받은 경우에도 '벌금'이라고 생각하지만, 엄밀히 말하면 둘 사이에는 차이가 있다. 벌금은 형벌의 일종으로 범죄인에게 일정한 금액의 지급의무를 강제적으로 과하는 것을 말하는 것으로 벌금에 관한 일반적인 규정은 형법에서 규정하고 있다. 여기에 비교되는 것이 과태료이다. 일반적으로 과태료는 행정법상의 경미한 의무 위반에 대한 제재로 부과·징수되는 금전을 말한다.

즉, 과태료는 간접적으로 행정질서 유지에 장애를 줄 정도의 경미한 의무태만에 대하여 부과되는 것임에 반해, 벌금은 직접적으로 행정 목적을 침해하거나 반사회성을 띤 행위에 대하여 부과되는 형벌이다.

과태료는 형벌이 아니므로 고의·과실과 같은 형법상의 규정이 적용되지 않으며, 전과로 남지 않는다는 점이 벌금과 가장 큰 차이점이다. 또한 벌금의 부과절차는 원칙적으로 형사소송법에 따라 법원에서 담당하며, 과태료는 주로 행정기관에서 담당하고 있다. 현재 우리나라에서는 많은 국민을 전과자로 만드는 것을 지양하기 위하여 종전에 벌금형으로 다스리던 비교적 가벼운 행정의무 위반에 대해서는 행정 목적의 달성에 지장이 없는 범위 내에서 과태료로 전환하는 입법정책을 취하고 있다.

하지만 과태료나 범칙금, 벌금 모두 금전적으로 처벌되는 것이라는 점에서는 동일하다. 이렇게 잘못에 대해 금전적으로 처벌하는 이유는 사회질서를 바로잡기 위해서이다. 국가는 벌금을 모아 더 살기 좋은 사회를 위해 쓴다.

과태료는 도덕적 양심을 돈과 바꾸는 역기능도 있다

그런데 금전적 처벌이 꼭 사회질서를 바로잡는 순기능만 하는 것일까?

역효과를 주는 경우도 물론 있다. 이스라엘의 한 놀이방이 그 예이다. 주로 맞벌이 부부가 아침에 회사에 갈 때 자녀를 놀이방에 맡긴 후 퇴근길에 데려가는데, 퇴근 후 놀이방에 지각하는 경우가 많았다고 한다. 그래서 이를 막기 위해 10분 이상 늦을 때마다 3달러를 벌금으로 내게 했다. 그런데 그 후 이상한 일이 벌어졌다. 지각하는 부모들이 이전보다 2배나 더 늘어난 것이다. 왜 그랬을까? 전에는 부모들이 늦을 때마다 대단히 미안한 얼굴을 했지만, 벌금제가 실시된 후 '돈을 내니 떳떳하다'고 생각한 것이다. 다시 말해 도덕적 양심을 돈과 바꿔치기한 것이다. 싱가포르도 법을 어기면 벌금을 내도록 했고, 이스라엘의 놀이방도 벌금을 받았는데 왜 이런 차이가 생겨났을까?

그것은 싱가포르의 경우 법을 어겼을 때 자신이 얻는 이익보다 치러야 하는 대가가 훨씬 컸기 때문이다. 이와 반대로 이스라엘의 놀이방은 규칙을 어겼을 때 내는 금액이 편리함보다 상대적으로 적었기 때문이다.

또한 벌금이나 범칙금을 피하기 위해 또 다른 방법으로 법을 위반하는 것도 큰 문제가 아닐 수 없다. 우리나라에서도 교통위반 단속을 피하기 위한 다양한 방법들이 공공연하게 이루어지고 있다. 예를 들면 과속을 방지하기 위해 많은 예산을 들여가며 설치한 단속 카메라가 있지만, 카메라의 위치를 알려주는 장비를 사서 교묘히 피하거나 스스로 자신의 번호판을 훼손하는 등의 행위가 발생하는 것이다.

법을 어겼을 때 치러야 하는 대가가 지금보다 더 커지기 전에 사회 질서를 준수하는 시민의식의 성장이 있기를 기대해본다.

특색 있는 관광지는 지역경제에 도움을 주는 외부효과를 가져온다

특색 있는 관광지가 지역경제를 살린다

유명한 문화 관광지가 되기 위해 필요한 것은 무엇일까? 편리한 숙박시설과 교통편, 다양한 볼거리가 있어야겠지만, 무엇보다 사람들이 찾아올 수 있도록 만드는 매력적인 소재가 있어야 할 것이다. 예를 들면 모차르트가 태어난 잘츠부르크나 유명한 예술가들이 태어난 피렌체, 고대 로마제국의 유적이 보존되어 있는 로마 같은 도시는 세계적으로 유명한 관광도시이다.

그런데 꼭 조상을 잘 만나야만 문화도시가 되는 것은 아닌 경우도 있다. 전통을 파는 유럽 문화도시들과 정 반대편에 빌바오 시가 있다. 빌바오 시는 스페인 북부 바스크 자치주의 해안도시인데, 관광객들이 조금씩 발길을 끊었던 공업도시 빌바오에 1997년 10월 세계 최고 현대미술관인 뉴욕 구겐하임 미술관의 분관이 생긴 이후 마법의 도시로 탈바꿈했다.

1,500억 원을 들여 만든 이 구불구불하게 생긴 특이한 건축물

이 매년 1,600억 원을 빌바오에 벌어다주는 주요 관광상품이 된 것이다. 이 건축물은 단지 하나의 미술관에 불과하지만, 특이한 건축양식 때문에 이 미술관을 보기 위해 국내외 관광객들이 모이면서 외화를 벌어들이고 숙박업을 비롯한 관광산업이 발전하게 만든 것이다. 즉, 이 미술관은 빌바오 시에 긍정적인 '외부효과'를 발생시켰다.

우리나라에도 이렇게 원래 없던 것을 만들어 많은 관광객이 찾아오게 만든 사례가 있다. 대표적인 경우가 인기 드라마의 촬영을 했던 곳을 관광 상품으로 개발하는 것이다. 인기 드라마 〈대장금〉을 촬영했던 세트장은 지금 '대장금 테마파크'라는 이름으로 관광객을 끌어들이고 있다. 한류열풍에 힘입어 〈대장금〉이 해외에 수출되어 덕분에 '장금이 이영애'가 촬영을 했던 이곳이 외국인들에게 한국여행의 단골코스가 되었다고 한다. 2007년 안타깝게 후보지 선정에서 탈락했지만, 강원도 평창이 2014년 동계올림픽을 열려고 안간힘을 썼던 이유도 바로 외부효과를 통해 지역경제를 살리기 위한 노력의 일환이라고 볼 수 있다.

모든 공공건물 내부가 금연구역으로 정해진 까닭은?

정부는 비흡연자들의 간접흡연으로 인한 피해를 막고 흡연자들 또한 담배를 끊을 수 있는 사회 분위기를 조성한다는 취지에서 금연구역을 도입하고 점차 그 범위를 넓혀 나가고 있다. 그에 따라 사람들의 인식이 많이 바뀌어서 지금은 건물 내에서 담배를 피우면 안 된다는 것을 누구나 당연하게 인식하게 되었다.

이전까지는 실내 흡연이 어느 정도 용인되는 분위기가 있었다. 하지만 직접 담배를 피우는 사람 못지않게, 그 옆에서 연기를 들이마시는 간접 흡연자에게도 매우 해로운 영향을 미친다는 연구 결과가 나왔다. 그렇다면 분명한 것은 밀폐된 공간에서 담배를 피우는 행위는 설령 의도하지 않았다고 하더라도 다른 사람들의 건강에 악영향을 준다는 사실이다. 더구나 흡연자가 자신이 내뿜은 연기로 인해 주변 사람들의 건강상에 조금이라도 해로운 영향을 끼쳤다 하더라도 이에 대해 보상을 한 경우는 없다.

이와 같이 어떤 한 사람의 행동이 다른 사람들에게 의도하지 않은 손해를 입히고도 아무런 대가를 지불하지 않을 때에도 우리는 외부효과(externalities)가 발생했다고 말한다.

만일 지하철에서 통화를 하면서 본인이 잘 들리지 않는다고 목소리를 고래고래 높이는 행위는 결코 의도한 것은 아니지만 옆 사람이나 지하철에 동승한 사람들에게 불쾌감을 주는데 이 경우 역시 외부효과의 한 사례라고 할 수 있다.

한편 외부효과는 해로운 것만 있는 게 아니라 이로운 것도 있다. 해로운 외부효과가 대가를 지불하지 않는 것과는 반대로 이로운 외부효과는 대가를 받지 못한다.

이로운 외부효과의 대표적인 예로 독감 예방접종이 있다. 어떤 사람이 독감에 걸리지 않기 위해 독감 예방주사를 맞는다면 주변 사람들이 독감에 걸릴 가능성도 낮아진다. 한 사람의 독감 예방접종이 다른 사람들에게 아무런 대가 없이 이득을 주기 때문에 이로운 외부효과가 발생하는 것이다. 또 다른 예로는 기업의 신기술 개발이 있다. 어떤 기업에서 개발한 새로운 기술은 당장은 아니더라도 시간이 흐름에 따라 점차 다른 기업들에 널리 퍼져 결과적으로 경제와 사회의 전체적인 기술수준을 향상시키기 때문이다.

밀가루가격이 오르면 김밥가격이 상승한다

밀의 가격이 상승하면, 밀가루를 원료로 하는 제품의 가격도 상승한다. 최근 국제 밀가격이 상승하자, 밀가루를 재료로 하는 빵이나 라면 등의 가격도 올랐다. 과자 같은 경우에는 가격을 올리는 대신 제품의 양을 줄이는 방법을 선택하였다.

그렇다면 밀가격이 상승한 이유는 무엇일까? 밀가격의 상승은 원유가격의 상승에 기인한다. 원유가격이 상승하자, 대체에너지라고 불리는 바이오에너지 생산에 관심을 가지게 되었고, 바이오에너지의 원료가 되는 옥수수의 생산을 증대하기 위하여 옥수수 재배지를 늘리게 되었다. 그리고 옥수수 재배지역을 늘리기 위해서는 결국 밀을 재배하는 면적을 줄일 수밖에 없었는데, 이것이 결국 밀의 생산을 줄이는 원인으로 작용하여 밀가격이 상승한 것이다.

그런데, 밀가루가격이 올랐는데 김밥가격도 같이 올랐다. 김밥은 밀을 원료로 하는 것이 아니라, 쌀을 재료로 하기 때문에 오를 만한 이유가 없는데도 가격이 상승한 것이다. 그 이유는 무엇일까? 밀가루가격이 상승함으로 인하여 빵의 가격이 상승하자, 소비자들이 빵 대신 김밥으로 대체하면서 김밥의 수요가 증가했기 때문이다. 즉, 원유가격의 상승이 밀가격의 상승을 가져왔으며, 밀가격의 상승으로 김밥가격이 상승한 것이다.

만약 이러한 외부효과가 긍정적인 결과를 가져온다면 이로운 외부효과가 발생했다고 하고, 나쁜 결과를 가져온다면 해로운 외부효과가 발생했다고 표현한다.

원유가격의 상승이 밀가격의 상승을 가져옴으로써 밀가격에 원유가격이 외부효과로 작용하였고, 결국 밀가격의 상승은 김밥가격에 외부효과를 가져온 것이라고 할 수 있다. 소비자 입장에서 밀가격의 상승은 해로운 외부효과라고 할 수 있으며, 대신 먹을 수 있는 김밥가격의 상승에 영향을 준 것이다.

이로운 외부효과는 행복한 세상을 만든다

경제활동에 따르는 비용과 편익은 사람들이 신중하게 행동하도록 유도한다. 그런데 이러한 비용과 편익이 그 행위를 하는 사람에게 직접적으로 돌아가지 않는다면 사람들의 의사결정을 잘못 이끌어 시장기능이 제대로 작동하지 못하는 결과를 낳게 되는데 이를 일컬어 '시장의 실패' 라고 말한다.

외부효과는 이와 같은 시장실패를 일으키는 원인 중 하나이다. 다시 말해 사람들이 다른 사람이 받게 되는 이익을 적절히 고려하지 않으면, 남을 이롭게 하는 일은 그에 대한 합당한 대가를 받지 못하여 사회적으로 필요한 양에 비해 너무 적게 만들어질 수밖에 없다. 반대로 남에게 피해를 주는 일은 그것이 만들어내는 피해에 대한 보상을 하지 않기 때문에 사회적으로 용인될 수 있는 양보다 많아진다. 오늘날 환경오염이 심각해진 이유가 바로 여기에 있다고 할 수 있다.

자동차를 운행할 때 발생하는 배기가스는 대기를 오염시켜 다른 사람들에게 피해를 주지만 자동차 운전자는 그러한 피해에 따른 비용을 고려하지 않는다. 따라서 운전자는 자동차를 운행하는데 필요한 개인적인 비용과 환경오염에 따른 부담금을 합한 사회적 비용보다 더 적은 비용으로 자동차를 운행하는 셈이다. 다시 말해 자동차 운행에 따른 비용으로 개인적인 비용만을 인식할 뿐 사회적 비용은 고려하지 않는 것이다.

이처럼 외부효과는 시장경제의 외적인 요소지만, 일상생활에서도 빈번하게 발생하는 현상이다. 지하철 옆자리에 탄 사람의 술 냄새, 아파트의 층간 소음, 더 나아가서는 중국의 황사와 같은 해로운 외부효과도 쉽게 찾아볼 수 있는 반면 추운 겨울에 내 집 앞의 눈을 치움으로써 나와 내 가족의 안전예방은 물론 지나가는 행인에게 안전한 길을 만들어주는 이로운 측면도 있다. 이 같은 이로운 외부효과는 우리 경제에 매우 유익한 일이라 할 수 있다. 직장과 사회 속에서도 내가 할 수 있는 이로운 외부효과를 만들어본다면 우리가 사는 세상은 더욱 행복한 곳이 될 것이다.

부동산 투기는 궁극적으로 국가 경쟁력의 약화를 불러일으킨다

부동산가격의 폭등은 조선업에도 영향을 끼친다

매번 정권이 바뀌어도 여전히 식을 줄 모르는 국내의 최대 이슈 중 하나는 바로 부동산정책일 것이다. 부동산가격이 폭등하면 정부는 집값을 안정시키기 위해 갖가지 정책들을 내놓는다. 세금으로 부동산가격을 잡아보려고도 하고, 공급을 늘려서 집값을 안정시키려는 노력도 한다.

주택가격이 안정화되지 못하면, 그 피해는 고스란히 서민에게 돌아가기 때문에 부동산가격의 폭등은 국민들이 민감하게 받아들일 수밖에 없다. 또한 정부에서 안정화를 위한 갖가지 수단을 동원하는 이유는 바로, 주택이 인간적인 삶을 영위하는 데 꼭 필요한 '필수재'라는 데 있다. 필수재가 투자의 수단 혹은 투기의 수단으로 사용되면 자기 집이 없는 서민의 피해는 그만큼 더 커지고, 높은 부동산가격으로 인하여 영원히 자기 집을 가질 수 없다는 자괴감에 빠지게 된다. 이 같은 상대적 박탈감은 정상적인 경제활동을 영위하는 데 방해가 되며 심할 경우 사회 문제가 될 수 있다.

그런데 지금까지의 정책을 살펴보면 부동산 문제가 단지 주택 문제에만 국한된 것처럼 보이고 있으며, 실제로 사람들이 관심을 가지는 부분도 아파트 가격의 변동과 신도시 개발계획에 따른 공급량이나 투자가치에 집중되고 있다. 하지만 부동산가격의 폭등이 과연 주택시장에만 영향을 주는 요소일까?

부동산가격의 폭등은 국가 경쟁력을 약화시키기도 한다. 우리나라 제조업체의 상당수가 해외로 공장을 이전하였다. 처음에는 국내의 높은 인건비 때문에 발생하는 이윤의 감소와 해외 수출 시 수출가격에서 가격 경쟁력을 잃는다는 명목 때문에 중국이나 동남아 등지로 공장을 이전하는 경우가 많았다. 그리고 이때 해외로 나가는 산업들은 대부분 국내 산업이 발전하면서 사양산업으로 치부되던, 저부가가치 산업이나 경공업 위주였다.

그런데 최근에는 이러한 양상이 조금씩 달라지기 시작했다. 현대자동차는 중국에 자동차공장을 만들고 현지법인을 만들었으며, 미국에도 대형자동차공장을 만들어 생산에 들어갔다. 심지어는 최근 세계에서 부동의 1위를 계속 지키고 있으며, 산업 파급효과가 커서 일자리 창출에 첨병 역할을 하는 조선업마저 한국을 떠나려는 움직임을 보이고 있다. 이렇게 되면 우리나라의 제조업 공동화가 심화되고 청년실업자가 계속 늘어나 고용사정을 악화시킬 수 있다. 그런데 이처럼 생산현장을 이전하는 원인에 부동산가격이 영향을 미치고 있다.

거제도는 울산과 함께 우리나라의 경제개발과 동시에 조선업으로 성장한 도시이다. 그러다 보니 우리나라 굴지의 조선업체들이 거제도에 공장을 만들고 생산에 들어가 있다. 그런데 거제도의 부동산가격이 폭등을 했다고 한다.

배를 만들기 위해서는 도크(Dock)를 만들어야 하는데, 도크란 선박을 최종 조립하기 위해 바닷가를 파서 만든 일종의 대형 웅덩이를 말한다. 웅덩이 안에서 배를 만들고, 배가 완성되면 도크문을 열어 바닷물이 들어오게 해서 배를 바다에 띄우는 것이다. 크기에 따라 차이는 있지만 도크 하나를 파고 설비를 갖추는 데에는 1,500억 원가량의 자금이 투입된다고 한다. 그런데다 부동산가격의 상승으로 인해 이 도크를 만들 땅을 사기 위해 너무 값비싼 비용을 지불해야 하는 상황이 벌어졌다.

이러한 상황에서 조선업체들은 도크를 육지에 만드는 대신 공해(公海)로 나가 바지선을 띄우고 공해상에서 유조선과 같은 대형 선박을 만들고 있다고 한다. 공해로 자재를 운반하고, 공해상에서 작업인력을 수급하기 위해서는 엄청난 운임이 들겠지만, 그 비용을 들이는 것이 폭등한 부동산을 매입하거나 빌리는 것보다 더 싸게 든다고 판단한 것이다.

결국 이러한 현상은 우리나라의 조선 산업의 가격 경쟁력을 약화시키는 결과를 초래하였다. 값싼 육지에서 안정적으로 자재를 공급받으며 배를 만드는 중국과 같은 경쟁국들과 비교해서 인건비도 비싼 상황에 불필요한 비용까지 들어가기 때문이다. 이처럼 부동산가격은 주택가격에만 영향을 미치는 것이 아니라, 전반적인 산업 경쟁력의 약화까지 가져오는 결과를 불러온다.

'네덜란드' 하면 떠오르는 것이 무엇인가? 아마도 대부분의 사람들이 풍차 혹은 팔뚝으로 둑에 난 구멍을 막아 수몰을 막았다는 용감한 소년의 이야기, 그리고 우리나라 월드컵 4강의 신화를 만들어냈던 거스 히딩크 감독을 생각할 것이다. 네덜란드에 유명한 것이 또 한 가지 있는데, 바로 튤립이다. 튤립은 네덜란드의 대표적인 꽃이다. 그런데 이 꽃 때문에 유럽 전체가 경제공황에 빠져든 일도 있었다.

누가 언제 어떻게 유럽에 들여왔는지는 정확히 알 수 없으나 17세기 초반 튤립은 네덜란드의 모든 가치기준을 무너뜨리고 가장 고귀한 상품이 되어 떠오르기 시작했다. 그 당시 네덜란드는 대단히 개방적이고 누구든 돈만 있으면 얼마든지 고귀한 신분으로 상승할 수 있는 사회였기 때문에 사람들은 돈을 벌기 위해 너도 나도 이 튤립 재배에 매달렸다.

당시 튤립의 구근은 같은 무게의 황금보다도 훨씬 비싸게 거래되었다고 한다. 전통적인 부자들이 수대에 걸쳐 축적했던 재산을 튤립 구근 매매자들은 불과 1, 2년 만에 축적할 수 있을 만큼 대단한 가격으로 거래되고 있었던 것이다. 사람들은 너도나도 튤립 구근을 구하기 위해 몰려들기 시작했고, 급기야 나라 전체가 튤립을 둘러싸고 이해할 수 없는 이상 열기에 휩싸이기 시작했다.

사람들은 튤립뿐 아니라 이듬해 수확할 튤립의 알뿌리를 미리 사기 위하여 기계나 집과 땅을 팔아서 거액의 돈을 투자하였으며, 급기야는 일부 품종의 알뿌리 가격이 일거에 25배가량 폭등하기도 하였다. 그러다가 가격이 터무니없이 올랐다고 생각한 일부 투기꾼들이 발을 빼기 시작하자 알뿌리 가격은 순식간에 폭락하고 말았다. 하루 동안에 100분의 1로 가격이 하락하였고 그 결과 집과 땅을 팔아 투기에 나섰던 많은 일반 시민이 파산하면서 유럽 전체가 공황에 빠져든 것이다. 네덜란드 사람들은 이 사건을 교훈으로 가슴 깊이 새겼으며, 오늘날의 꽃 수출 강국이 되는 밑거름으로 삼았다.

이런 광기 어린 열풍과 투기의 바람은 그 이후에도 세계 곳곳에서 발견되었는데, 상식적으로 이해할 수 없는 광기의 열풍은 물거품처럼 허망하게 무너지는 경우가 대부분이었다.

버블 붕괴의 끝은 어디인가?

한편 우리나라 못지않게 일본의 부동산가격 역시 상상을 초월할 정도로 높았다. 일본경제가 질주하던 1960~1970년대에도 부동산 시장은 꾸준한 상승세를 유지했으나 1980년대엔 수년 만에 지가가 세 배로 뛰는 광란상태로 바뀌었다. 결국 1990년대 들어 일본은행이 금리를 올리고 정부가 자산세율을 인상하는 등 대책이 쏟아져 나오면서 주가와 지가가 동반 급락하기 시작했다.

우리나라도 최근 일본과 같은 부동산 버블 붕괴를 염려해야 한다는 소리가 나오기 시작했다. 하지만 일본의 경우는 기업이 부동산 투자를 한 반면 우리는 개인이 부동산 투자를 늘렸고, 일본은 부동산 담보 대출비중이 높은 반면 우리는 대출비중이 낮다는 등의 이유로 정부와 일부 전문가들은 일본과 같은 거품 붕괴가 없을 것이며 장기불황도 없을 것이라고 주장하기도 한다. 그러나 비록 일본과는 다를지 몰라도 우리나라 또한 이미 과도하게 높아진 부동산가격 자체에 힘들어하는 서민이 많은 만큼 다양한 대책 마련이 필요하다.

상승세를 유지하던 어떤 재화의 가격이 갑자기 폭락하는 이유는 무엇일까? 경제의 원리상 수요가 공급보다 많으면 가격은 상승하고, 공급이 수요보다 많으면 가격은 떨어지게 마련이다.

그렇다면 앞에서 예를 든 튤립이나 일본의 부동산과 유가증권의 가격이 폭락했던 이유 또한 마찬가지로 수요나 공급에 커다란 변화가 나타났던 것일까? 아니다. 그 원인은 바로 '투기'에 있었다. 만일 실수요가 많아서 가격이 상승한 것이라면 하루아침에 가격이 폭락하는 사태가 일어나지는 않았을 것이다. 하지만 실수요에 큰 변화가 없는데도 비정상적으로 가격이 상승한 것은 투기로 인해 자본이 한 곳에 몰렸기 때문이었다.

이처럼 투기란, 상품이나 유가증권의 시세변동에서 발생하는 차익의 획득을 목적으로 하는 거래행위를 말한다. 이러한 투기는 일시적인 수요의 증가를 가져오고 결국 가격의 상승을 일으킨다. 하지만 자신이 원하는 수익을 달성하면 투기자는 자신이 투기한 상품을 되팔아버리기 때문에 가격 폭락을 가져온다. 이때 투기로 인해 올라간 시장의 가격과 적정 상품의 가격 간의 차이를 거품, 즉 버블이라고 표현하며, 이렇게 적정 가격보다 높아지는 현상을 거품 효과라고 한다. 빨대로 거품을 일으키면 컵에 음료가 가득 찬 것으로 보이지만, 거품이 가라앉고 나면 음료가 다시 원 상태로 돌아오는 것처럼 거품 효과가 사라지고 나면 실수요자(실제 사는 사람)만이 남게 되어 가격이 폭락하는 것이다.

그런데 때로는 투기가 경기부양에 도움이 되기도 한다. 경영학적 입장에서 보면 투기도 투자에 속한다. 하지만 경제학적 입장에서 보면 투자와 투기는 엄연히 다르다. 예를 들면 어떤 사람이 건물을 샀는데 생산을 목적으로 샀다면 투자이고, 단지 시세차익을 목적으로 샀다면 투기라고 볼 수 있다. 경제학에서는 사회에 자본이 축적되는 행위만을 투자로 보기 때문이다.

직장인들이 재테크에 빠져서 주식이나 부동산에 수익의 큰 부분을 투자하다가 결국 대부분 실패하여 빚만 늘어난 경우가 많다. "이것에 투자하면 성공한다"라는 요행의 마음을 버려야 하겠다. 우연히 투기로 인해 가격이 상승했다가 거품이 빠지면 가격 폭락으로 투자자들이 손해를 보게 되어 결국 개인은 손해를, 경제 전체에는 악영향을 미치기 때문이다.

정부는 경기가 나빠지면 경제를 살리기 위해 경기부양책을 내놓는다

경기부양책으로 돈이 돌게 하라

구매의욕이 감소해서 시장에 현금이 돌지 않는 현상이 지속되면 공장 가동률이 급격히 하락해, 경기가 침체되곤 한다. 경기가 침체되면 많은 공장들이 문을 닫게 되고, 생산이 둔화되어 경제가 발전을 할 수 없다. 애덤 스미스의 '보이지 않는 손'에 의해 자동 조절되어 잘 돌아가야 하는데 실제 경기는 외부 변수로 인해 시장이 잘 안 돌아가는 '시장 실패'가 나타나는 것이다.

이러한 상황을 타개하여 공장이 원활히 돌아가고 내수 소비가 진척되는 것을 도와주기 위해 정부가 내놓는 인위적인 조치가 바로 경기부양책이다. 정부는 경기침체가 예상될 경우 민간 소비확내를 위해서 경기부양책을 시도하는데, 그 목적은 침체해 있는 내수 경제의 활성화에 있다.

경기부양의 일반적인 방법은 시장에 현금이 돌게 하고, 소비를 촉진하는 것이다.

정부는 시장에 현금이 돌게 하기 위해 대개는 이자율을 낮춘다. 이자율이 낮으면 사람들이 저축을 기피하고 차라리 현물을 사두려고 하기 때문이다. 또 특별소비세 등의 세금을 감면하거나 세금을 환급해줌으로써 소비를 촉진하기도 한다.

가장 손쉽게 쓸 수 있는 정책 수단의 하나는 바로 재정확대 정책이다. 정부가 지출을 늘리면 시중에 통화가 많아진다. 국공채를 발행하거나, 국가가 주도하여 여러 가지 공사를 시작하면 노동자를 고용해야 하기 때문에 일자리가 창출된다. 그리고 이들에게 임금을 지불함으로써 자금의 유통이 활발해지고, 소비가 늘어 경제가 활성화되는 것이다.

재정확대를 통한 경기부양책은 단기적으로는 효과가 있지만, 장기적으로 보면 효과가 크지 않을 수도 있다. 통화량이 많아짐에 따라 물가 상승으로 이어질 수 있기 때문이다. 그러면 물가 상승을 억제하기 위해 금리를 인상한다. 금리가 상승하면 소비와 투자가 줄어들어 경제 활성화에 큰 도움이 되지 않는 것이다.

정부의 적극적인 경기부양책은 성공한 사례도 있지만, 이것이 얼마만큼 소비에 영향을 주어 경기 활성화에 도움이 될지는 정확히 알 수 없다. 재정정책으로 인해 미래 세대의 조세 부담이 커져 사회적 비용은 더 커진다는 연구 결과가 있는 것이 사실이다. 그러나 재정정책은 일본이나 미국, 전 세계의 모든 정부가 사용하는 정책이다. 그리고 국제통화기금(IMF) 역시 한국정부에 재정정책의 확대 실시를 당부했었다.

세계 역사 속에서 성공한 경기부양책으로는 '뉴딜정책'이 대표적이다. 1929년 10월 24일 뉴욕 주식시장의 주가 대폭락을 계기로 시작된 경제 불황은 미국 전역에 파급되어 세계적인 대공황으로 확대되었다. 당시 미국의 대통령이었던 H.후버의 필사적인 방지대책에도 불구하고 물가는 계속 폭락하고 파산자가 속출하였다. 이에 따라 실업자가 날로 늘어나 그 수가 1,300만 명에 이르렀다.

이러한 상황에서 루스벨트는 경제사회의 재건, 빈궁과 불안에 떠는 국민의 구제 등을 목적으로 한 새로운 정책, 즉 '뉴딜(신정책)'을 약속함으로써 공화당의 후버를 누르고 대통령에 당선되었다. 당선 후 연방정부의 기능과 대통령의 권한 확대를 실현하면서 적극적으로 구제정책을 전개하여 많은 성과를 올렸다. 또한 대공황으로 마비상태에 빠진 미국의 자본주의와 혼란한 사회의 재건을 위하여 새로운 정책을 잇달아 실험하였다. 이로써 미국의 전통적인 자유방임주의가 포기되고, 정부권력에 의한 통제가 행해졌으며, J.M.케인즈의 경제학을 받아들여 미국 자본주의를 수정하게 되었다.

글로벌 금융위기로 인하여 전 세계적으로 경기가 급랭하고 있어 세계는 지금 경기부양 모드로 돌아섰다.

미국 행정부와 의회는 2008년 2월 주택시장 붕괴와 금융시장 신용경색 등에 따른 경기침체의 위험을 막기 위해 긴급 경기부양법을 통과시켰다. 이에 따라 자녀가 2명인 4인 가정의 경우 1,800달러까지 세금을 돌려받을 수 있게 되었다. 미국은 오바마 대통령이 취임한 뒤 추가 경기부양책을 시행할 예정인데, 최고 7,000

억'달러로 (GDP 대비 5.2%) 추정된다.

중국정부도 베이징 올림픽 후 경기 경착륙 방지와 글로벌 위기에 대응하기 위해 2010년까지 4조 위안(약 800조 원, 미화 5,900억 달러)을 쏟아 붓는 경기부양책을 내놓았다. 이는 국내 총생산의 16%에 해당하는 규모이다. 투자 내용으로는 도로, 항만, 철도 및 농업기반시설 건설에 사용될 예정이다.

일본정부 또한 2008년의 경기침체를 차단하기 위해 감세를 포함한 27조 엔(360조 원) 규모의 특단의 부양책을 내놓았다. 이는 글로벌 신용위기가 발생한 이후 주요 국가가 내놓은 경제종합대책 가운데 최대 규모로 감세를 통한 소비확대를 유도해 경기를 살리겠다는 의도다. 일본이 이 같은 대규모 경제종합대책을 내놓은 것은 경기 하강구조가 예상보다 훨씬 가파르다는 우려 때문이다.

일본 경기침체의 원인은 무엇보다 부동산 거품 붕괴로 자산가치가 대폭락한 데 있다. 1980년대 후반까지 일본은 엄청난 무역흑자에다 고평가된 엔화가치로 유례없는 호황을 누렸다. 그러다 거품이 빠지면서 그동안 금융기관에서 돈을 빌려 앞 다퉈 부동산이나 채권 등에 투자하던 일본의 기업들과 가계가 돈을 갚지 못하는 사태가 이어졌고, 금융기관들은 엄청난 부실에 빠지고 말았다. 그 결과 자산가치가 지속적으로 폭락하여 물가가 떨어지는 디플레이션이 일어났으며, 이를 해결하기 위해 재정정책을 남발하여 적자폭만 확대되었다. 일본 내 금융기관들은 정·관·재계와 끈끈하게 연결되어 있어서 경제난을 초래한 근본 원인인 금융개혁에 반대했기 때문에 미봉책에 머무를 수밖에 없었던 것이다.

유럽연합(EU)도 2,000억 유로(2,600억 달러) 경기부양으로 GDP

대비 1.5%에 달하는 규모이며, 러시아도 200억 달러로 GDP 대비 2% 규모의 경기부양책을 내놓고 있다.

경기부양책이 성공하려면 실질 소비가 살아나야 한다

현재 각 나라에서 내놓고 있는 세금 환급이나 저소득층에 현금을 지급하는 등의 경기부양책이 각 나라의 경제에 얼마나 도움이 될지는 미지수다. 일부 전문가들은 주택시장 침체와 유가상승 등 경제를 위협하는 요소들이 다방면에 즐비해 이 같은 경기부양책만으로 쉽게 사태를 수습할 수 없을 것이라고 보기도 한다. 부양책으로 경제의 흐름을 바꾸기에는 이미 늦었다는 지적이다.

일본은 과거 '잃어버린 10년'의 한복판이었던 1999년에도 이 같은 세금환급 조치를 취했다. 저소득층 국민 3,500만 명을 대상으로 1인당 2만 엔짜리 상품권을 나눠주었는데, 총 7,000억 엔 규모였다. 현금으로 지급할 경우 저축해버릴 가능성이 높아서 백화점이나 마트 등에서 현금처럼 사용할 수 있는 '고향쿠폰'이라는 상품권을 나눠줬지만, 상당수는 이마저도 현금으로 바꿔 저축했다고 한다. 결국 정부가 기대한 소비 진작 효과는커녕 상품권 할인업자의 배만 불렸다는 조롱과 함께 재정 부담은 그대로 국민에게 되돌아가고 말았다.

어떤 방법으로든지 정부가 실시하는 직접적인 경기부양책은 소비 진작 효과를 기대할 수 있다는 점에서 경기에 긍정적이라는 것만은 사실이다. 하지만 문제는 돈을 받은 소비자들이 이를 소비에 쓰느냐 하는 점이다.

미시간대 설문조사를 인용한 《뉴욕타임즈》의 보도에 따르면 2001년 미국정부가 실시한 세금 환급을 받은 국민들은 '돈을 어떻게 쓸 것이냐'는 질문에 22%만 "소비하는 데 쓰겠다"고 답했으며, 40% 이상은 "빚을 갚겠다"고 했다. 특히 저소득층일수록 "소비하겠다"는 응답이 낮았다고 한다.

과거 감세정책에서도 논란이 됐던 것처럼 감세의 효과가 상대적으로 소비성향이 낮은 고소득층에 집중됨으로써 기대했던 만큼의 소비 회복이 나타나지 않을 수도 있다.

지금 한국경제의 핵심적 문제들인 소비 위축, 내수 침체, 실업률 증가, 양극화 확대, 고물가 고비용 구조 등의 문제는 상당 부분 부동산시장과 관련이 있다. 부동산시장의 거품은 가계부채의 증대와 이에 따른 이자 부담 증가로 가계의 소비 여력을 급격히 위축시킨다. 또한 소비재와 달리 가장 값비싼 생활 필수재인 주택값이 상승하면 그만큼 실질 소득이 줄어드는 효과가 발생한다. 또 주거비 부담이 상승하면 이를 부담하기 위한 임금 상승이 합리화되어 기업의 비용 증가로 이어진다. 그로 인해 자산의 양극화가 심해지고 이로 인한 사회적 위화감도 증대된다. 또 토지 비용의 상승으로 경제가 고비용 구조로 흐르게 되어 중장기적으로는 국가 경쟁력 저하로 이어진다. 이처럼 부동산 거품은 막대한 경제적 폐해를 낳는다.

한 나라의 경제가 제대로 굴러가려면 부동산 등 자산 경제의 영역과 생산 경제의 영역이 균형을 맞추어야 한다. 우리나라 경제 정책의 초점이 늘 부동산정책과 밀접히 연관되어 있는 것은 바로 이런 이유 때문이라고 하겠다.

완전경쟁시장에서 시장실패만 없다면 경제효율을 달성할 수 있다

경쟁시장의 장점은 경제효율의 극대화에 있다

애덤 스미스는 《국부론》에서 "시장에서는 '가격'이라는 '보이지 않는 손'에 의해 수요와 공급이 균형을 이룬다"라고 하였다. 실제로 시장에서는 누구의 지시나 명령 없이도 돈을 벌려는 사람과 필요한 것을 구하려는 수많은 사람들이 각자 자기의 이익과 만족을 최대화하기 위해 노력하는 가운데 경제효율이 달성된다. 수요에 비해 공급이 상대적으로 많아지면 시장가격이 하락함으로써 새로운 자원의 진입을 억제하는 반면 수요가 상대적으로 부족할 경우에는 재화의 가격이 상승하여 새로운 자원의 진입을 촉구하는 것이다.

시장에서 이처럼 효율적인 자원배분이 이루어지기 위해서는 무엇보다 자유롭고 공정한 경쟁이 보장되어야 한다. 그리고 시장에 참여하는 개별 수요자와 공급자는 어느 누구도 독점력을 행사하지 않고 시장에서 정해진 가격을 받아들여야만 한다.

완전경쟁시장에서는 누구나 자유롭게 능력에 따라 경제활동을 하며, 자기가 일한 만큼의 소득을 얻기 때문에 동기부여가 되고, 적은 비용으로 많은 생산을 이루려는 노력이 촉진되어 사회 전체적으로 생산이 증대되고, 이로 인해 고용이 창출될 수 있다.

반면 시장에 대한 국가의 개입은 경제의 효율을 떨어뜨리는 부분이 많다. 일례로 프랑스혁명으로 권력을 잡은 로베스피에르의 정책을 들 수 있다. 그가 권력을 잡았을 때 정국이 혼란에 빠지자 물가가 급등하기 시작하였다. 국민들은 경제적 고통에 시달렸으며, 특히 우유값이 많이 올라 어린애들마저 굶어야 하는 지경에 이르렀다. 로베스피에르는 그 원인을 분석하도록 지시하였는데, 그에게 전해진 보고는 가축의 사료값이 올라서 우유값이 올랐다는 것이었다. 그러자 로베스피에르는 사료값을 일정 가격 이상으로 받는 자는 사형에 처한다는 포고령을 발표하였다. 그리고 이를 무시한 업자 몇 명이 군중이 지켜보는 가운데 단두대에서 처형된 이후로는 누구도 이를 어기지 않았다.

이렇게 사료값을 최고가격 상한제로 묶자 그 가격으로는 도저히 사료를 공급할 수 없다고 판단한 사료 제조업자들은 공장 가동을 아예 멈추어버렸다. 사료를 만들어보았자 적자만 늘어날 뿐이고, 그렇다고 최고가격을 어겼다가는 목이 달아날 판이니 차라리 망하는 편이 낫겠다고 판단한 것이었다. 그러자 사료의 공급은 더욱 감소하였으며, 그에 따라 사육하는 젖소가 감소하면서 우유의 생산량이 더욱 줄어들었다. 그 결과 우유값은 더욱 더 치솟아 어린아이들이 우유를 먹을 수 없는 지경에 이르렀다.

이렇게 되자 국민들의 원성은 높아만 갔고 공포정치에 따른 폐해와 겹쳐 로베스피에르는 권좌에서 쫓겨나 마침내는 그 자신이 단두대에서 처형되고 말았다. 그가 잡혀서 끌려갈 때 국민들은 "저기 끔찍한 최고가격제가 간다"라고 소리 높여 외쳤다고 한다.

시장실패는 왜 일어나는가?

그런데 위의 사례와 같이 정부정책만 실패하는 것이 아니라 시장에 의한 자원배분이 효율적으로 이루어지지 않는 경우도 종종 발생한다. 이는 상품이나 서비스의 특성 등과 같은 이유 때문에 '보이지 않는 손'이 제대로 작동하지 못하여 나타나는데, 이런 경우 시장이 효율적으로 작동하는 데 실패했다는 의미에서 '시장실패(market failure)'라고 말한다.

시장실패의 원인에는 여러 가지가 있는데, 그중에서도 대표적인 것이 독점이나 과점으로 불공정한 경쟁이 펼쳐지기 때문이다. 현실에서는 특허와 같이 독점을 보장해주는 법적 장치들이 있으며, 특수한 목적으로 정부가 독점력을 행사하는 경우도 있다. 또한 설비투자에 거액이 소요되는 산업의 경우에도 독점시장이 생기는데, 한 기업이 필요한 양을 모두 생산할 때 여러 기업이 나누어 생산하는 것보다 비용이 적게 드는 이른바 '규모의 경제'가 성립하기 때문이다.

이러한 독점시장의 경우에는 대개 독점적 지위를 이용하여 가격이나 공급량을 결정하고, 카르텔 등의 담합을 통해 자신들의 이익과 기반을 유지하려는 동시에 진입장벽을 높게 해서 신규기업의 진출을 막는 등의 요소가 현실에 존재하기 때문에 시장실패가 일어나는 것이다.

또한 개인 소유권이 없는 자원은 거래될 수 없으므로 가격이 형성되지 않아 결과적으로 공유지의 비극이라 불리는 시장실패가 발생한다. 뿐만 아니라 현실에서는 완전한 정보의 공유가 어렵고 미래에 대한 불확실성을 갖는다. 이러한 정보의 비대칭성이 역선택, 도덕적 해이 등의 문제를 발생시켜 시장실패를 야기하는 것이다.

시장실패의 극복을 위해서는?

현대 시장사회의 논리는 수요와 공급을 시장 상황에 따라 자유롭게 흐르도록 내버려두어야 한다는 것이지만, 간혹 시장에 맡겨두었을 경우 비효율이 초래되기도 한다.

예를 들어 국내외 대형 엘리베이터 업체들이 10년 가까이 담합을 해 오다 적발되어 470억 원가량의 과징금을 부과받았는데, 이 또한 엘리베이터 업체의 과점으로 인해 일어난 시장실패라 할 수 있다. 현대, 오티스, 디와이 홀딩스, 티센 등 4개사 영업 담당자들은 서로 짜고 1996년부터 2005년까지 국내 엘리베이터 제조·판매 시장을 비율 또는 순번제 방식으로 배분해 나눠먹기를 해온 것으로 드러났다. 해당 업체들이 담합을 통해 얻은 매출은 4조 5,000억 원에 이르는데, 통상적으로 매출의 10%를 담합에 따른 이익으로 본다는 점에서 대략 4,500억 원의 부당이득이 발생한 것이다. 결국 그만큼의 액수가 공사비로 더 들어가 아파트 분양원가 등의 상승으로 이어진 셈이다.

또한 외부효과에 따른 시장실패가 발생하기도 한다. 어떤 경제 주체의 행위가 본인의 의도와 관계없이 다른 경제 주체에게 영향을 미치지만, 이에 대해 어떠한 대가를 요구하거나 비용을 지불하지 않는 경우 외부효과가 발생한다고 말한다.

오늘날 전 지구적으로 문제가 되고 있는 기후변화 또한 '외부불경제'의 전형이라고 보기도 한다. 산업혁명과 더불어 자유로운 경제활동을 보장한 결과 급격한 CO_2 농도의 상승을 가져왔는데, 이는 시급히 대안을 마련하지 않으면 인류에게 매우 끔찍한 재앙을 가져올 '시장실패의 요인'이라는 것이다. 물론 기후변화가 인간행동의 결과물이 아니라 자연의 주기적 변화에서 비롯된 것이라는 반론도 있지만 대부분 이것이 산업화 과정에서 빚어진 외부효과임에 인식을 같이 하기 때문에 세계 각국은 기후변화 문제를 '오염자 부담의 원칙'으로 해결하려는 시도를 하는 것이다.

또 국방, 치안 등 공공재의 존재도 시장실패를 초래한다. 공공재는 여러 사람이 동시에 사용할 수 있으며, 어떤 특정인이 소비하지 못하도록 막기 어렵기 때문에 공공재를 통해 혜택을 얻으면서도 이에 대해 아무런 비용도 부담하지 않으려는 무임승차 문제가 발생한다. 만약 시장 자체에 이러한 공공재의 공급을 맡기면 지하철이나 댐, 항만 등의 공공재는 투자비용이 큰 데 반해 투자금 회수가 너무 오래 걸리기 때문에 민간기업은 운영을 회피할 것이다. 시장경제는 합리성과 효율성, 이익의 극대화를 추구하기 때문에 소위 돈 되는 장사가 아니면 하지 않으려 하기 때문이다.

이 같은 시장실패의 가능성 때문에, 완전경쟁시장에서도 국가는 국내외의 시장 흐름을 빨리 파악하고 거기에 따른 대처와 규제 그리고 방향을 제시해야 할 의무가 있다.

시장실패를 극복하기 위해 정부는 다양한 형태로 시장에 개입한다. 독·과점시장을 완전경쟁시장에 가까운 형태로 만들기 위해 불공정 거래행위 등을 법적으로 규제하며, 공공재를 생산·공급하고, 최저임금제와 같은 가격상한제·하한제를 설정하여 시장경제 체제의 문제점을 보완하기 위한 노력을 하는 것이다. 하지만 정부 또한 완전하지 않기 때문에 때로는 정부실패라는 또 다른 문제를 가져올 수도 있다. 따라서 시장을 가급적 자율적인 기능에 맡기고 적절한 수준에서 정부가 개입하는 것이 중요하다.

경제정책이 먹히지 않는 것은 시장이 신뢰를 잃은 것이다

가격은 신뢰의 결과물이다

사람들은 대개 재래시장이나 전자상가 등 양판점에서는 가격을 깎으려 들지만, 백화점에서는 정해진 가격을 모두 지불하고 물건을 구매한다. 분명, 백화점에서 판매되는 물건이 양판점에서 판매되는 제품보다 비싸다는 것을 알면서도 그렇게 구매를 하는 것이다.

그러한 소비행위에 대해 부정적으로 보는 사람도 많지만, 근본적으로 소비자들이 그렇게 양분화된 구매를 하는 근본적인 이유는 백화점이라는 유통망을 신뢰하기 때문이다.

삼성전자나 SK텔레콤은 우리나라에서 대표적인 황제주로 인정받고 있다. 주당 가격이 매우 비싸 아무나 엄두를 못 내는 주식인 것이다. 이 회사의 주식은 왜 그렇게 비싸게 거래될까? 회사의 가치가 높기 때문이기도 하지만, 그 속을 들여다보면 항상 높은 수익을 낼 수 있을 것이라는 신뢰가 이 회사의 주가를 천정부지로 뛰게 만드는 것이다. 또한 상품이나 서비스도 신뢰가 높을수록 높은 가격에 거래되는 것을 볼 수 있다.

신뢰가 무너지면 경제에 나쁜 영향을 준다

소비자와 기업 간의 신뢰가 무너지면 어떤 현상이 벌어질까? 첫째, 소비자의 거래비용이 증가한다. 일반적으로, 특정 유통망에서 제품을 구매하는 이유는 그 유통망을 신뢰하기 때문이다. 전자제품의 경우, 양판점보다 백화점이나 대리점이 비싸게 판매하는데도 불구하고 백화점이나 대리점에서 제품을 구매하는 이유는 신뢰 때문이다.

실제로 제품에 하자가 발생할 경우 양판점에서 구매하는 것보다 백화점이 적극적으로 A/S를 실시한다. 그렇기 때문에 가격 경쟁력이 떨어짐에도 불구하고 백화점의 매출이 발생하는 것이다. 역으로 설명하면, 양판점이나 전자상가에서 판매하는 제품의 질을 의심하는 소비자들로 인하여 더 비싼값을 치르고라도 믿을 수 있는 유통점에서 구매하겠다는 소비자의 심리라고 볼 수 있다.

둘째, 시장 전체의 붕괴이다. 용산 전자상가는 한때 심각한 경영난에 봉착한 적이 있었다. 불황의 여파로 소비가 위축되어 발생한 것으로 볼 수도 있지만, 근본적인 원인은 불황의 여파가 아니라 시장 신뢰의 상실에 있었다.

용산 전자상가에서 통하는 은어로 '용팔이' 라는 것이 있다. 용팔이란 용산 전자상가에서 물건을 판매하는 판매사원을 칭하는 명칭으로 소비자에게 잘못된 정보를 주고 바가지를 씌우며, 제품을 구매하지 않을 때는 소비자에게 욕을 하면서 물건을 살 것을 강요하는 판매사원을 통칭하여 쓰는 용어가 되었다. 문제는 이 '용팔이' 들로 인하여 용산 전자상가 전체의 신뢰가 추락하게 되었다는 것이다.

셋째, 선택의 폭의 축소이다. 만약 시장이 신뢰를 잃고 붕괴되어 사라진다면, 그만큼 소비자의 선택의 폭은 제한될 수밖에 없다. 만약 판매자가 지속적으로 시장의 신뢰를 잃는 행동을 한다면 시장에는 막대한 자금력을 가진 자만이 살아남을 것이다.

그런데 모든 시장에서 동일한 제품을 판매하지는 않는다. 백화점에서는 고가의 고급 제품을 주로 취급하는 편이고, 명품시장에서는 명품만을 판매하며, 일반적인 시장에서는 저가의 값싸고 부담 없이 이용할 수 있는 제품을 주로 판매한다. 그런데 만약 어떤 시장이 신뢰를 잃고 사라진다면 소비자로서는 자신의 사정에 맞는 제품을 구매할 곳이 상대적으로 줄어들게 되는 것이다.

신뢰는 쌓는 것보다 유지하기가 더 힘들다

이 시대의 소비자는 한 번만 거짓말을 해도 등을 돌린다. '양치기 소년' 이야기처럼 두 번 이상 속는 일은 없는 것이다. 대표적인 경우가 바로 용산 전자상가이다. 용산 전자상가는 몇몇 부도덕한 상인들로 인해 불신에 휩싸이자 자체적으로 돌파구를 찾기 위한 정화활동을 시작했다. A/S를 보완하고 불법적인 상행위와 소비자를 우롱하는 상인을 규제하기 위해 노력하기 시작한 것이다. 하지만 과거의 명성을 되찾는 데는 상당한 시간이 걸릴 것으로 예상된다. 왜냐면 그들은 그동안 쌓은 신뢰를 한순간에 잃었기 때문이다.

우리는 종종 자동차회사가 자체적으로 리콜을 실시한다는 뉴스를 보곤 한다. 소비자가 보상을 요구하기 전에 자체적으로 자사 제품의 잘못된 점을 인정하고 제품에 대한 리콜을 실시함으로써 자사 자동차에 대한 소비자의 신뢰를 잃지 않겠다는 것이다.

이러한 노력 모두가 소비자에게 신뢰를 잃지 않겠다는 생산자들의 노력이라고 볼 수 있다. 소비자에게 신뢰를 얻는다는 것은 사실 어려운 일이다. 그러나 신뢰는 쌓기보다 다시 회복하기가 훨씬 어렵다. 자칫 시장 전체를 불신하게 되면 소비자와 생산자 모두를 공멸하게 만들 수도 있기 때문이다.

신뢰란 비단 시장의 문제만은 아니다. 인간관계에 있어서도 마찬가지다. 주변 사람들에게 능력 있고 믿음직한 사람이라는 신뢰를 주는 것이 필요하다. 물론 그러한 신뢰를 유지하기 위해 노력해야 한다. 만일 그러한 신뢰를 잃을 경우 그것을 회복하는 데 더 많은 시간과 노력이 요구되기 때문이다.

보이는 손(정부)과 보이지 않는 손(시장경제) 중 누가 더 셀까?

정부의 시장개입, 약인가? 독인가?

선거가 있을 때마다 빠지지 않고 나오는 공약 가운데 하나가 바로 교육에 관한 내용이다. 그만큼 교육이 중요하기 때문에 정부에서는 매년 새로운 정책을 내세우고, 제도와 규정을 바꾸면서 더 좋은 효과를 만들어내기 위해 노력하고 있다. 그런데 이렇게 제도가 바뀌면 꼭 피해를 보는 부분이 있다. 바로 대입시험을 바로 앞둔 학생과 학부모들이다. 갑작스러운 제도의 변경은 혼란을 야기시키고, 변경 전 제도에 맞추어 모든 것을 준비하던 학생과 학부모들은 새로운 제도에 포커스를 맞추느라 애를 먹는다.

우리나라는 많은 분야가 정부의 계획 아래 변화해 왔다. 특히 경제정책은 그동안 정부의 주도로 진행되어 왔다고 해도 과언이 아니다. 수요와 공급을 통해 보이지 않는 손이 가격을 조절한 것이 아니라, 정부의 주도로 가격이 결정되고 수요와 공급이 그것에 맞추어져 온 것이다. 이러한 정부 주도의 경제정책은 그동안 짧은 기간 압축 성장할 수 있는 원동력이 되었다는 점에 있어서는 어느 누구도 부인할 수 없는 결과이다.

그러나 최근 들어 정부의 개입이 좋은 것인지 나쁜 것인지에 대해서는 의견이 매우 분분하다. 보이지 않는 손에 의해 자율적으로 조절되는 것을 강조하는 고전학파의 경우에는 정부의 개입을 부정적으로 인식하는 반면, 정부의 개입에 의해 시장의 조절을 찬성하는 케인즈 학파의 의견도 존재한다. 어떠한 것이 더 많은 사람을 행복하게 하고, 더 풍요로운 세상을 만드는 것인지에 대한 정답은 아직까지 존재하지 않는다고 볼 수 있다.

정부의 개입은 과연 성공하였는가?

우리나라의 경제성장에 있어 정부의 개입이 크나큰 역할을 했다는 점은 누구도 부인할 수 없는 사실이다. 그러나 그간의 경제성장이 지금도 지속되고 있느냐에 대한 물음에는 누구도 확실한 대답을 할 수가 없다. 지금은 정부가 주도하던 시절보다 경제 규모가 더 커졌으며, 산업의 구조 또한 훨씬 더 복잡해졌기 때문이다.

아울러 세상의 변화에 적응하지 못한 채 정부 주도의 경제정책을 고수하던 우리나라는 경제의 비효율로 인하여 1997년에는 외환위기를 맞이해야 했으며, IMF와 같은 기관의 강요에 의해 경제정책을 수정해야만 했다. 또한 정부 주도의 경제정책은 대기업과 중소기업의 격차를 더욱 크게 만들었으며, 편중된 무역은 무역비중이 큰 나라에 어떤 일이 생기기만 하면 온 나라의 경제가 흔들리는 결과를 초래하였다.

인구정책도 마찬가지다. 과거 과잉인구를 걱정하던 정부가 주도했던 인구정책은 당시에는 성공하는 것으로 보였지만, 지금에 와서 보면 노령인구는 증가하는 반면 신생아의 출산이 감소함으로써 전체적인 인구감소 문제와 함께 국민연금 문제 등 각종 문제점들을 발생시키고 있다.

부동산정책도 마찬가지다. 정부가 강제적으로 부동산의 가격 폭등을 막기 위해 공급을 늘릴수록 부동산가격은 양극화될 뿐이고, 개발 호재가 나올 때마다 정부의 의도와는 달리 개발 예정 지역의 부동산가격은 끊임없이 상승했을 뿐이다.

결국 정부의 과도한 개입이 처음에는 어느 정도 가시적인 성과를 보였다고 볼 수 있겠지만, 긴 시간이 지난 후 되돌아보면 지금 발생하는 모든 문제들은 정부의 과도한 개입이 낳은 문제들이라고 할 수 있다.

정부는 어디까지 개입해야 하는가?

현대 자본주의에서 각국의 정부는 크게 '큰 정부'와 '작은 정부'로 나누어진다. 그리고 이는 경제 주체에 대한 국가의 개입 정도와 그 관계에 따라 구분된다. 정리하자면, 재정정책이 국민소득의 변화에 큰 효과가 있다는 쪽(큰 정부)과 세금을 많이 거두면 소비와 투자가 오히려 감소한다는 쪽(작은 정부)이 맞서는 치열한 논쟁의 역사였던 것이다.

지금까지의 결과를 보면 정부의 개입은 최소화되어야 한다는 쪽이 승자에 가깝다. 그 대신 꼭 필요한 부분, 예를 들어 치안이나 국방, 공공재 부문에 있어서는 정부의 개입을 폭넓게 인정한다. 왜냐하면 이것들은 수요와 공급에 따라 결정될 수 있는 성격이 아닐 뿐 아니라, 그렇게 될 경우 그 혜택을 받을 수 있는 구성원도 제한될 수밖에 없는 필수적인 부분이기 때문이다.

최근 각국의 부문별 정책을 보면 공공재의 성격에 가깝고 정부의 개입이 많았던 교육이나 의료 부문도 점차 서비스 산업으로서 전향함으로써 그 방향성만을 제시할 뿐 시장에 맡기는 추세로 완화해 나가는 분위기이다. 정부가 모든 분야에 개입할 경우 그만큼의 비효율과 역효과가 발생하기 때문이다.

정부의 개입은 꼭 필요한 부문에 있어서 한정하고, 그렇게 할 때 비로소 그 효과는 더 커진다. 그러나 불필요한 부분까지 정부가 개입하면 오히려 역효과와 비효율이 발생한다. 따라서 정부는 보이지 않는 손에 의해 움직이는 부분에 있어서는 철저히 개입을 배제하고, 공공재의 성격이 강한 분야에만 개입하면서 정부의 기능을 실현시켜야 한다.

정부의 정책은 신뢰가 우선이다

신뢰란 비단 기업과 소비자 간의 관계에서만 필요한 것은 아니다. 정부와 국민 사이에서도 나타난다. 그래야 정부의 정책이 힘을 받고, 이 정책을 집행해나가는 데 추진력을 받게 된다. 국내에서 항상 최대의 이슈로 등장하는 부동산 문제를 보라. 최근 몇 년간 정부에서는 끊임없이 집값 안정을 위한 부동산대책을 내놓고 있지 않은가? 하지만 이 정책이 제대로 먹혀들지 않고 오히려 집값은 오르는 모습을 보이고 있다. 그 이유는 무엇일까?

근본적으로 정부가 국민으로부터 신뢰를 잃었기 때문이다. 아무리 좋은 정책이라도 정부의 정책에 국민들이 신뢰를 하지 않으니 정부에서 내놓는 정책이 제대로 작동할 리 없다. 일관성 없는 정책과 이로 인해 잃어버린 신뢰는 전체 정부를 불신하는 상황으로 이어질 수 있다. 국내 투자를 꺼리는 것과 투자유치가 제대로 이루어지지 못하는 것은 미래의 불확실성과 정부를 불신하는 요소가 부른 결과이다. 정부에 대한 확실한 신뢰가 담보되어야만 비로소 '보이는 손(정부)'이 '보이지 않는 손(시장경제)'을 이길 수 있는 것이다.

4장

교환과 비교우위를 통한

무역의 경제학

무역을 하지 않는다면
지금처럼 풍족한 생활을 기대하기 어렵다

무역이 없었다면 문명이 존재했을까?

필요한 물건을 스스로 해결해야만 했던 시절이 있었다. 자급자족하던 그 시절에는 한 사람에게 여러 가지 능력이 필요했을 것이다. 곡식이나 채소를 직접 재배하고, 고기가 먹고 싶으면 사냥을 해야 했으며, 옷도 손수 지어 입고, 심지어 살 집도 스스로 지어야 했기 때문이다.

하지만 시장이 생기고, 물건을 교환하기 시작하면서 한 가지 능력만 있어도 사는 데 걱정이 없어졌다. 뿐만 아니라 전문성이 높아져 더 좋은 것을 만들다 보니 생산량도 늘어났다.

국제사회도 이와 마찬가지다. 지구상의 모든 나라가 같은 환경과 조건을 갖고 있지는 않다. 중동지역의 사우디아라비아나 쿠웨이트처럼 석유가 쏟아져 나오는 나라가 있는 반면, 국토가 사막이라 식량을 재배할 수 없는 나라도 있다. 또 중국처럼 인구가 많고 천연자원이 풍부해 인건비가 싸고 먹을거리가 넘쳐나지만, 기술이 발전하지 못해 첨단기기를 생산하기 어려운 나라도 있다. 우리나라는 태국이나 칠레처럼 농산물이 풍부하지도 않고, 중동처럼 석유가 쏟아져 나오지도 않는다. 하지만 성능 좋은 컴퓨터나 독특한 디자인의 휴대전화, 자동차와 선박 등을 생산할 수 있는 기술력이 있다.

만약에 모든 나라가 자국에서 생산된 물건만 가지고 자국민들이 살아가야 했다면 어땠을까? 서로 부족한 부분을 채울 수 없어서 살기가 매우 어려웠을 것이다.

무역은 이런 문제점을 해결해준다. 태국과 칠레는 국민이 농업에 종사해 생산한 엄청난 농작물을 외국에 수출한다. 그리고 그 돈으로 컴퓨터, 자동차 같은 첨단기기를 산다. 사막기후라 농토가 없고 경작이 어려운 중동의 여러 나라들은 대신 엄청난 석유가 매장되어 있기 때문에 이를 각 나라에 팔아 수많은 오일달러를 벌어들이고 있다.

과거 우리나라는 국토면적이 좁은데다 천연자원이 부족하고, 홍수, 가뭄 등 풍수해 때문에 농작물 생산도 풍족하지 못했다. 하지만 이를 극복하기 위해 1960년대부터 경공업에 주력하기 시작하였다. 풍부하고 싼 인건비를 바탕으로 신발, 가발 등 노동 집약적인 상품을 수출해 외화를 모았고, 이렇게 벌어들인 외화로 제철소를 짓고 조선소를 지으면서 중공업을 발전시켰다. 그 결과 중공업을 바탕으로 교역 규모 세계 10위권의 국가가 될 수 있었다. 만약 무역을 하지 않았다면 지금과 같은 풍족한 생활을 하기까지는 더 오랜 세월이 걸렸을 것이다.

피터 L. 번스타인의 《황금의 지배》라는 책을 보면 낙타의 도입이 무역의 혁명을 가져왔다고 한다. 아프리카 서해안에 금이 풍부하다는 사실은 수백 년 동안 지중해 주변 사람들에게 알려져 있었으나 불모의 사막 너머이기에 위험하고 복잡하며 긴 여행이 필요하였다. 다음 물이 있는 곳까지 도달하는 데 걸리는 열흘이라는 시간이 삶과 죽음을 결정하는 중요한 변수로 작용했기 때문이다.

그런 의미에서 기원전 500년경 헤로도토스가 서술한 서부 해안에 살고 있는 원주민과 카르타고인들이 무역을 했던 '벙어리 물물교환'을 보자.

카르타고인들은 원주민들이 좋아하는 상품을 해안가에 두고 배로 돌아와서 연기를 피운다. 그러면 원주민들은 카르타고인들이 해안가에 두고 간 상품의 가치에 해당하는 만큼의 금을 놓아두고 다시 돌아간다. 원주민들이 사라지고 나면 카르타고인들은 금의 양을 확인한 후 만족하면 금을 가지고 떠나고, 만족하지 않으면 그냥 배로 돌아와서 끈기 있게 기다리며 만족할 때까지 계속한다. 원주민들과 서로 얼굴을 맞대거나 대화를 하는 경우는 결코 없는 것이다.

금이 있는 아프리카 지역에서 이루어지는 전형적인 모습으로 이 교환방법은 오늘날까지도 일부 지역에 남아 있다. 노예로 잡혀갈지도 모른다는 두려움을 품고 있던 원주민들이 무역상들로부터 스스로 보호하기 위해 이 방법을 고집했을 것이고, 무역상들로서는 이 방법을 따르는 것 이외에는 다른 선택의 여지가 없었을 것이다.

지금은 교통수단의 발달로 인하여 나라 간에 더 많은 무역을 할 수 있게 되었지만 무역거래에서 폭리를 남길 수 있는 상품별 가격 차이는 점점 좁혀지고 있다.

비교우위에 있는 분야를 찾아라

국내에서 생산된 재화는 외국에도 수출, 판매하고 외국에서 생산된 재화를 수입하여 국내에서 소비하기도 하는데, 이러한 국가 간의 상품거래를 무역이라고 한다. 무역은 기본적으로 각국 간에 재화의 상대적 가격이나 생산비에 차가 있을 경우에 이루어진다. 또한 기술의 발달로 산업의 생산규모가 확대되고, 이에 따라 국내의 시장만으로는 규모의 경제를 누릴 수 없기 때문에 무역에 의한 시장의 확장으로 생산성을 높이고자 하는 것이다.

영국의 경제학자 리카도(Ricardo)는 '비교우위론'을 통해 국제무역이 발생하는 이유를 설명하였다. 각 나라들은 자신들이 상대적으로 강점을 가지고 있는 분야를 특화하여 다른 나라에 수출함으로써 서로 이익이 되는 상황이 발생한다는 것이다.

예를 들어 우리나라에서는 열 사람의 노동자가 하루 동안 일하면 쌀 5섬 또는 컴퓨터 5대를 생산할 수 있는 반면 중국은 열 사람의 노동자가 하루 동안 쌀 4섬 또는 컴퓨터 2대를 생산할 수 있다고 하자. 쌀과 컴퓨터 생산에 있어서 절대적으로 우위를 갖는 쪽은 당연히 우리나라이다. 하지만 이 두 나라에서 쌀 1섬을 생산하기 위해 드는 기회비용을 생각해보자. 우리나라는 쌀 1섬을 생산하기 위해서는 컴퓨터 1대를 포기해야 하지만, 중국이 쌀 1섬을 생산하기 위해 포기해야 하는 컴퓨터는 고작 0.5대이다. 반대로 컴퓨터의 기회비용을 보면 우리나라는 컴퓨터 1대 생산을 위해 쌀 1섬을 포기해야 하지만, 중국이 컴퓨터를 1대 생산하려면 무려 쌀 2섬을 포기해야 함을 알 수 있다. 이럴 경우 우리나라는 컴퓨터에, 중국은 쌀에 비교우위를 가진 셈이 되는 것이다.

무역이 생기는 이유는 이 같은 '비교우위' 때문이다. 우리나라의 자동차 생산량은 2007년을 기준으로 세계 5위 수준이고, 섬유기술은 세계 최고이다. 자동차와 섬유산업 모두 잘할 수 있지만, 자동차를 수출하는 대신 섬유는 인건비가 싼 동남아 등에서 수입하고 있다. 자동차를 만드는 기술이 섬유를 만드는 기술보다 비교우위에 있기 때문이다. 자동차를 수출하고 섬유를 중국으로부터 수입하면 더 큰 이익을 얻을 수 있고, 중국은 자동차를 수입하고 섬유를 수출함으로써 두 가지를 생산하는 것보다 더 큰 이익을 남길 수 있다.

비교우위는 단지 다른 나라보다 우리가 더 잘 만들고, 더 싸게 좋은 품질의 물건을 만들 수 있다는 뜻만은 아니다. 비교우위는 상대적인 개념으로 말 그대로 어떤 두 대상을 비교하여 '누가 상대적으로 적은 생산요소를 투입하여 물건을 생산할 수 있는가?'를 따져보는 것이다. 즉 다른 국가보다 상대적으로 더 적은 노동력 또는 적은 시간을 투입하거나, 상대적으로 포기해야 하는 재화의 양이 적은 쪽이 비교우위를 갖게 되는 것이다. 따라서 어떤 국가든 어느 한 품목에 대해서는 반드시 비교우위를 갖게 될 수밖에 없다.

자신이 잘할 수 있는 것 하나를 찾자

비교우위가 무역에만 해당되는 것은 아니다. 세상에는 다양한 능력을 가진 사람이 많다. 1980년대 미국의 인기 스포츠인 야구와 미식축구에서 뛰어난 실력을 보인 보 잭슨이라는 선수가 있다. 이 선수는 여름에는 시카고 화이트삭스에서 야구선수로, 겨울에는 LA레이더스라는 미식축구 팀에서 활동하다가 결국에는 야구를 선택해 메이저리거로 이름을 떨쳤다.

또, 1990년대 농구 황제라고 불리던 마이클 조던은 시카고 불스를 3년 연속 우승으로 이끌고 돌연 농구코트를 떠나 야구선수의 길을 걸었다. 하지만 조던은 결국 야구를 포기하고 농구선수로 다시 돌아왔다.

자신의 재능을 왜 모든 분야에서 활용하지 않고, 한 종목에 몰두했을까? 바로 비교우위 때문이다. 조던은 야구와 농구 중 더 잘하는 것을 골라 농구를 다시 시작한 것이다.

비교우위는 복잡한 사회에서 협동하며 살아가는 방법이다. 모든 일을 혼자 할 수는 없기에 자신이 가장 잘할 수 있는 일을 찾아내서 끊임없이 노력하고, 그 분야를 특화시키는 것이 현대사회를 살아가는 데 중요한 삶의 지혜라고 하겠다.

온실가스의 감축에 따라 탄소배출권도 해외에 수출할 수 있다

녹색 성장을 위해 온실가스의 배출을 줄이자

공장을 가동하면 오염물질이 발생하는 것은 당연한 일이다. 하지만 더 좋은 환경을 유지하기 위해서는 공장에서 배출되는 오염물질을 줄여야만 한다. 그렇다면 공장에서 오염물질의 배출을 줄일 수 있는 방법은 무엇이 있을까?

첫째로, 자발적으로 오염물질을 줄이는 방법이 있다. 하지만 공장을 소유한 공장주 입장에서는 오염물질을 줄이기 위해 각종 설비를 갖추는 것을 원하지 않을 것이다. 그렇기 때문에 공장주가 자발적으로 그러한 행동을 하기를 기대하는 것은 어렵다. 바로 공유지의 비극 때문이다. 둘째, 정부에서 오염물질 배출에 대해 세금을 부과하는 방법이다. 이 방법은 효과적일 수는 있지만, 정부에서 항상 감시기관을 운영해야 한다는 부담이 발생한다. 셋째, 오염물질을 배출할 수 있는 권리를 사고파는 것이다. 이와 관련해서 '온실가스 배출권 거래제도(ETS: Emission Trading System)'라는 것이 있다. 지난 2005년 발효된 교토의정서에서는 지구온난화 방지를 위해 각국이 온실가스 배출량을 줄이는 데 합의하였다.

탄소배출권이란, 교토의정서에 따라 지구온난화의 원인이 되는 이산화탄소 같은 온실가스 배출을 줄이기 위해 나라별로 정한 온실가스 배출권한을 말한다. 만약 할당량보다 더 많은 온실가스를 배출하려면 다른 나라에서 탄소배출권을 사와야 한다. 즉, A라는 나라가 배출할 수 있는 이산화탄소의 양이 100인데, 이보다 50을 더 초과하여 150을 배출하려면 여유가 있는 나라 (배출할 수 있는 양이 100인데 50을 배출하고 남은 배출량 50을 가진 나라)에서 남은 50을 사 오는 것이다.

교토의정서에 따르면 의무 당사국들은 1990년 배출량을 기준으로 2008년부터 2012년까지의 이산화탄소 배출량을 평균 5% 수준으로 줄여야 한다. 교토의정서 채택 당시 우리나라는 개도국으로 분류되어 온실가스 감축의무를 면제받았으나, 2차 이행기간(2013~2018)부터는 감축의무가 부과될 가능성이 높다. 그렇게 되면 2013년부터는 자동적으로 국제배출권 거래시장에 진입하게 된다.

세계 10위권의 온실가스 배출국인 우리나라에도 '저탄소 녹색성장'을 위한 전문금융회사가 처음으로 세워졌다. 한국탄소금융주소회사(KCF)인데 국내에서 온실가스 배출권을 팔겠다는 곳과 해외의 수요처를 연결해주는 일을 한다. 2002년 영국에서 거래시장이 처음으로 개설된 이래 독일, 노르웨이, 프랑스 등에서 거래가 이루어지고 있다. EU에서 이산화탄소는 톤당 23유로(약 36,500원)에 거래되고 있다.

대다수의 사람들이 탄소배출권 거래제도로 온실가스의 배출이 줄어들 것으로 낙관하고 있는 것이 사실이다.

그러나 탄소배출권 시장의 필요성에 대해 부정적으로 인식하는 의견들도 존재한다. 지구온난화에 따른 위험은 장기적이고 불확실한 반면 이를 방지하는 데 따르는 단기 손실은 명백하기 때문이다. 미국은 온실가스를 줄이는 데 필요한 막대한 비용과 이로 인한 경제적 손실을 이유로 2001년 교토의정서에서 탈퇴를 표명하였다.

지구온난화를 방지하기 위한 사회·경제적 비용에도 국가별로 현격한 차이가 존재한다. 예를 들어 '남북문제'에서도 알 수 있듯이 선진국과 개도국, 후발국 간 기술 격차 때문에 후발국의 부담이 더 클 수밖에 없다. 결국 과거 수백 년간 환경을 오염시켜 온 선진국의 책임을 이제 막 개발을 본격화하고 있는 후발 개발도상국이 떠안는 셈이 될 수가 있다.

탄소세는 일반적으로 석유, 석탄 등 화석연료에 포함되어 있는 탄소량에 비례하여 단위탄소당 일정액의 세금을 부과하는 것이다. 탄소세는 온실가스 배출원에 대한 직접적인 과세를 통해 규제하는 것이기 때문에 효과적인 온실가스 배출 억제책이다. 그러나 반대로 에너지가격 인상, 기업부담 증가, 경제활동 위축, 기업의 경쟁력 약화 등의 부작용이 나타날 수 있다.

따라서 탄소세의 도입은 온실가스 감축에 대한 국제협상, 국가·업종별 감축목표, 기업부담 등을 고려하여 신중히 검토해야 한다. 우리나라는 무역 의존도가 높고, 에너지 다소비 업종 중심의 산업구조로 탄소세 도입 시 국제경쟁력 약화 등 산업 부문에 악영향을 미칠 우려가 있다.

일부 EU 국가(핀란드, 노르웨이, 스웨덴 등)를 제외하면 탄소세 도입 국가는 많지 않다. 이 경우에도 세금이 산업 부문보다는 가정·상업 위주로 실시되고 있는 점도 고려할 필요가 있다. 우리보다 소득 수준이 훨씬 높은 일본도 2004년부터 환경성이 환경세 도입안을 의회에 제출했다. 그러나 산업계의 반발로 현재까지 도입에 실패하고 있다.

탄소배출권 첫 수출, 환경도 산업이다

OECD 회원국이면서 온실가스를 대량 배출하는 우리나라에 대해 앞으로 감축의무에 대한 요구가 거세질 전망이라는 의견이 나오는 가운데, 탄소배출권 시장이 국내에서도 본격적으로 열리고 있다.

우리나라는 2008년 8월 드디어 해외로 수출을 시작했으며, 국내 거래도 물꼬를 트고 있다. 수자원공사가 최근 네덜란드 ABN 암로은행에 1억 7,000만 원어치의 탄소배출권을 판 것이다. 지난해 안동댐·장흥댐·성남정수장에서 수력발전을 통해 얻은 전기 1만 3,463MWh가 유엔에서 온실가스 감축 실적으로 인정받아 거래하게 되었는데, 국내 기업이 자체적으로 생산한 대규모 탄소배출권을 수출한 것은 처음이라고 한다.

세계은행에 따르면 온실가스 배출권을 거래하는 시장인 탄소시장은 2007년 640억 달러였으며, 2010년에는 1,500억 달러 규모로 성장할 것이라는 전망이 나왔다. 현재 우리나라 기업 19개 사가 유엔에 등록해 시장 진출을 노리고 있다.

기업의 환경보호라는 '도덕적 의무'를 '경제적 권리'로 보상하여 상품처럼 거래되도록 하여 온실가스를 감축하자는 것은 좋은 방안이다. 탄소배출권 거래제도는 환경도 이제는 산업이라는 인식을 확실하게 심어주고 있으며, 모든 기업뿐 아니라 국가 정책적으로 환경을 감안한 개발과 공해물질의 배출에 대한 규제 상황에서 공해물질을 줄일 수 있는 국가가 환경산업에서 이익을 보고, 국가의 구성원들에게 더 행복해질 수 있는 기회를 제공할 수 있다. 환경보호냐? 경제성장이냐? 이 두 가지가 상충되던 과거의 패러다임에서 두 가지가 공존하는 새로운 세상이 눈앞에 도래한 것이다.

곡물가격이 전체 물가상승을 이끄는 현상을 애그플레이션이라고 한다

라면가격이 오른 이유는 무엇일까?

한 라디오 시사프로그램에서 유명 아나운서의 말실수가 화제가 된 적이 있다. '물가불안, 서민경제를 위협한다'는 내용의 기획물을 보도하면서 농산물 등 먹거리의 가격 폭등에 관한 의견을 나누었는데, 여기서 '애그플레이션(agflation)'의 의미를 설명하던 중 "'애그'는 계란의 '에그(egg)'를 이야기하는 거겠죠"라고 말한 것이었다. 하지만 애그플레이션이란 농업을 의미하는 'Agriculture'와 물가 상승을 의미하는 'Inflation'의 합성어로 'eggflation'이 아닌 'agflation'이라고 쓴다.

그렇다면 과연 애그플레이션(agflation)이란 무엇일까? 애그플레이션은 곡물가격이 오르면서 전체 물가도 영향을 받아 인플레이션이 발생하는 현상을 말한다.

물가란, 시장에서 거래되는 모든 상품의 가격 수준을 일정 기준으로 평준화시킨 것으로 그 사회의 경제적 위치를 짐작할 수 있게 해준다. 인플레이션이 발생한다는 것은 물가가 지속적으로 상승하여 그 나라의 화폐가치가 떨어지는 것을 의미한다. 즉, 통화구매력이 약화되는 현상이라고 할 수 있다.

물가가 상승한다고 해서 무조건 나쁜 영향을 미치는 것은 아니다. 단기간 동안 적은 폭의 상승이 있을 때에는 기업의 이윤 및 투자의 증대로 국민경제에 활력이 되기도 한다. 하지만 여기서 문제가 되는 것은 바로 '급격한' 물가의 상승이다. 물가가 상승하면 부익부 빈익빈 현상이 증가하여 부와 소득의 불공정 배분이 더욱 심화되고, 국제수지가 악화되며, 투기꾼들로 하여금 투기를 조장시키는 역효과를 가져온다. 그런데 최근에 곡물 및 원자재 가격의 폭등으로 인해 전 세계적으로 급격한 인플레이션이 발생하고 있다. 이른바 애그플레이션이다.

최근의 물가상승은 누구나 실감하는 부분이다. 싸고 만만한 가격에 한 끼를 거뜬히 해결할 수 있었던 라면마저 개당 1,000원을 넘기 시작하니 장볼 맛이 안 난다고 푸념하는 소리가 많다. 그렇다면 라면 가격은 왜 오른 것일까? 라면의 주원료인 밀가루는 수입물량에 의존하고 있는데, 국제적으로 밀가격이 인상된데다 유가상승으로 포장지 용기와 라면박스 등이 오르는 등 원가부담이 계속 가중되었기 때문이다.

애그플레이션, 무엇이 문제인가?

곡물가격이 상승하는 배경에는 수요, 공급, 거시경제 등의 복합적인 요인이 있으나 장기적으로 수요가 가장 심각한 문제로 지적되고 있다. 수요 측면을 보면 먼저 신흥국들의 경제가 발전함에 따라 주식이 잡곡에서 쌀, 밀가루, 육류로 변하고 또 육류의 소비가 늘다 보니 가축들에게 먹여야 할 사료의 수요도 증가한다. 이 때문에 그간 보관해 왔던 곡물의 재고량이 부족해지면서 가격이 상승하고, 더불어 곡물 소비를 통해 생산이 되는 육류나 유제품의 가격도 동반 상승하는 것이다. 또한 세계적으로 바이오에너지가 각광을 받으면서 에탄올의 원료인 옥수수 등의 곡물 수요가 증대하는 것도 주요한 요인이다.

이처럼 곡물에 대한 수요는 계속해서 증가하고 있는 반면 지구온난화, 태풍, 가뭄, 홍수 등 기상여건의 악화로 인해 미국, EU, 중국 등 주요 곡물 생산국에서의 생산량이 감소하고 경작지 또한 줄어들고 있다.

이런 상황에서 최근 달러화의 약세로 인해 곡물 및 원자재 시장으로 자금의 이동이 증가하고, 유가상승으로 생산비와 물류비도 상승하고 있기 때문에 세계적으로 밀, 콩, 옥수수와 같은 곡물 가격이 큰 폭으로 오르고 있는 것이다.

곡물값은 그것을 원재료로 삼는 식료품 가격에 직접적인 영향을 미침과 동시에 동물의 사료값을 인상시켜 육류가격도 동반 상승시킨다. 따라서 곡물값의 변동은 곡물을 주식으로 하는 동아시아에만 영향을 미치는 것이 아니라 전 세계적으로 파급되어 서민경제에 직접적인 영향을 미친다는 측면에서 큰 문제가 아닐 수 없다.

애그플레이션의 위험은 밀가루를 주식으로 삼는 여러 나라에서 폭동이 일어날 만큼 심각한 상태이다. 이탈리아 상점들은 급등하는 파스타 가격에 항의하는 대규모 시위를 벌였고, 멕시코에서도 지난 2007년 초 옥수수로 만든 전병인 또띠야 가격이 급등하자 국민들이 거리로 뛰쳐나와 시위를 벌였다. 이에 멕시코 정부는 또띠야 가격 상한선까지 설정했지만 불안감은 여전하다.

식량위기가 도래하면서 식량안보에 대한 불안감으로 각국 정부의 수출금지도 확산되고 있다. 파키스탄은 음식가격의 상승에 대처하기 위해 밀의 수출을 제한하고 있다. 러시아 역시 빵값 상승을 억제하기 위한 대책 마련에 고심하고 있다. 하지만 치솟는 음식가격을 잡아둘 만한 별다른 묘책이 없다는 점이 큰 문제다.

식량위기가 세계경제에 위기를 불러온다

세계 주요 곡물 생산국이 자국 내 곡물가격의 앙등과 공급 부족 사태를 염려해 잇달아 수출을 금지하고 나서면서 전 세계가 식량 전쟁의 소용돌이에 휘말렸다. 식량안보론이 힘을 얻으면서 미국발 금융위기보다 식량위기가 세계경제에 더 큰 위험으로 부상한 셈이다.

유엔도 식량위기를 해결하지 않으면 지구촌 안보를 위협할 것이라고 경고했다. 인도네시아의 쌀 수출 금지 조치가 다른 쌀 생산국에도 파장을 미칠 수 있다는 것이다. 이미 여러 나라가 곡물 수출을 금지한 상태여서 식량 보호주의 확산에 따른 가격 폭등세가 예상되고 있다. 중국도 쌀 수출을 억제하기 위해 올해부터 수출관세를 부과하기 시작했다.

세계 2위 쌀 수출국인 베트남도 쌀 수출 통제조치를 연장했으며, 캄보디아도 쌀 수출을 2개월간 중단하는 조치를 발표했다. 중국 다음으로 쌀을 많이 생산하는 인도도 향료 쌀인 바스마티의 최초 수출가를 인상하고, 바스마티 외에는 쌀의 수출을 전면 중단했다.

식량 자급률을 높여야 살아남는다

현재 우리나라의 식량 자급률은 28%로 선진국에 비해 취약한 수준으로 이중 쌀을 제외하면 5%대에 불과하다. 이러한 상황에서 국제 곡물가격이 급등하면 우리나라는 무역수지 악화와 물가상승 등 경제 전반에 악영향을 받는다.

수입 곡물을 주로 사용하는 배합사료는 1년 사이에 무려 30% 가까이 올랐고, 소비자 물가에 직접적인 영향을 주는 밀가루가격 역시 15% 정도 인상됐다. 이에 따라 벌써 제과업체들은 20%, 라면과 국수 제조업체들은 10%의 가격을 인상하기 시작하였다.

우리나라의 2008년 상반기 농·축산물 적자액은 같은 기간 메모리반도체 무역흑자 규모를 웃돈다고 한다. 특히 단일 품목 중 수입 규모가 가장 큰 옥수수는 상반기 수입액이 전년 대비 50% 이상 늘었다. 이 같은 추세가 계속되면 연말까지 농·축산물 적자는 갈수록 늘어날 것이다. 한마디로 아무리 수출을 많이 해도 식량수입으로 다 까먹는 구조이다.

문제는 돈을 주고서라도 살 수 있다는 전제하에 무역수지를 걱정하고 있는데, 식량위기가 심화되면 돈을 주고서도 곡물을 살 수 없는 상황도 배제할 수 없다는 점이다.

실제로 각 나라들이 밀의 수출을 줄이고 있는 실정이다. 다행히 쌀은 그나마 자급하고 있지만, 이마저도 WTO 관세화 유예가 끝나 본격적으로 수입쌀이 시판되기 시작했기 때문에 쌀 농업도 붕괴될 위험이 있다. 여기에 그나마 농업의 버팀목이 되었던 과수, 원예시장마저 FTA에 의해 완전 개방되면 식량 자급률이 10%대로 떨어지는 것은 시간 문제일 수 있다.

한국의 곡물 자급률은 OECD 국가 중 세 번째로 낮은 수준이다. 주요 곡물 수출국인 호주(280%), 프랑스(191%), 캐나다(164%)는 물론이고, 공업국으로 알려진 독일과 스웨덴도 곡물 자급률이 각각 126%, 120%로 100% 이상을 유지하고 있다.

최근 곡물가격 폭등의 원인이 미국의 바이오에너지 정책 때문이라는 분석처럼 세계는 지금 탈석탄 연료 개발 전쟁의 시대이다. 미국은 풍부한 옥수수 생산량으로 바이오에너지의 선두를 달리고 있고, 브라질, 인도네시아 등도 팜, 야자수 등의 재배를 통해 바이오에너지의 생산에 박차를 가하고 있다. 이렇듯 세계는 옥수수, 대두 등의 재배면적과 생산량을 늘려 다가올 바이오대전을 준비하고 있는데, 정작 우리나라는 먹을거리로 쓸 양도 수입하기가 벅찬 실정이다. 화석연료야 원래 없었기 때문에 경쟁 여하를 따질 수 없지만, 적어도 옥수수와 대두, 유채 등 우리나라에서 생산 가능한 곡물을 이용한 바이오에너지 개발만큼은 뒤처지지 않을 수도 있지 않을까?

우리나라도 이제 국가적 차원에서 충분한 농지를 확보하고 농업인들의 생산 환경에 보다 높은 관심을 쏟음으로써 효율적으로 곡물 자급률을 높여 나가야 한다. 또한 안정적으로 곡물자원을 확보할 수 있도록 해외 농업자원의 개발과 정책도 적극적으로 고려해야 한다. 또한 세계 곡물시장에서 유통 장악력을 높이는 노력도 필요하다. 일본은 곡물유통을 국가 전략 산업화하여 주요 수출국의 곡물 유통기반시설을 직접 매입하는 방식으로 곡물을 확보한다고 한다.

소비 측면에서도 쌀 위주의 한국식 식생활을 늘려서 국산 농산물 소비를 촉진하고, 음식물 쓰레기를 줄여 식량수입을 줄이는 것이 필요하다. 현재 우리나라는 식품 공급량의 1/3 정도가 폐기될 정도로 비효율적으로 식품을 소비한다고 하니 큰 문제가 아닐 수 없다. 이제는 안정적인 농산물 생산기반이 구축되지 않으면 지속적인 경제성장을 담보하기가 어렵다. 농업의 건전한 발전 없이 선진국으로 진입하기 어렵다는 말이다. 선진국 진입을 위해 '산업' 을 발전시키던 그 열정과 노력으로 이제 우리는 다시 '농업' 에도 관심을 가져야 할 것이다.

우리 국민이 웃을 수 있는 FTA 체결을 위해서는 신중한 판단이 필요하다

생활 속에 들어온 FTA

지난 2004년 한국과 칠레의 자유무역협정(FTA) 비준 동의안이 국회에서 통과되었다. 각 정당은 대변인 성명 등을 통해 FTA 비준안 처리가 국익 차원의 결정임을 강조하면서 농촌 피해 보전을 위한 적극적인 보완대책 마련을 촉구하였다. 하지만 여의도 국회의사당 주변에서는 전국농민회총연맹 등 농민단체 소속 농민 3,500여 명이 FTA 비준 반대를 요구하며 격렬한 시위를 벌였다.

그리고 2008년, 이번에는 한·미 자유무역협정과 미국산 쇠고기 수입에 반대하는 대규모 농민집회가 서울 도심에서 열렸다. 전국한우협회 등 전국의 농민단체 소속 농민 8,000여 명은 이날 한·미 FTA 반대 전국 농민대회를 가졌다. 반면 새물결국민운동중앙회 회원 등 1,000여 명은 같은 날 오후 청계광장에서 '한·미 FTA 국회 비준 촉구 범국민대회'를 열었다. 한·미 FTA 비준 동의안을 국회에서 조속히 처리할 것을 요구한 것이다.

미국과 FTA 체결에 합의한 지 1년이 넘었지만 우리나라와 미국은 아직 협정 비준을 하지 않은 상태이고, 여전히 찬반 논란이 끊이지 않고 있다. 왜 FTA에 대해 이렇게 서로 다른 입장이 나타나는 것일까?

자유무역협정(Free Trade Agreement)이란, 국가 간 상품의 자유로운 이동을 위해 모든 무역의 장벽을 제거시키는 협정으로 영문 머리글자를 따서 FTA로 약칭한다. 즉 국가 간 상호 무역증진을 위해 물자나 서비스 이동을 자유화시키는 협정으로, 나라와 나라 사이의 제반 무역장벽을 완화하거나 철폐하여 무역 자유화를 실현하기 위한 양국 간 또는 지역 사이에 체결하는 특혜무역협정이다. 체결국 사이에 제한적 통상규제를 완화 내지는 철폐하여 무역의 자유화를 구현한다는 내용이다. 이를 통해서 자원의 효율적 배분 및 시장 확대에 따른 공동의 경제적 이익을 향유하고자 하는 것이다.

이제 FTA는 우리 생활에 성큼 다가와 있다. 그동안 정부는 한-칠레 FTA를 체결하고 한-싱가포르 FTA를 타결하였다. 멀고 먼 나라라고 생각되었던 칠레와의 FTA가 체결된 뒤에 국내 전자제품은 칠레로의 수출이 폭발적으로 늘어났고, 우리는 식당에서 어렵지 않게 칠레산 와인을 주문하여 맛볼 수 있게 되었다.

FTA, 언제 해야 하는가?

FTA 체결은 우리 제조업의 수출시장을 확보하는 데 중요한 역할을 한다. 이미 전 세계 교역의 절반이 넘는 거래가 FTA를 체결한 나라들끼리 이루어지고 있다. 여기서 우리나라가 세계의 흐름을 따르지 않는다면 국내 수출업체들만 수출시장에서 남들이 물지 않는 관세를 지불하고 남들이 겪지 않는 비관세 장벽을 넘어야 하는 불리한 여건을 감수해야 할 것이다. 실제로 지난 2004년에 태평양을 건너 멕시코로 수출되던 타이어가 멕시코항 하역 일보 직전에 일본-멕시코 FTA가 체결되면서 회항해야 했던 사건도 있었다. 거기다 중국, ASEAN 등 후발 공업국들에게 우리 제조업 제품의 대부분이 추격을 받고 있는 판이다.

이들 국가들이 적극적으로 FTA 체결에 나서고 있는 점을 감안한다면, 이대로 뒤처져 있다가는 그동안 선발 교역국으로서 누려온 시장 선점효과를 머지않아 모두 놓쳐버릴지도 모른다. 무역의존도가 70%에 이르는 우리나라가 다른 경쟁국에 비해 FTA 체결 면에서 뒤처지는 것은 매우 심각한 문제이다.

현실적인 대책 마련이 시급하다

그런데 FTA는 국가 전체적으로 이득이 되는 측면이 분명히 많지만, 특정 분야, 특히 농업, 금융, 영화산업에서는 피해가 발생한다.

특히 농업의 경우 개방에 따른 피해는 분명 크다. 일부에서는 우리 농업이 쌀을 제외하고는 이미 개방이 되었고, 쌀도 부분적으로 개방된 상태이므로 지금 우리가 고민해야 할 문제는 '개방을 할 것이냐 말 것이냐가 아니라 어떻게 개방의 피해를 최소화할 것이냐이다' 라는 시각으로 접근하고 있다. 우리나라는 한미 FTA 이전에 이미 쌀 시장 개방의 압력을 받아오고 있었으며, 현재 국제무역협상에서도 우리의 쌀 시장 개방에 관해서 의견이 분분한 뜨거운 감자임에 틀림없다.

우리나라의 쌀은 1995년 우루과이라운드(UR) 협상 때 관세화유예 품목으로 개방은 하지 않되 일정 물량만 정부에서 수입하여 가공업체나 떡 등 일부 분야에만 유통이 되었다. 지난 2005년은 그 10년의 유예기간이 끝난 시점이었다. 다시 쌀 협상을 하여 앞으로 10년간 관세화 유예를 협약하였으나 이번 협약에는 시장 접근 물량, 즉 소비자가 수입쌀을 직접 구입할 수 있다는 내용이 담겨 있다.

쌀 시장의 개방은 대세이며 어쩔 수 없지 않느냐는 의견도 있다. 물론 국민과 농민들도 세계경제의 흐름에 따라야 한다는 점은 인정한다. 그렇지만 지금처럼 아무런 대책 없이 그저 농민들의 희생만 강요할 수는 없다. 지금이라도 농업 부분에서 실질적인 지원대책을 마련해야 할 것이다. 우리나라 농업의 형태는 소작농 위주로 되어 있다. 즉, 소규모 영세 농민들이 대부분이다. 소규모 영세농민들이 땀 흘려 지은 쌀은 가격이 비쌀 수밖에 없다. 규모의 경제가 이루어지지 않기 때문이다. 앞으로의 과제는 이러한 구조를 어떻게 변화시키고, 적절한 수준에서 어떻게 지원할 것인가 하는 점이다.

미국의 압력으로 비료 보조금과 추곡 수매제까지 폐지되고, 농산물 값이 오를만 하면 물가를 안정시킨다는 명목으로 수입 농산물이 들어와 지금 우리 농민은 사실상 파산상태에 처해 있다. 앞에서 이야기했듯이 쌀을 뺀 우리의 식량 자급률은 5% 수준이다. 현실적인 대책 마련이 시급한 시점이다.

현재 세계 각국은 경쟁적으로 FTA를 늘려 나가고 있는 것이 현실이다. 가만히 있으면 결국은 FTA를 체결한 국가에 비해 가격 경쟁력을 잃고 마침내는 시장을 상실할 수도 있다. 멕시코와 FTA를 맺지 않은 우리나라가 멕시코와 FTA를 맺은 일본 등 세계 30여 국에 비해 평균 15% 이상의 높은 관세를 매긴다면 멕시코 시장에서 우리 제품은 비슷한 제품과의 경쟁에서 도저히 이길 수 없을 것이다.

하지만 그렇다고 해서 취약 부문의 생산성이 올라가는 점만 주목하여 무조건 FTA를 체결해서는 안 된다. 준비되지 않은 상태에서 경쟁이 갑자기 강화되면 그 결과는 생산성 및 경제의 활성화가 아니라 약자의 도태로 이어질 수도 있기 때문이다.

특히 미국과의 FTA 경우처럼 그것이 상품교역뿐 아니라 지적 재산권, 자본시장까지 포함하는 것이라면 철저한 대책 아래 여론 수렴을 거쳐서 신중히 판단해야 할 문제가 아닐 수 없다.

우리나라는 불리한 입장에서 꺼내놓을 수 있는 외교자원이 아직 없다

해외자원 개발, 그 깃발이 오르다

국제시장의 에너지 및 원자재 가격이 급등하면서 각국의 에너지 자원 확보에 비상등이 켜졌다. 유가를 비롯한 원자재 가격의 폭등은 서민의 주머니를 조이며 한국경제를 위협하는 공공의 적이 되고 있다. 게다가 고유가로 물가는 오르고 경제성장은 정체되는 스태그플레이션에 대한 우려도 커지고 있다.

자원이 부족한 우리나라는 유가가 독주하는 시기에는 장기적으로 에너지를 확보하여 에너지 강국의 입지를 굳히는 외교에 주력할 수밖에 없다. 미국, 유럽, 러시아와 새로이 부상하는 중국, 인도 등 주요 강대국들은 앞다투어 에너지 안보를 정치적으로 최우선 과제로 삼고 있다. 우리나라도 경제 성장을 위해서는 국가적 차원에서 에너지자원을 지금보다 더 획기적인 방법으로 확보해야 할 것이다. 특히 지리적으로 유리하면서 세계 최대 에너지 자원 보유 지역인 유라시아 지역, 그중에서도 러시아 시베리아의 자원을 확보해야 한다.

자원 빈국 대한민국이 해외 자원개발에 처음 관심을 가진 것은 1980년대 초 인도네시아 서마두라 유전이었다. 이후 20년 동안 큰 진척을 보지 못하다가 해외자원 개발 진출이 본격화된 것은 2000년대 들어서이다. 이 때문에 다른 선진국들에 비해 해외자원 개발의 투자규모나 개발 전문인력은 턱없이 부족한 실정이다. 에너지 자립도가 5%도 안 되는 우리 현실에서는 자원외교에 힘을 쏟지 않을 수가 없는 것이다.

세계의 공장이라고 불리는 중국은 지하자원도 많이 묻혀 있지만, 13억이 넘는 인구와 급격한 산업화로 해외까지 나가서 자원을 개발하는 나라이다. 중국은 이미 몇 년 전부터 원자바오 총리와 후진타오 주석이 역할을 나눠 러시아, 중남미, 아프리카를 누비고 있으며, 인도를 포함한 다른 나라도 '신 자원민족주의'가 부상한다고 보고 자원외교에 전력을 쏟고 있다. 세계 각국은 그야말로 총성 없는 자원외교 전쟁을 치르고 있는 것이다.

2008년 후진타오 중국 국가주석은 아태경제협력체(APEC) 정상회의 참석차 호주에 도착하자마자 서부 퍼스행 비행기에 몸을 실었다. 그는 퍼스 도착 성명에서 "양국의 협력 사업으로 호주는 중국에 경제건설을 위해 필요한 자원을 제공하고, 중국은 호주에 경제성장의 원동력을 주고 있다"라고 하면서 "양국 외교관계 수립 35년간 우호 증진에 가장 큰 공헌을 한 곳이 바로 이곳"이라고 말했다. 또 앨런 카펜터 서호주 주지사와 회담을 하고 자원 공급에 있어 최우선적으로 중국을 배려하겠다는 약속을 얻어냈다.

총성 없는 자원외교 전쟁

우리 정부도 에너지를 안정적으로 확보하지 못하면 미래가 없다는 위기감 속에서 2013년까지 석유와 가스의 자주 개발률을 20%로 끌어 올린다는 계획을 갖고 있다.

한승수 국무총리가 대규모 경제단을 이끌고 중앙아시아 3개국(우즈베키스탄, 카자흐스탄, 투르크메니스탄)과 아제르바이잔에 대한 자원외교에 나선 것이 국제 경제계에서 주목을 받았다. 한 총리는 출국에 앞서 '쌍방향' 자원 외교 형태로 호혜적인 윈윈 전략을 구사할 것이라고 선언했다. 실제 에너지 관련 기업뿐 아니라 각 분야의 많은 기업인들이 동행했으며, 적잖은 성과를 거둔 듯하다. 카자흐스탄 잠빌 해상 광구 지분 27% 인수 본계약 체결을 비롯해 중앙아시아 3개국으로부터 3억 3,700만 배럴 규모의 석유 광구 탐사권을 확보하였으며, 가스전 탐사 계약, 우라늄 장기 도입 계약, 각종 개발 협력 MOU(양해각서) 등을 체결하였다.

반면 우리는 자원 수출국들의 '자원 민족주의'의 위력도 실감할 수 있었다. 이들 자원 부국들은 소위 '자원 개발법' 등을 제정해서 외국 기업의 지분 참여를 제한할 뿐만 아니라, 이미 체결된 계약까지 무효화시킬 수 있는 법적 수단을 마련해놓고 있다. 이는 자원외교의 앞길이 험난할 것임을 예고하는 전주곡이다. 세계의 공장으로 자원 확보에 혈안이 되어 있는 중국, 우리와 같은 자원 빈국인 일본, 기술과 자본에서 앞서는 선진국과의 경쟁에 한국은 과연 어떠한 차별화 전략을 구사해야 할까?

자원외교는 치밀한 전략 수립하에 은밀하게 진행되어야 한다. 우리가 한국용 자원을 선별해서 요란하게 요구한다면 상대국의 기대치와 자원 단가만 높일 뿐이고, 우리는 더욱더 협상에서 수세적인 위치에 놓일 수밖에 없다.

다음으로 상대국과의 지속적인 우호관계 유지 및 원활한 외교적 소통이다. 정부는 상대국과 적극적으로 의사소통을 하고 기업에 대해서는 지속적으로 측면 지원을 해야 한다. 자원민족주의가 나날이 강화되는 오늘날에는 상대국과 긴밀하고 돈독한 우호관계를 유지해야 하는 정부의 역할이 더욱 중요하다.

이제 전 세계는 석유 한 방울, 천연가스 1입방미터, 석탄 한 삽, 우라늄 1그램이라도 소홀히 할 수가 없다. 연료가 있어야만 전력생산과 산업 활동이 가능하기 때문이다.

국제정치의 판도가 항상 폭탄이나 총검, 전쟁의 승패 따위를 통해서만 바뀌는 것은 아니다. 때때로 정치적 지각변동은 그리 극적이지 않은 방식으로 나타나곤 한다.

천연자원을 둘러싸고 벌어지는 새로운 냉전의 시대가 시작된 지금도 그렇다. 국가 간의 권력 관계들이 근본적으로 변화하고 있는 것이다. 공급은 점점 부족해지는 한편 수요는 점점 늘어나는 오늘날은 천연자원을 둘러싼 총성 없는 치열한 선쟁이 벌어지는 시대이다. 그리고 국제정치가 점점 더 에너지 안보와 산업의 동력으로써의 자원확보 문제 등에 의해 좌우되고 있는 시대이다.

원자재의 수급난 해소와 에너지자원의 확보를 위해 정부가 해야 할 에너지자원 확보 방안은 무엇이 있을까.

우선, 에너지자원 수급을 위한 정부 정책을 혁신해야 한다. 특히 해외 에너지자원개발에 참여할 기업을 육성하여 지원하는 프로그램의 도입이 절실하다. 또한 에너지자원과 관련된 책임자들이 일원화된 회의체를 구성하고, 이를 바탕으로 유라시아와의 에너지 외교 등에서 체결된 에너지·자원 관련 후속대책을 수립하여 실행해야 한다. 그 밖에 에너지·자원 개발을 위해 해외에 진출한 기업과 연계하여 현지 법률 및 정보를 제공하고 나아가 기관들의 협력을 이끌어 진행상황을 총괄하는 탄력적인 팀의 구성도 필요하다. 이제는 전문가가 나서서 국가의 에너지 정책을 혁신하고 에너지 외교안보를 강화해야 할 시기이다.

한국경제의 장밋빛 미래를 위해 자원을 확보하라

국제유가가 폭등하면서 에너지·자원확보 경쟁이 갈수록 치열해지고 있다. 세계 각국이 산유국을 자기편으로 끌어들이기 위해 사회간접자본 투자를 약속하며 유전 지분을 얻어내는 등 에너지 외교에 총력을 다하고 있는 것이다. 이러한 상황 속에서 일부 자원 부국들의 '자원 민족주의'가 확산되고 있기 때문에, 유전을 공동으로 개발하고 원유 수입국에 대해 일찍부터 좋은 관계를 맺는 것은 에너지를 싸고 고정적으로 수입하기 위해 매우 절실한 과제가 아닐 수 없다.

세계적인 자원 부국 러시아가 해외자원 확보에 발벗고 나섰다. 러시아는 가스 매장량 세계 1위, 석유 매장량 세계 7위의 자원 대국임에도 불구하고 고갈되어 가는 에너지 확보가 경제성장과 국가안보의 핵심으로 부상하고 있다. 검은 대륙 아프리카는 중국, 미국 등과 치열한 경쟁을 벌이고, 최근엔 동남아지역으로까지 손을 뻗치고 있다. 일본도 일찍부터 동남아에서 지진이나 해일로 피해가 큰 경우 자원외교를 목적으로 엄청난 무상 지원을 통해 좋은 관계를 만들면서 안정적인 자원 챙기기를 하고 있다.

세계는 이미 자원확보 전쟁에 돌입했다. 더 이상 주저할 시간이 없다. 이제 에너지 정책에 있어 기존의 문제를 재빨리 인식하고 새롭고 시대에 맞는 대책과 태양광에너지 등 대체에너지 개발을 통해 한국경제 발전을 위한 탄탄한 기반을 조성해야만 할 것이다.

현실을 반영하지 않은 일부 에너지자원 수급에 대한 낙관론과 정치 논리에 순응하는 안일함으로는 한국경제의 장밋빛 미래를 약속할 수가 없다. 지금은 주변 각국의 정세에 촉각을 세우고 과거의 미약한 성과를 자성하며 에너지 부족 문제를 타개해야 할 때이다.

금값과 유가의 변동은 수요와 공급 외에 투기적 자본에 의해서도 발생한다

중동지역 전쟁뉴스가 보도되면 석유값이 오른다

뉴스를 보면 재미있는 사실을 알 수 있다. 보스니아 내전이나 동티모르 사태는 큰 사건인데도 중간이나 끝에 보도되는 데 반해 중동지역에서 벌어진 전쟁이나 테러 뉴스는 맨 처음에 방송되거나 속보로 전해진다. 왜 중동 뉴스를 다른 분쟁지역보다 더 중요하게 다루는 것일까? 그 이유는 석유에 있다. 중동은 산유국이 몰려 있는 대표적인 지역이다. 따라서 이 지역에서 생기는 크고 작은 사건은 석유값에 직접적인 영향을 준다. 산유국이 몰려 있는 중동지역의 전쟁은 석유값을 폭등시킬 우려가 있기 때문에 촉각을 곤두세우지 않을 수 없는 것이다.

석유가 왜 그토록 중요한 것일까? 석유값이 오르면 물가와 경제상황 전반에 큰 영향을 주기 때문이다. 잘 알다시피 석유는 단지 연료로만 쓰이는 게 아니다. 석유는 자동차나 난방 연료로도 쓰이지만, 우리가 입는 옷도 석유를 이용해 더 튼튼하고 질기게 만든다. 볼펜도 석유로 만들고, 컴퓨터 자판기와 마우스 역시 석유가 있어야 만들 수 있다.

그런데 안타깝게도 우리나라 땅에는 석유가 매장되어 있지 않다. 그럼에도 우리는 세계 에너지 소비국 10위권에 들 정도로 많은 양을 소비하고 있다. 그만큼 석유에 대한 의존도가 높은 것이다. 그래서 건설사들이 산유국들과 협조해 시추(試錐) 기술을 제공하고 시추한 석유의 일부를 받는 등 긴밀히 협조하고 있다.

모든 재화는 일반적으로 수요와 공급에 의해 값이 결정된다. 그런데 석유는 사려는 사람에 의해 값이 바뀌는 경우도 있지만, 대개 파는 사람에 의해 정해진다. 왜냐하면 석유를 대신할 에너지원이 개발되지 않다 보니 대부분의 에너지를 석유에 의존하고 있기 때문이다. 인간의 삶에 꼭 필요한 석유의 대체재가 없다는 것은 석유가 매장된 나라들에게 막강한 영향력을 부여해준다.

이러한 나라들은 고의적으로 공급 물량을 조절함으로써 석유 가격을 올리기도 한다. 중동 산유국들의 모임인 석유수출국기구(OPEC)는 공급 물량을 정해 시장에 내놓는다. OPEC은 세계 원유 수출량의 절반을 차지하고 있는데, 기본적으로 시장에 공급을 확대하든 줄이든 간에 가격을 높게 유지하고자 하는 시도를 하고 있다. 과거에 OPEC 장관들은 생산량을 줄이기 위한 합의를 하기 이전에 가격이 떨어지기를 기다리는 경향이 있었다. 그러나 최근 들어 OPEC은 어떤 가격 하락이 없음에도 감축을 발표하는 등 더 공격적으로 행동하고 있다. 이전에 국제 석유기업들은 전통적으로 계절적으로 수요가 약한 시기를 이용하며 재고량을 늘려 왔지만, OPEC의 전략 변화로 여의치 않게 된 것이다.

모든 재화가 그렇듯이 석유도 희소성이 커질수록 값이 올라간다. 석유는 공기처럼 무한하게 공급되는 것이 아니라 매장량이 정해진 한정자원이다. 지금처럼 석유 소비가 많아지면 매장량이 점차 줄어들어 희소성이 높아져서 석유값은 더 오를 것이다.

에너지 경제학의 기본 법칙 중 하나는 에너지자원의 매장량이 절반으로 줄어드는 시점에 가격이 폭등한다는 것인데, 이것으로 비추어볼 때 지금의 유가폭등 상황은 단순히 정정불안 때문이 아니라 오히려 자연스런 현상이라 할 수 있다. 이미 1986년부터 전 세계 1인당 석유 소비량은 감소 추세로 돌아섰다. 이 말은 곧 그만큼 인구가 폭발적으로 증가했다는 의미인데, 그때 이미 석유의 수요를 줄이려는 노력을 했어야 했는데도 각국 정부는 수수방관하였고, 그 결과 현재의 위기를 자초했다고 볼 수도 있다.

근래의 유가상승에는 여러 요인이 있겠지만, 기본적으로 경제성장에 따라 중국, 인도 등에서 원유의 수요가 증가하는 반면 세계적으로 원유 생산량은 고정되어 있기 때문에 시장원리에 따라 수요가 공급을 초과하여 가격이 오른 것이다.

유가의 변동의 원인은 수요와 공급에 달려 있다

1950년대 이후 전 세계를 뒤흔든 원유가격 폭등은 모두 다섯 차례 있었다. 1990년대까지 세 차례는 정치 · 외교 · 군사 등 비경제적인 요인이 지배했고, 2000년대 이후 두 차례는 주로 경제적인 이유에서 비롯됐다.

세계경제에 막대한 충격을 주었던 1970년대 두 차례의 석유파동을 '오일쇼크'라고 부른다. 1차 오일쇼크는 1973년 아랍과 이스라엘의 4차 중동전쟁에서 촉발됐다. 그러자 아랍석유수출국기구 6개국은 이스라엘에 동조하는 미국 등 서방세계를 압박하기 위해 대대적인 가격인상과 감산을 단행했다. 원유 고시가격을 대번에 17%(배럴당 3.02달러에서 3.65달러로) 올리고, 이스라엘이 철군할 때까지 원유 생산을 매월 5%씩 줄이기로 한 것이다. '석유의 무기화'가 현실화된 것이다. 그리고 이듬해 1월 국제유가는 배럴당 13달러로 2개월여 만에 4배 이상 뛰었다.

2차 오일쇼크는 1979년 초 이란의 '이슬람혁명'과 1980년 이란·이라크 전쟁에서 비롯되었다. 이미 1978년 석유수출국기구가 원유가격 인상을 결정한 가운데 전 세계 공급의 15%를 차지하던 이란이 전면 수출금지에 들어갔다. 매점매석과 투기까지 가세했다. 유가는 5개월 동안 배럴당 15달러에서 39달러로 2.6배 뛰었다. 두 차례의 오일쇼크는 전 세계적인 불황과 물가상승 등으로 이어졌다. 우리나라는 2차 오일쇼크가 온 1980년에는 마이너스 성장(-1.5%)을 기록했다.

2000년이 되자 이전과는 다른 차원의 유가 불안이 나타났다. 석유수출국기구가 1997년 아시아 외환위기 이후 급락한 유가를 다시 올리기 위해 감산에 들어간 가운데 세계경기 회복으로 석유수요가 한꺼번에 폭발했다. 이때에는 과거와 달리 가격이 오랜 시간에 걸쳐 꾸준히 상승했다.

대체 에너지원을 찾아서

최근의 고유가 사태는 2004년 이후 5년째 지속되고 있는데, 2000

년보다 더욱 다양한 원인이 얽혀 있는 것으로 분석된다. 우선은 수요와 공급의 불균형이다. 국제에너지기구(IEA)에 따르면 지난해 1~3분기 세계 석유의 수요는 전년 동기 대비 하루 86만 배럴이 늘어났지만, 공급량은 12만 배럴이 줄었다. 중국, 인도 등의 빠른 산업화로 석유소비가 폭증했지만, OPEC은 2006년 이후 꾸준히 생산을 줄여 온 것이다.

또, 원유 거래의 주요 결재수단인 미국 달러화의 약세도 산유국들의 실질수입을 감소시켜 유가상승을 부채질하고 있다. 여기에다 추가적인 유가상승 및 달러가치 하락에 대한 기대감이 작용하면서 각국의 유동자금이 선물시장으로 집중되어 투기현상이 빚어지고 있는 것이다.

요컨대, 과거 유가파동은 산유국 등 공급 측면에서 주로 발생했지만, 현재는 원유소비의 증가, 투기자금의 유입 등의 수요 측면이 중요한 요인으로 작용하고 있으며, 특히 석유가 투기성이 강한 금융투자 상품으로 인식되면서 변동성 자체가 과거 어느 때보다도 커진 상태이다.

그러나 달리 생각해보면 유가폭등은 재생에너지가 상용화될 수 있는 가능성을 열어주고 있다. 그동안은 재생에너지에 비해 상대적으로 석유가 더 저렴했기 때문에 재생에너지는 석유와의 경쟁이 불가능했다. 하지만 고유가로 인해 보다 많은 소비자들이 재생에너지에 눈을 돌리게 되었고 독일과 같은 선진국에서는 국가의 세제 혜택으로 인해 유채씨 기름의 원료인 청정 바이오 디젤이 시장 점유율을 점차 확대해 나가고 있다.

재생에너지 측면에서만 본다면 고유가는 '교토의정서' 체제와 시너지 효과를 내면서 풍력, 바이오디젤, 수소연료전지 자동차 등 재생에너지 분야의 발전에 촉매제가 될 것으로 보인다. 어차피 교토의정서 발효로 인해 화석연료 사용량을 줄여야 했기 때문이다. 따라서 우리나라와 같이 석유를 과다 소비하는 경제구조를 갖고 있는 국가들도 어쩔 수 없이 석유의 수요를 줄여 나갈 수밖에 없다.

석유를 대신할 에너지원을 찾기 위해 전 세계의 과학자들이 노력하고 있지만, 언제쯤 완전한 대체 에너지원을 찾을 수 있을지는 아무도 모른다. 따라서 우리는 자원을 아껴 쓰고 절약해야만 한다. 에너지자원을 안정적으로 공급하는 문제는 국가의 생존권이 달린 중요한 문제이기 때문이다.

우리가 만일 새로운 재생에너지로 순조롭게 이행하지 못한다면 석유를 이용하여 구축해놓은 우리의 모든 것들, 첨단 과학기술은 물론 평범하게 누리고 있는 우리 생활의 많은 것들을 전부 잃어버릴지도 모른다. 하루 속히 전 세계는 지혜를 모아서 파국적인 석유위기를 타개해야 할 것이다.

뭐든 많이 주는 것보다 최적의 자원 배분이 좋은 결과를 낳는다

시장경제 체제의 특징은 끊임없는 경쟁

시장은 크게 파는 쪽(생산자)과 사는 쪽(소비자)으로 나뉘어 경쟁하고 있다. 즉, 생산자들은 보다 높은 가격을 받으려 하고, 소비자들은 보다 싼값으로 물건을 사기 위해 끊임없이 경쟁하면서 각자 이익을 추구하고 있다. 이와 같이 자기의 이익을 위해 서로 경쟁하고 노력하는 과정에서 생산량과 소비량이 일치하는데 이를 경쟁적 균형 상태라 하며, 이때 시장가격(균형가격)이 결정된다.

결국 완전경쟁이 이루어지는 시장에서는 모든 재화와 용역이 하나의 가격을 가질 수밖에 없는데, 이른바 일물일가의 법칙이 적용되는 것이다. 또한 이 시장가격에 따라 적절한 생산량과 생산방법이 결정되는데, 이는 한정된 자원을 가장 효율적으로 배분할 수 있게 하여 마치 보이지 않는 손처럼 경제를 이끌어 나간다.

경제학은 기본적으로 완전경쟁시장을 가정하며, 정보가 모두 공개되고 시장의 참여가 자유로운 완전경쟁을 통하여 자원배분을 최적화할 수 있다고 믿는다. 이를 생산과 소비의 '파레토최적(pareto optimality)'이라는 용어로 부른다. 파레토최적이 이루어지기 위해서는 생산의 효율과 교환의 효율에 대해 다음의 조건이 충족되어야 한다.

첫째, 생산의 효율에 있어서는 어떠한 재화의 생산량을 줄이기 위해 다른 재화의 생산량을 감소시키지 않으면 안 된다는 조건이고, 둘째, 교환의 효율에 있어서는 한 소비자의 효용을 증가시키기 위해 다른 소비자의 효용을 감소시키지 않으면 안 된다는 조건이다. 파레토최적의 상태란 위의 두 조건이 동시에 성립하는 경우이다.

이탈리아의 경제학자 V. 파레토가 처음 이 개념을 경제 분석에 사용했다고 해서 이렇게 명명되었는데, 즉, 파레토최적이란 타인의 손해를 유발하지 않고서는 한 개인의 이득을 증대시킬 수 없는 자원배분 상태를 말하는 것이다. 이는 곧 경제에 있어서 가장 효율적인 상태이다.

그런데 완전경쟁시장에서도 자원배분이 이상적으로 이루어지지 않는 경우가 몇 가지 있는데, 그중 하나가 바로 규모의 경제가 나타나는 경우이다. 시장의 규모에 비해 생산 확대에 따른 규모의 경제 효과가 큰 만큼 여러 개의 기업이 서로 경쟁하기보다는 하나의 기업이 시장의 모든 공급을 담당하는 것이 보다 효율적일 수 있다. 이러한 경우에 수요곡선과 한계비용곡선이 일치하는 점에서 가격과 생산량을 결정하면 가격이 평균비용보다 낮아져 적자운영을 면할 수 없다. 이와 같은 산업에서는 한계비용 가격결정에 의한 파레토최적이 불가능해진다.

민영화와 효율적 배분의 상관관계

이러한 산업은 규모의 경제성이 큰 전기·통신·수도 등의 공익사업 부문에서 성장 초기에 흔히 나타나며, 경쟁이 오히려 비효율적인 결과를 가져오므로 자연히 독과점적 시장구조의 형태를 띤다. 경제학에서는 이를 '자연독점(Natural monopoly)'이라고 부른다. 일부 공기업은 자연독점과는 무관하게 정치적 이유에서 만들어지기도 한다.

우리나라의 경우 자연독점적 공익사업은 대개 정부에 의해 운영되어 왔다. 사기업체는 그러한 생산물을 생산할 수 없기 때문이다. 이에 대해 정부는 보통 기업에 보조금을 주어서 손실을 보상해주든지 생산원가를 보전해주곤 한다. 그러나 자연독점 산업도 규모의 경제가 상실되거나 기술발전 등 여타의 원인으로 경쟁이 가능해진 경우에 경쟁원리를 도입하는 것이 세계적인 추세다. 또 비용이나 가격 분석을 떠나 민간의 '창의성'을 공공부문에 도입해야 할 필요성도 제기되고 있다. 급변하는 환경에 대응하기 위해서는 공무원보다는 벤처기업 CEO의 마인드가 더 필요하다는 것이다. 이런 주장들이 민영화의 출발점이다.

우리나라의 에너지산업 중 석유산업은 이미 경쟁체제로 전환되었고, 전력산업의 발전 부문도 제한된 경쟁체제로 전환되었다. 그러나 전력 판매 부문은 아직 독점체제로 남아 있고, 지역난방과 가스 산업도 마찬가지다. 새 정부의 출범과 더불어 이들 산업마저 경영체제 개선의 압력을 받고 있다. 파레토최적에서는 자원이 효율적으로 배분된다는 의미에서 에너지 공기업 운영에 대한 새로운 접근법이 필요할 수 있다.

'지피지기면 백전백승'이라는 격언은 투자의 세계에도 적용될 수 있다. 즉 '자신의 재무목표를 알고 리스크를 관리할 수 있다면 백전백승'이라는 것이다.

한 증권회사에서 〈세계전사(世界戰史)를 통해 살펴본 자산배분 스타일의 장단점 비교〉라는 보고서를 통해 4가지의 자산배분 전략을 제시하였다. 이 보고서는 수많은 세계 전쟁사에서 승리를 누리는 쪽은 자신이 보유한 모든 자산과 주변 환경을 가장 효율적으로 활용한 진형이었으며, 투자의 결과도 마찬가지라고 밝히고 있다. 즉, 금융시장에서 장기간에 걸쳐 원하는 수익률을 달성하기 위해서는 자신의 리스크 성향 및 투자제한 요인에 대해 명확히 인식하고 여기에 맞춰 자산배분 전략을 세울 필요가 있다는 것이다.

이 보고서에서 제시한 첫 번째 유형은 고려군과 같은 안정 소득형으로 전체 자산의 65% 정도를 각종 채권에 투자하는 상당히 보수적인 자산배분 전략이다. 일단 '원금부터 지키고 본다'는 심리가 엿보이며, 매우 단순하고 보수적이면서도 의외로 실질금리가 마이너스(-) 수준에 접어든 2000년대까지도 많은 가계 및 금융기관, 심지어는 연기금의 투자관행까지 지배하는 중요한 자산배분 전략이다.

하지만 장기적으로 볼 때 '지키기만 해서는' 원하는 결과를 얻을 수 없다. 예를 들어 고려군은 침략해 오는 거란군에게 큰 타격을 입혔지만, 그렇다고 해서 특별히 얻은 실리가 많지도 않았다. 불행히도 고려군의 장기인 청야전술은 극단적인 위험에 대응하는 '국난 극복용' 이외에는 큰 효용이 없었던 것으로 보인다.

두 번째 유형은 공격을 통해 적극적으로 방어하는 스파르타인과 같은 안전 투자형이다. 스파르타인들은 당시로 볼 때 가히 유럽 최강의 보병군단을 가지고 있었음에도 불구하고 될 수 있는 한 전쟁이라는 리스크는 회피했다. 스파르타인들의 군사력은 정복을 위해서라기보다는 이미 획득한 재산과 영토를 지키기 위해, 즉 리스크 관리를 위해 길러졌다고 봐야 할 것이다.

안전 투자형 자산배분 전략은 전체 자산의 50~60% 정도를 주식 등 투자형 자산으로 구성하고, 나머지를 채권형 상품에 투자하는 포트폴리오다. 투자형 자산의 경우 여러 국내외 주식 및 대안상품 등에 분산 투자하여 변동성의 증가를 최소화하는 경우가 많다. 전반적으로 큰 욕심은 부리지 않으나 장기적으로 채권금리에 대비하여 안정된 초과 수익률을 올리려 하는 재무목표에 적합한 자산배분 전략이다.

세 번째 유형은 1940년의 독일군과 같은 표준 투자형이다. 2차 대전 초반 유럽을 석권했던 독일군의 장비와 무장은 연합군에 비해 크게 우월하지 않았지만 한정된 자원들을 효율적으로 배치, 운용했다. 표준 투자형 자산배분 전략은 수익률이 좋을 것으로 보이는 특정 자산에 치우치기보다는 자산별 분산투자 효과의 극대화를 통해 높은 기대수익과 낮은 변동성을 동시에 추구하는 투자전략이다.

표준 투자형은 분산투자의 장점을 활용한 효율성이 뛰어난 자산배분 전략인 만큼 장기적으로 안정적인 수익률을 달성하기를 원하는 모든 투자자들에게 적합하다. 대표적인 사례로는 '은퇴

자금 설계'를 꼽을 수 있다.

네 번째 유형은 무한한 기동력을 갖춘 몽골 기병대와 같은 수익 선호형·고수익 추구형이다. 몽고의 기병군단을 다른 군대와 차별화시킬 수 있는 가장 큰 요인은 역시 그들 특유의 강력한 기동력이라고 할 수 있다. 시시각각으로 변하는 전투 상황에 맞추어 자신을 변화시키는 대응으로 최적의 결과를 만들어 나가는 능력이 세계의 정복자로 만든 가장 큰 요인이다.

고수익 추구형은 전체 자산의 90% 이상을 투자형 자산에 투자하는 공격적인 포트폴리오다. 특히 상대적으로 변동성이 큰 국내주식 및 신흥시장 주식의 투자 비중이 80%에 이르고, 이 자산들의 변동성을 대안투자의 비중을 통해 관리하려 한다는 점이 매우 중요한 포인트이다.

고수익 추구형 자산배분 전략이 성공하기 위해서는 금융시장 환경의 변화에 발맞춰 재빨리 투자전략을 변화시킬 수 있는 전술적 자산배분의 역할이 매우 중요하다. 또한 자신이 선택한 핵심자산의 성과가 중장기 수익률에도 영향을 미칠 수 있는 만큼 금융시장 전반에 대한 폭넓은 리서치 능력이 요구된다.

중국에서 만들었는데도 한국제품이 될 수 있는 이유는 OEM 방식 때문이다

필리핀에서 만든 미국 청바지 리바이스는 어느 나라 제품인가?

여러분 중에는 해외여행으로 동남아에 가서 기념품을 사왔는데, 돌아와서 자세히 보니 '메이드 인 차이나(made in China)' 라고 쓰여 있어 왠지 모르게 기분이 상했던 적은 없는가? 분명 현지에서 기념품 매장에 직접 방문하여 구입한 것인데 생산지가 다르게 표시되어 있으면 뭔가 속은 게 아닐까 하는 생각이 든다.

하지만 이런 경우는 판매자가 자기네 나라 물건이라고 소비자를 속여서 판 것이 아니다. 분명 그 나라에서 제품설계를 해서 주문 제작한 물건이지만, 만들어낸 국가가 다를 뿐이다. 이렇게 생산된 물건을 일명 'OEM 상품' 이라고 한다.

'OEM' 이란 'Original Equipment Manufacturer' 의 약자로 '주문자 상표 부착 생산' 이라고도 하는데, 판매업자가 건네준 요구나 디자인, 설계도에 따라 제조업자가 단순히 생산한 후 납품하는 하도급 생산의 한 형태를 말한다. 즉 A, B 두 회사가 계약을 맺고, A사가 B사에 자사 상품의 제조를 위탁하여, 그 제품을 A사의 브랜드로 판매하는 생산방식 또는 그 제품을 말한다.

그렇다면 한번 생각해보자. 미국의 리바이스 청바지가 필리핀에 있는 공장에서 만들어졌다면 이 청바지는 미국 제품일까, 필리핀 제품일까? 리바이스는 미국 브랜드이므로 당연히 미국 제품이다. 하지만 청바지에는 'made in Philippines'이라고 표기될 것이다. 브랜드는 미국의 것이지만 만들어진 곳은 필리핀이기 때문이다. 하지만 이 경우 품질에 대한 책임은 미국이 져야 한다. 상품을 소비하는 소비자들은 상품의 국적을 따지는 것이 아니라 브랜드를 선호하고 있기 때문이다.

짝퉁과 OEM 방식은 어떤 차이가 있는가?

OEM 방식은 상대적으로 인건비가 저렴한 제3국에서 하청 생산하는 것이지만, 이에 대한 형상관리나 품질보증에 대한 책임은 생산국이 아닌 제품의 판매국에 있다. 또 다른 예로 미국 상표인 테일러메이드 골프 클럽의 경우 중국 OEM 제품이 있다면, 생산국은 중국이지만 미국의 테일러메이드 회사에서 주문한 그대로 중국에서 만들어냈을 뿐이기 때문이다. 따라서 제품에 대한 형상관리와 품질보증 등 제품에 대한 모든 책임은 판매국이 져야 한다.

원칙적으로 미국에서 수입되는 중국 OEM일 경우에는 'Made in USA'가 별도로 각인되어야 한다. 그러나 제품에 아무런 제조국 각인이 없고 페인트로만 생산국이(예를 들어 Made in China라고만)

표시되어 있다면 그것은 원제작사로부터 생산면허를 허가받아 제작한 면허생산품(License Product)이거나 유명 브랜드를 사칭한 짝퉁(Fake)일 가능성이 있다.

면허생산품은 생산국, 즉 예를 들면 중국에서, 미국의 테일러메이드 제품에 대한 기술 및 생산시설 등에 대한 면허를 사용하여 제품을 생산하는 것이다. 이럴 경우에는 OEM이라고 하지 않고 면허생산품이라고 한다. OEM과 큰 차이점이 있다면 면허생산품은 생산국(중국)의 어느 특정회사가 제품에 대한 기술이나 설비를 미국의 테일러메이드 회사로부터 이전받아 제품을 중국에서 생산하고 그 제품에 대한 품질보증이나 제품형상을 관리하는 모든 권한과 책임을 지는 것이다. 그러므로 미국의 원제작사와는 아무런 책임 관계가 없고, 그 제품 또한 미국이 아니라 중국 것(Made in China)이 된다.

불과 몇 년 전까지는 우리나라도 기술이 발달한 나라에서 하청받은 제품을 OEM 방식으로 만들었다. 하지만 지금은 상황이 바뀌어서 우리나라 전체 산업의 30% 정도를 인건비가 싼 국가에 하청을 주고 생산해서 들여오고 있다.

이러한 생산방식은 전기 · 정밀 기계 제품 등의 분야에서 흔히 볼 수 있는데, 최근에는 와이셔츠 · 넥타이 · 신발 등 의류제품은 물론 화장품이나 각종 생활용품에 이르기까지 모든 분야에 걸쳐 행해지고 있다.

이처럼 OEM이 점차 확대되는 데에는 그만한 이유가 있다. 물건을 생산하는 기업으로서는, 상대방의 시장 지배력과 판매력을 이용하여 수익을 높일 수 있고, 수출 상대국의 상표를 이용함으로써 수입억제 여론을 완화시키는 효과도 누릴 수 있다. 또한 물건을 공급받아 판매하는 기업으로서는 스스로 생산설비를 갖추지 않아도 되므로 생산비용이 절감된다. 또 인건비 등 생산원가를 아껴서 보다 싼값으로 제품을 생산하게 되면 절약된 금액만큼 기술력을 높이는 데 투자할 수도 있다. 한편 발전이 더딘 아시아 나라들로서는 기술이 발달된 국가의 기술을 얻고 외화를 벌 수 있다는 장점이 있다. 한마디로 '윈-윈(win-win)' 효과를 거두는 셈이다.

윈윈전략으로 여행사도 진화한다

최근에는 여행사들도 자사의 판매력 강화와 브랜드 구축 등을 목적으로 타사와 긴밀한 업무협조를 하는데, 이른바 전문여행사와 패키지여행사들의 아웃소싱과 OEM 방식이 그것이다. 패키지여행사들은 항공블록을 바탕으로 규모의 경제화를 추구하는 동시에 신문광고와 온라인 광고를 통해 대규모로 모객을 하고 있는데, 틈새시장을 공략하기 위해 전문여행사와 전략적으로 손을 잡고 있는 것이다.

패키지여행사들의 경우 그 규모가 크기는 하지만 백화점식으로 상품을 판매하다 보니 특수지역이나 전문상품에 대한 노하우는 부족한 경우가 많다. 따라서 기존에 판매 루트를 가지고 있는 전문여행사들의 상품 기획력과 전문적인 노하우를 적극적으로 이용하여 자사의 규모를 확대하고자 하는 것이다. 반면 대부분의 전문여행사들은 소규모로 운영을 하고 있어 자금력이나 판매력,

마케팅 능력이 부족했기 때문에 패키지여행사들의 판매망을 이용해 자사의 상품을 판매하는 경우가 늘고 있다.

실제로 대형 패키지여행사인 O사의 경우 패키지상품을 강화하기 위해 지난해 지역전문여행사와의 아웃소싱을 위한 물밑작업을 진행했고, 최근에는 일본팀을 별도로 분리해 다른 소규모여행사와 공동투자 형식으로 신규 여행사를 오픈했다. 또한 F여행사도 국내팀을 신설해 국내전문여행사와 OEM 형태로 판매할 계획이라고 한다.

이와 같이 패키지여행사들은 자사의 규모를 키우고 판매력을 강화하기 위해 지속적으로 전문여행사와 아웃소싱 계약을 체결하고 있는데, 이 같은 전략적 제휴는 당분간 지속될 것으로 보인다. 또한 지역전문여행사나 특수지역 전문여행사의 경우 회사의 자사 브랜드를 구축하면서 여행사들과의 OEM을 통해 수익구조에 내실을 기하고 있다. 이처럼 지역전문여행사는 적극적으로 OEM 방식을 선택하려고 하고 있고, 배낭전문여행사의 경우 패키지여행사에서 파견 형식으로 근무하는 형태나 암묵적인 OEM을 취하며 윈윈전략을 펼치는 여행사도 늘고 있는 것으로 알려졌다.

그러나 패키지여행사들의 경우 전문여행사들이 다년간 개발한 전문상품의 노하우, 지역에 대한 교육 등 판매를 위한 투자 가치를 소홀히 생각하거나, 전문여행사를 기업 대 기업이 아닌 하청업체로 취급하는 경우가 종종 있기 때문에 이 같은 OEM의 문제점에 대해서도 고민해야 할 것이다.

패키지여행사의 규모가 점점 대형화되면서 중소여행사들의 입지가 줄어들고 있다. 이에 전문여행사들은 상품에 대한 노하우를 바탕으로 좀 더 전문성을 갖추기 위해 노력하고 있다. 또 여행사의 구조가 대형화, 전문화 형태로 변하고 있는 과도기이기 때문에 업계는 서로 윈-윈 할 수 있는 방안을 모색해야만 할 것이다.

이처럼 패키지여행사와 전문여행사는 기업 대 기업으로서 업체 간 신뢰를 바탕으로 자사의 브랜드 가치를 높일 수 있는 OEM 방식을 선택해 기업의 내실을 다질 수 있는 방안으로 나아가야 할 것으로 보인다.

'착한 소비'로 생산품을 구매하자는 윤리적 소비 운동을 공정무역이라 한다

소비자 운동의 새로운 방향, 착한 소비

양떼들이 빨간 열매를 먹고 흥분하는 것을 본 에티오피아의 한 양치기가 이 사실을 수도원장에게 알려 음료로 개발된 것이 바로 커피의 생산 기원으로 알려져 있다.

커피는 세계인이 가장 많이 마시는 기호식품으로 하루 약 25억 잔 정도가 소비되어 석유 다음으로 교역량이 많은 무역상품이다. 하지만 그윽한 향기와 맛 속에 가난한 농민들에 대한 노동력 착취의 이면이 담겨 있음을 눈여겨봐야 한다. 민간구호 단체인 옥스팜(Oxfam)의 분석을 보면 가공비, 유통비, 판매업자의 이윤이 약 94%로 가장 크고, 커피생산 농가의 수입은 단지 0.5%에 불과하다.

소비자가 느끼는 커피가격은 비싼데 정작 농민에게 돌아가는 것은 얼마 없다는 것을 확인할 수 있다. 거대한 영향력을 갖고 있는 커피회사와 중간 유통상인이 가격을 마음대로 조절하여 영세

한 다수의 농민은 울며 겨자 먹기로 싼 가격에 팔 수밖에 없는 구조인 것이다. 이러한 농민의 착취를 막고자 일부 단체에서 개발국의 생산자에게 더 비싼값을 주자는 윤리적 소비 운동인 '공정무역(Fair trade)'이 활성화되고 있다.

공정무역이란 제3세계 국가의 생산자를 돕기 위해 시작된 운동으로 생산자와 소비자 간 직거래, 공정한 가격, 건강한 노동, 친환경 유지, 생산자들의 경제적 독립 등을 전제로 한다. 특히 가난한 제3세계 생산자들이 만든 환경 친화적 제품을 제값에 사도록 유도해 우리나라에서는 '착한 소비'라는 이름으로 더 많이 알려져 있다.

제3세계 사람들에게 혜택을 주는 공정무역

2002년 한반도를 뜨겁게 달구었던 월드컵 열기가 조금씩 사그라질 무렵 일부 언론을 통해서 축구공에 대한 슬픈 사연이 화제가 되었다.

축구공은 몇 조각으로 만들까? 32조각.

파키스탄의 축구공 만드는 아이들이 받는 일당은? 1,000원.

10만 원이 넘는 돈을 지불하고 신는 나이키 운동화와 자장면보다 비싸게 사 먹는 커피 향기 속에 아픔이 숨겨져 있는 것이다. 제3세계 사람들은 매일같이 생존의 위협을 느낄 만큼 열악한 환경에서 일하고 있다. 가족의 생계를 위해 어린이들까지 생산현장에 투입된다.

전문가들은 현재 세계무역의 0.1%에 불과한 공정무역을 통해서도 제3세계 생산지 700만 명의 사람들이 혜택을 받는데, 이 비율을 1%로만 끌어 올려도 더 많은 사람들이 생존의 위협에서 벗어날 수 있을 것으로 보고 있다.

가나는 국가 수입의 40%를 카카오 수출에 의존하고 있다. 이 중에서 '쿠아파쿠쿠'라는 카카오 생산자 조합은 공정무역의 모범 사례로 자주 거론된다. 영국의 공정무역 초콜릿 회사 '디바인'과 거래하는 이 조합 사람들은 이 회사 주식의 46%를 직접 보유하고 있다. 생산자가 바로 주주인 셈이다. 수입이 오르면서 노동현장에서 아동의 모습은 찾아볼 수 없게 되었다.

공정무역은 생산자에 더 많은 비용을 지불해도 소비자가격에는 큰 차이가 없다. 생산자 직거래로 유통마진을 줄여 오히려 일반 유기농 제품보다 저렴하다. 대량 생산되는 다국적 기업 농산물과 달리 친환경 재배로 생산되기 때문에 건강에도 좋다.

공정무역은 또한 기존의 다국적 기업들을 자극함으로써 더 큰 파급 효과를 낳고 있다.

스타벅스는 작년 한 해 세계 유통물량의 16%에 해당하는 약 900만kg의 공정무역 커피를 구매했다. 스타벅스의 대표적 공정무역 커피 브랜드는 '카페 에스티마 블렌드'다. 나이키도 2005년 제3세계 국가의 아동들을 착취해 운동화를 만들었다는 사실을 고백하고 이를 개선하고 있다.

무역이 나라 간 거래에서 이제는 지구촌 전체에 불고 있고 있으며, '착한 소비' 바람이 세계 소비시장에서 지속 상승세를 탈 것으로 보인다.

서해안 기름유출 사고 후에 무보수임에도 불구하고 구슬땀을 흘리며 복구작업을 실시한 자원봉사자들의 모습은 우리 사회가 선진형 자본주의 사회로 갈 수 있다는 하나의 희망을 보여주었다.

마찬가지로 국내에서 공정무역 제품을 처음 판매한 것은 2004년으로 두레 생협이 필리핀 네그로스 섬의 유기농 설탕을 들여오면서부터다.

2005년 한국 YMCA는 동티모르 커피를 팔기 시작했고, 아름다운가게는 2006년부터 네팔 커피 '히말라야의 선물'을 판매하면서 사람들에게 알려지기 시작했다. H백화점에서는 FLO(Fairtrade label organization, 국제 공정무역상표 인증기구)가 인증한 '공정무역상품' 코너를 신설하고 씨리얼, 딸기잼, 설탕, 코코아, 씨리얼바, 파스타, 커피, 초콜릿 등 총 27종의 상품을 판매하고 있다.

소비자들은 이제, 저소득 국가 생산자들이 만든 제품을 공정한 가격에 거래하여 빈곤문제를 해결하자는 공정무역 상품에 대한 관심을 높이고 있으며, 사회적 책임을 강조하는 제품이나 서비스에 대해 비싼 가격이지만 그 취지에 수긍하며 구매를 하고 있다.

합리적인 소비를 위해서는 품질이 같은 두 개의 상품 중에서 가격이 싼 상품을 구입하는 것이 상식이다. 그러나 환경을 해치지는 않았는지, 어린이 노동력을 착취하지 않는지 살펴보고 비윤리적인 행위가 없었는지를 따지면서 소비하는 것을 윤리적 소비라고 한다.

공정무역 제품의 국내 판매 역사가 짧은 탓에 아직 거래 규모는 크지 않다.

아름다운가게에서 2007년에 들여온 네팔산 커피는 8,200kg으로 액수로 치면 3억 2,000만 원 정도이다. 게다가 아직은 공정무역 제품이 대부분 현지에서 유기농으로 재배되기 때문에 일반 제품보다 20% 정도 비싸다. 공정무역의 역사가 짧은 만큼 국내 소비 활성화와 시장 개척을 위해 해결해야 할 과제도 많다. 국내 공정무역 단체가 시장에 유통시키는 상품은 대체로 내용면에서 품질은 우수하지만 디자인이나 마케팅에서는 취약하다.

소비자들은 같은 값이면 친환경 국산품을, 수입품에선 공정무역상품을 선택하는 역할이 강조된다. 윤리적 소비가 소비자들 사이에서 일종의 운동으로 번지면서 윤리적 소비를 하는 사람이 '멋진 사람'이란 인식이 확산될 때 공정무역 소비 활성화가 늘어날 수 있을 것이다.

무역을 해서 돈을 벌기는커녕 적자를 보는 것을 무역역조라고 한다

일본과 무역적자의 원인은 원천기술 부족때문이다

지난 2007년 한 해 대일 무역적자가 사상 최대인 300억 달러(약30조 원)를 기록하여 온 나라가 시끄러웠다.

대일 무역적자는 어제오늘의 일이 아니다. 반도체, 휴대폰, LCD 등의 첨단제품은 삼성을 위시한 몇몇 우리 기업이 세계시장을 장악하고 있다는데 왜 대일 무역에 있어서는 적자를 면치 못하는 것일까? 그 이유는 일본을 상대로 수출에 비해 수입을 너 많이 하기 때문이다.

외국과 무역을 해서 돈을 벌기는커녕 적자를 보는 현상을 '무역역조'라고 부른다. 일본과의 무역역조는 일본산 부품·소재의 의존도가 높은 것이 주요 원인이다. 특히 부품·소재의 대일 무역적자는 2007년 한 해에만 187억 달러였는데, 이는 총 대일 적자의 60% 이상을 차지하는 수준이었다. 일본산 부품이나 중간재로 휴대전화, 자동차 등 주요 수출품을 만들다 보니 수출을 많이 하면

할수록 대일 무역적자도 덩달아 커지는 딜레마가 생기는 것이다.

이렇게 된 배경에는 우리나라의 산업발전 과정과도 밀접한 관련이 있다. 1960년대에 우리는 기술과 자본 등 기본 인프라가 부족한 상황에서 대외 지향적 공업화시책을 추진하였다. 따라서 우선은 주요 부품소재를 수입, 완제품을 가공 조립하여 생산하고 해외에 판매하는 방식을 취하지 않을 수 없었다. 시간은 없고 해외 경쟁상대와 바로 경쟁하기 위해서는 어려운 부품소재를 개발하고 생산할 만한 여유가 없었던 것이다. 이러한 과정에서 불가피하게 지리적으로 가깝고 언어소통이 쉬운 일본의 자본과 기술을 도입하여 제품을 생산하기 시작하였다. 이로써 일본은 세계 최고의 부품 소재 경쟁력을 갖추게 되었고, 오늘날 부품 소재의 대일 역조를 심화시키게 된 것이다. 국제 원자재 가격의 급등으로 일제 철강 품목의 가격이 오른 것도 영향이 컸다.

이런 현상이 심화되는 분위기 속에서 사태의 심각성을 깨달은 정부는 대일 적자를 극복하기 위한 근본적이고도 획기적인 대책 마련에 고심하고 있다. 우선 2012년까지 부품 · 소재의 대일 의존도를 현재의 25.6%에서 20% 이하로 낮추기 위해 대대적인 부품·소재 R&D 지원에 나서기로 했으며, 2015년까지 연 1조 1,000억 원의 자금을 투자해 원천기술레벨을 90%까지 확보하는 소재산업 발전 전략을 세웠다고 한다.

그러나 이와 같은 정책들은 비단 현 정부에서만 새삼스럽게 준비되고 있는 것이 아니라, 돌이켜보면 문민정부 시절부터 국민의 정부와 참여정부를 거치는 동안 줄기차게 시도해 온 정책이었다. 그럼에도 불구하고 1995년 93억 달러의 대일 무역적자는 10년 후인 2005년에 243억 달러로 260%나 증가했으며, 2007년도에는 무려 300억 달러에 이르는 사상 최대의 기록을 세우게 되었다.

새로운 정부가 출범할 때마다 금방이라도 대일 무역적자를 해소할 수 있을 것처럼 과감하고 의욕적인 각종 정책들이 쏟아져 나왔지만, 오히려 일본으로의 수출이 증가할수록 정비례적으로 대일 무역적자가 치솟고 있는 결과를 어떻게 해석해야 할까? 원천기술의 확보 없이 일본의 기술이나 제품을 모방하거나 응용해서는 영원히 이런 문제를 해결할 수 없다. 시간이 걸리고 어렵더라도 부품 소재의 원천기술과 기초기술을 확보해야만 일본을 따라잡을 수 있다. 즉, 글로벌 시각에서 핵심 원천기술 개발을 더욱 강화하는 정책이 절실히 필요하다.

중국은 수출입 종합 교역 상대국 1위

일본에 대한 무역수지 적자는 많이 늘어난 반면, 중국에 대한 무역흑자는 감소세로 돌아섰다. 이에 따라 일본에 밀리고 중국에 추격당하는 그야말로 '샌드위치' 상황에 놓여 있다.

대중 무역흑자가 감소하는 이유는 한국 기업의 중국 진출 확대와 더불어 세계적인 경기침체로 중국에 대한 수출이 영향을 받고 있는데다 중국산 중간재의 수입이 급증한 데서 찾을 수 있다. 또한 중국에 진출한 우리나라 기업이 고전하고 있는 가운데 일부 분야에서는 중국의 기술적 추격(catch-up)이 이루어지고 있기 때문으로도 분석된다. 그리고 일부 품목의 역수입 증가, 중국 진출 공장의 현지 조달이 늘어나면서 우리나라 IT 부품의 수출이 축소됐다는 분석이 나오고 있다.

앞으로 중국의 기술 추격을 저지하고, 수직적 분업체계를 공고히 해나가기 위해서는 하이테크 부품이나 소재 산업의 육성에 노력해야 할 것이다. 현재 우리나라는 중국에 완제품을 수출하기보다는 부품 소재를 중심으로 수출이 이루어지고 있어 기술 경쟁력의 향상 없이는 대중 수출 확대가 어렵다.

또한 중국이 한국 전체 수출입의 20%를 차지하고 있는 최대 교역국임을 감안할 때 대중 무역흑자의 축소가 일시적인지 또는 구조적인 현상인지 진단하고 대처해야 하는데, 이를 위해서는 양국간 무역구조의 변화와 원인에 대한 점검이 시급하다.

우리나라는 장기적으로 자원 부국과 신흥시장에 대한 수출의 확대가 필요하다. 더불어 환경산업 등 향후 시장 잠재성이 큰 산업에 대한 기술 경쟁력 선점을 통해 한국의 대외수출 증진을 도모할 수 있도록 정부 차원의 정책적 지원도 필요하다고 하겠다.

올림픽 밸리효과에 대응하라

북경올림픽을 보면서 입이 떡 벌어진 사람들이 많았을 것이다. 개·폐막식 행사만 보더라도 우선 규모의 방대함은 물론 동원된 수많은 인원이 일사분란하게 움직이는 장면과 오색찬란한 특수효과, 불꽃쇼 등 눈길을 뗄 수 없는 장면이 너무 많았다. 과연 '거대한 중국'을 과시하기 위해 엄청난 물량 공세를 했음을 느낄 수 있었을 것이다.

중국의 올림픽 투자 규모는 2002~2008년 기간 중 누계액으로 약 500억 달러에 달하며, 이는 역대 올림픽 최대 규모로 직전 개최국인 그리스의 5배, 호주의 7배에 달한다. 그런데 이 같은 올림픽에 대한 과대한 직접투자가 이후 중국경제에 어떤 영향을 미칠 것인지에 대한 관심이 높았는데, 현재 이른바 '올림픽 밸리효과'를 경험하고 있다.

올림픽 밸리효과(Valley Effect)란, 올림픽 이전의 과도한 투자가 올림픽 이후에 급감하면서 이로 인해 올림픽 이후 개최국이 경험하는 급격한 경제성장 둔화와 자산 가격 하락을 의미한다. 올림픽 개최를 앞두고 각종 개발과 건설 붐으로 경기가 과열 국면에 들어섰다가 올림픽이 끝난 후 일정 기간이 지나고 나면 그 반작용으로 경기침체가 빠르게 진행되기 때문에 나타나는 현상인 것이다. 즉, 올림픽 후유증(Post-Olympic slump)이라고 할 수 있다.

통상 올림픽을 치르는 나라는 올림픽 전에는 경기장과 도시 공공시설 등을 중심으로 막대한 투자가 이루어지며, 고성장을 하다가 올림픽 후에는 경제성장 둔화와 지산가격의 하락으로 이어지는 침체기를 맞는 올림픽 밸리효과를 경험하게 된다. 이러한 포스트 올림픽 효과에 미 금융위기까지 겹친 만큼 중국경제는 앞으로 상당한 폭의 조정이 불가피해 보인다. 실제로 이미 중국 주식시장의 거품이 꺼지기 시작한 데 이어 부동산시장도 거품붕괴의 초기 특징을 뚜렷이 보이는 만큼 앞으로는 소비둔화가 가속화될 것이다.

실제로 1984년부터 2004년까지 총 6차례 올림픽 사례를 보면, 1996년 미국(애틀랜타 올림픽)을 제외한 다른 모든 개최국들은 올림픽 이후 경제성장이 둔화되고 자산 가격이 급락하는 경제침체

(Post-Olympic Economic Depression)를 경험하였다. 한국 역시 1988년 서울올림픽 이후 주식과 부동산시장이 급격히 붕괴하여 성장률이 10%대에서 6%대로 하락하는 올림픽 후유증을 겪은 바 있다.

중국은 올림픽 이후 실제로 성장률이 떨어지고 있다. 최근 국제 금융위기에 따른 국제 경기의 침체로 중국의 경제성장이 지난 5년 사이 최저 수준으로 둔화되고 있다. 2007년 말 중국 성장률은 약 12%에 달했지만, 2008년 3/4분기 성장률은 9%로 5년 만에 처음으로 10% 이하로 떨어졌다. 개혁 · 개방 이후 고속성장 가도에 들어서면서 세계경제의 한 축으로 급부상한 중국이 이번 '올림픽 밸리효과'로 인해 경제성장 둔화와 소비위축, 버블경제가 꺼진다면 세계경제에 미칠 파급은 상당할 것이다.

특히 우리나라는 중국이 최대의 교역국이기 때문에 중국경제의 침체는 대중 수출 감소, 수입물가 상승 등 한국경제에 직접적인 영향을 미칠 수 있다. 따라서 수출의 대중 의존도를 낮추고, 내수확대 방안을 마련해야 한다. 또한 중국발 인플레이션이 국내물가 상승에 미치는 악영향을 극복하기 위해 소비재와 원자재의 대체 수입원을 찾아야 한다.

또한 중국기업의 수출확대 노력에 대한 한국기업들의 대응도 필요하다. 올림픽 이후 중국 내수시장 침체가 장기화될 경우 중국 기업들은 수출로 돌파구를 마련할 가능성이 크므로 국내 기업들은 해외 영업력을 강화하고 제품, 브랜드 및 인력의 현지화를 실현함으로써 중국 기업들의 공격으로부터 시장을 지켜야 할 것이다.

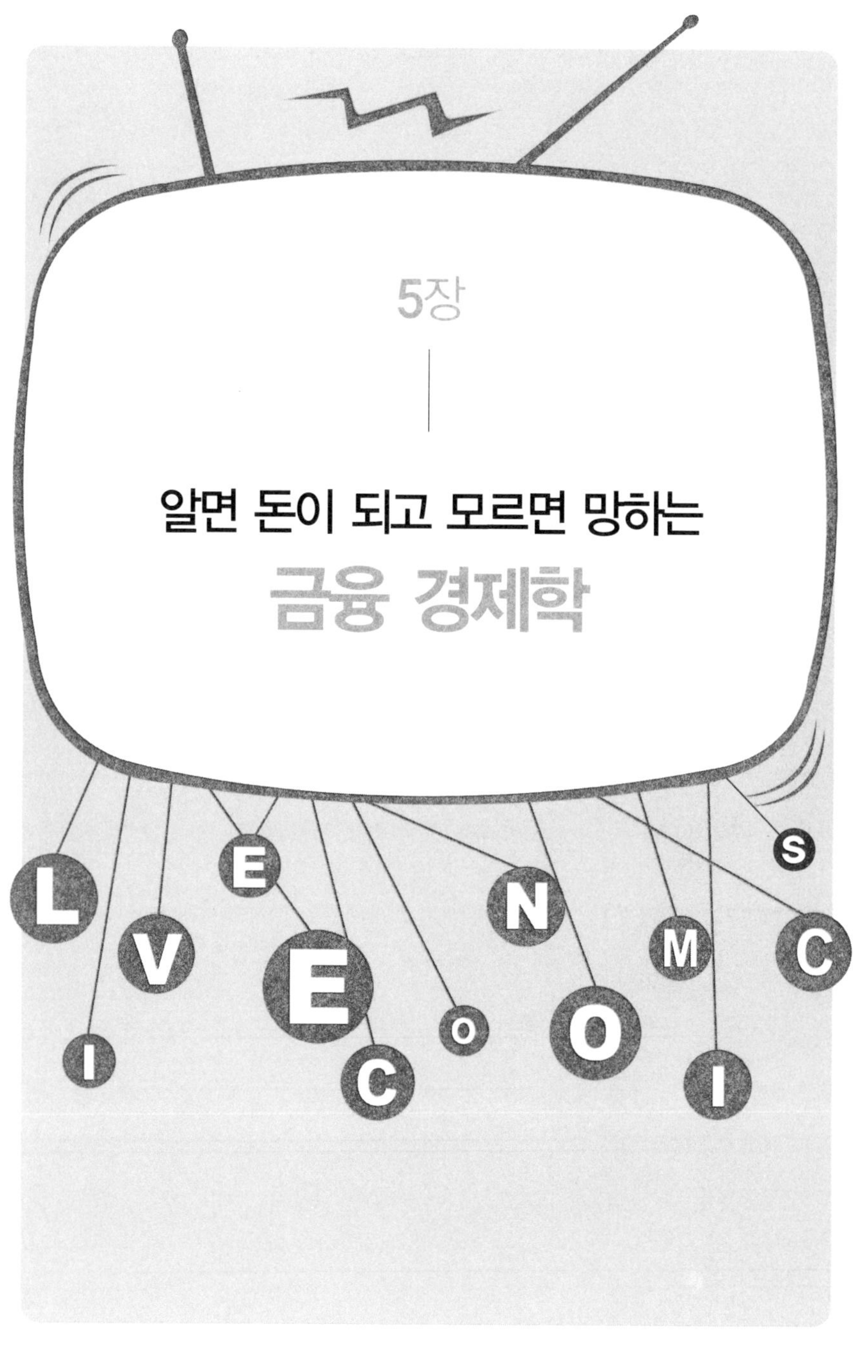
5장
알면 돈이 되고 모르면 망하는
금융 경제학
L
I
V
E
E
C
o
N
O
M
I
C
S

금리는 은행이 정하고 개인의 이자율은 각자의 신용에 따라 결정된다

저축에서 투자로, 투자에서 저축으로

인류역사의 이자에 대한 최초의 기록을 보면 기원전 3세기경 '은'과 '보리'를 빌리는 데 대한 이자율이 각각 연 33%와 연 20%였던 것으로 되어 있다. 또한 그리스 정치가인 '데모스테네스'는 정상 이자율은 10%, 해상무역 등에 적용하는 이자율은 위험을 감안해 20~30% 선이 적정하다고 주장하였다.

금리가 많이 올라 금융기관에서 돈을 빌려서 집을 산 사람들의 부담이 커지고 있다는 뉴스가 계속 나온다. 금리가 오르느냐 내리느냐에 따라서 서민들은 생활에 직접적인 영향을 받는다. '빌린 원금 외에 돈을 쓴 데 대한 대가를 지급하는 것'을 '이자'라 하며, 이자의 원금에 대한 비율을 '이자율' 또는 '금리'라고 하는데, 그렇다면 금리는 어떻게 결정될까? 금리도 일반 상품가격과 마찬가지로 공급보다 수요가 많으면 올라가고 반대로 공급보다 수요가 적으면 떨어진다.

주식과 펀드가 높은 수익률을 기록하면 여윳돈을 은행보다 고금리를 제공하는 증권사에 맡기면서 '머니 무브(Money Move)' 즉, '저축에서 투자로'의 패러다임이 바뀐다.

자산관리계좌(CMA) 잔고가 2006년 말 8조 7,000억 원에서 2008년 7월 말 30조 원을 넘어선 것은 은행권 이탈현상의 가속화를 보여주었다. 그러나 증시침체의 여파로 은행에서 증권사로 이동했던 돈들이 다시 은행으로 되돌아오는 머니 역무브 현상이 두드러지고 있다.

CMA 잔고가 29조 3,300억 원으로 2008년 8월 말 32조 3,300억 원보다 9.29% 감소했다. 실물경기 침체와 금융위기가 맞물려 투자자들이 안정 자산을 선호하는 경향이 늘면서 예금자 보호가 되는 은행상품으로의 자금이동이 빠르게 나타나고 있기 때문이다. 이처럼 은행의 수요와 공급의 불일치(Mismatch)는 금리 인상을 만드는 요인으로도 작용한다.

자금의 수요와 공급은 기본적으로 어떤 요인에 따라 달라지는가? 먼저 자금의 수요는 주로 생산활동을 하는 기업들의 투자에 의해 좌우된다고 볼 수 있다. 예를 들어 경기 전망이 좋아져 기업의 투자가 늘어나면 자금의 수요가 늘어나는데 이 경우 자금의 공급이 뒤따르지 못하면 금리가 오른다.

한편 자금의 공급은 주로 가계에 의해 이루어지기 때문에 가계의 소득 수준이 낮아지거나 소비가 늘면 자금의 공급이 줄어들어 금리가 오른다. 그와 반대로 가계의 소득이 늘어나더라도 과소비 등으로 지출되는 부분이 더 많아지면 자금의 공급이 줄어들어 금리는 오른다.

최근 지자체마다 해수욕장의 바가지요금을 추방하기 위해 애쓰고 있지만 해수욕장의 바가지요금은 해마다 되풀이되고 있다.

해수욕장의 한철 바가지요금을 잘못된 상혼 탓이라고 하는 사람들도 있지만, 이것이 가능한 이유는 무엇일까? 경제학적 관점에서 보았을 때, 이들은 어찌 보면 수요와 공급의 원리에 따라 상품이나 서비스를 판매하고 있다고 할 수 있다. 즉, 해수욕장이라는 한정적 장소에서 독점적 지위를 유지하고 있는 상점은 수많은 소비자를 상대로 초과수요에 대한 가격을 적용하고 있다고도 볼 수 있기 때문이다.

또 이렇게도 볼 수 있다. 관악산이나 아차산에 올라가면 아이스크림이나 얼음물을 비싼 가격에 판매한다. 아이스크림 가격은 보통 2배, 라면 같은 경우에는 더 비싸다. 보통 컵라면 1개를 먹는데 2,000~3,000원 정도의 비용을 지불해야 한다. 그런데 이러한 경우 산에서 먹을거리를 비싸게 파는 것에 대해 비난하는 사람을 찾아볼 수 없다. 왜일까? 그 이유는 높은 산까지 얼음물이나 아이스크림을 지고 올라와서 판매하기 때문에 자신이 직접 무거운 물이나 아이스크림을 들고 산에 올라갈 필요가 없기 때문이다. 그 운반비를 낸다고 생각하고 사람들은 물이나 아이스크림을 먹고 싶으면 기꺼이 그만큼의 비용을 지불하는 것이다.

해수욕장 매점도 마찬가지다. 해수욕장의 매점이 해수욕장 외각의 편의점이나 마트보다 일반적으로 비싸다는 사실을 소비자들은 당연하게 받아들인다. 왜냐면 매점을 이용하지 않고 가격이 더 싸게 재화를 소비하고 싶다면 발품을 팔아 해수욕장 밖으로 나가야 하기 때문이다. 경제학에서 가격의 결정은 수요자와 공급자가 납득하는 수준에서 균형을 이룬다. 물론 소비자들은 해수욕장 매점의 횡포가 심하다는 생각은 하지만, 이들 매점에서 재화를 소비한다는 것은 그 비용을 지불할 만한 가치가 있다고 판단한다.

이처럼 가격은 소비자와 생산자가 생각하는 균형점을 찾아 이동하는 것이다.

이자와 가격은 누가 결정하는가?

모든 제품에는 소비자와 공급자가 있다. 그리고 모든 제품에는 가격이 붙는다. 가격이 없다면 거래는 성립되지 않는다. 어떤 물품을 거래하더라도 금전이 오고가고, 얼마를 주느냐 하는 문제는 그 제품의 가격이 얼마냐에 따라 달라진다.

금융기관으로부터 빌리는 대출금에도 가격이 있다. 바로 이자가 대출금의 가격이다. 다른 제품은 사람을 차별하지 않지만, 대출금은 안타깝게도 사람을 차별한다. 담보대출의 경우 담보물이 어떠한가에 따라 금리 차이가 발생하고, 신용대출의 경우에는 이 사람의 신용도와 상환능력이 어떠한지에 따라 금리 차이가 난다. 즉, 가격에 차이가 난다는 것이다.

지금까지 우리나라는 금융시장이 제대로 발달되지 않은 가운데 경제개발계획을 추진하는 과정에서 부족한 자금을 나라경제의 중요한 부문에 우선적으로 공급하기 위해서 금리를 정책적으로 규제해 왔다.

그러나 1980년대 들어 우리 경제가 지속적으로 높은 성장을 이룩하고 금융시장도 커다란 발전을 보임에 따라 금리에 대한 규제를 점차 완화하기 시작했다. 그 결과 1998년 4월 이후부터는 모든 대출금리가 자유화되었으며, 예금금리도 일부 수신금리를 제외하고는 모두 자유화되어 금융시장에서 자율적으로 결정되고 있다.

그런데 수요와 공급에 따라 가격이 결정된다고 하지만, 실제로는 고시된 가격이 존재한다. 대개 공급자가 가격을 정하고, 소비자는 이 가격이 합당하다고 생각하면 소비를 한다. 즉, 해수욕장 매점에서 판매하는 제품의 가격은 매점 주인이 정하는 것이고, 마트에서 판매하는 제품의 가격은 마트 주인이 정한다. 이자도 마찬가지다. 누군가 정하는 이가 따로 있다.

첫째, 우리나라의 중앙은행인 한국은행은 상업어음재할인, 어음담보대출 등을 통하여 금융기관에 자금을 공급해주고 있는데, 이때 적용되는 한국은행 금리는 금융기관의 자금조달 비용을 결정하는 중요한 요소이다. 즉 한국은행의 재할인 금리는 금융시장에서 각종 금리의 기준금리와 같은 역할을 한다고 볼 수 있는데, 그 수준은 한국은행의 금융통화위원회에서 결정하고 있다.

둘째, 일부 수신금리를 제외한 모든 예금금리가 자유화되어 은행들이 자유롭게 예금금리를 정하고 있다.

셋째, 금융기관의 대출금리는 모두 자유화되어 있다. 최종소비자라고 할 수 있는 우리에게 적용되는 금리는 은행이 가격을 정한다고 할 수 있는 것이다.

소득이 적은 사람은 신용이 낮다?

은행은 우리에게 금리를 적용할 때 수요-공급의 원리가 아닌 소비자의 질에 따라 적용한다. 만약 소비자의 신용도가 낮다면 이 사람에게 적용되는 이자율, 즉 가격은 높아진다. 반면 아주 높은 신용도를 가지고 있다면 적용되는 가격이 매우 저렴하다.

우리가 항상 신용관리를 해야 하는 이유가 바로 여기에 있다.

자동차를 예로 들면 멋진 스포츠카를 타고 낯선 곳으로 여행을 갈 때 '운전면허증'이 필요하듯이 신용을 갖는다는 것은 교통 표지판을 잘 보고 법규를 잘 준수하여 안전하게 도착지까지 갈 수 있는 '신용면허증'을 가진 것이라고 볼 수 있다.

2007년 여름 온 나라를 시끄럽게 만든 사건이 있었다. 바로 대부업 사태라는 것이 바로 그것인데, 문제의 핵심이 되었던 것은 불법업체를 포함하여 일부 등록대부업체가 법정 이자율을 초과하는 이자를 받고 있다는 것이었다. 그리고 또 하나 이슈가 되었던 것 중 하나가 바로 이들 업체를 이용하는 경우 심각한 신용하락의 결과를 초래한다는 것이었다.

대부업체들은 즉각적으로 반발하고 나섰다. 신용점수의 하락은 대부업체뿐만 아니라 은행에서 대출을 받더라도 떨어지기 때문이라는 것이었다.

진실은 무엇인가? 소득이 적은 사람은 신용이 낮을까? 소득과 신용점수는 아무런 관련이 없다. 소득이 아무리 높다고 하더라도 상습적으로 연체를 하는 사람은 신용점수가 낮다. 반면 소득이 적더라도 정해진 날짜에 상환을 잘하는 사람은 신용이 높다.

신용을 떨어뜨리는 주범은 소득이 아니다. 바로 연체이다. 금융거래에 있어 가장 중요한 것은 신용이다. 정해진 날짜에 이자를 지급하고, 대출기간에 대출금을 상환하는 것이 바로 신용을 지키는 것이다.

불완전한 정보로 실제 가치보다 높은 값에 낙찰받는 것을 승자의 저주라 한다

승자의 저주란 무엇인가?

프로야구 경기를 보다 보면, 투수가 실수하여 공이 타자의 몸에 맞거나 위협구가 들어갈 경우 양 팀 선수들이 선수대기실에서 모두 나와 대치하는 상황을 종종 볼 수 있다. 이를 야구용어로 '벤치 클리어링(bench clearing)'이라고 한다. 벤치 클리어링은 팀원들 간의 단결을 유도하기도 하고, 상대방 선수에게 감정을 극대화시켜 시합에 집중하지 못하도록 방해하는 목적으로 의도적으로 활용되기도 한다. 그런데 벤치 클리어링으로 원하는 바를 얻었다 하더라도 선수가 출장정지 등의 처벌을 받을 경우 팀에 끼치는 악영향은 매우 크다고 할 수 있다.

이처럼 경쟁에서는 승리했지만, 승리에 이르기까지 너무 많은 것을 쏟아 부음으로써 결과적으로 너무 많은 것을 잃게 되는 것을 '승자의 저주'라고 한다. 인간은 합리적이라는 것이 경제학의 기초 이론이다. 그래서 상품의 가치와 비교하여 가격이 비싸면 구매를 하지 않는다. 그러나 현실 경제에서는 심리적인 것과 인간행동 습관까지 혼합되어 있기에 단순화하기는 어려운 점이 있다. '승자의 저주(winner's curse)'는 1992년 노벨 경제학상을 받은 독일의 경제학자 게리 베커 교수가 처음 사용한 말로 '승자가 스스로 재앙을 불러온다'는 뜻이다

예를 들어 두 개의 석유회사가 석유 시추권을 따내기 위해 한 지역에서 경쟁을 벌인다고 하자. 두 기업은 시추권의 가치(원유 매장량)를 추정한 뒤 입찰가격을 제시할 것이다. 이때 시추권의 가치를 가장 높게 평가한 기업이 가장 높은 입찰가격을 제시해서 이기게 된다. 그러나 입찰의 승자가 실제로는 패배자가 될 가능성도 있다. 입찰에서 너무 높은 금액을 부르는 바람에 시추권의 실제 가치보다 많은 돈을 들여 금전적 손실을 입을 수 있기 때문이다. 이런 딜레마에서 많은 사람들이 '승자의 저주'라는 덫에 걸려드는 것이다.

묻지마식 투자는 승자의 저주를 부른다

풍차와 튤립으로 유명한 네덜란드에서는 17세기에 예쁜 튤립의 구근 가격이 집 한 채와 맞먹는 투기 붐이 일어났다. 합리적인 사람이면 튤립에 그 정도의 가치가 있는 것이 아닌 거품으로 봐야 했으나 탐욕과 군중심리로 인하여 너도나도 높은 값을 부르며 사들이다 보니 결국 막대한 손실을 보았다. 유사한 현상으로 증권투자에서도 승자의 저주가 발생한다. 어떤 특정한 주식이 가치가 있다고 소문이 나면 몇 번의 상한가로 가더라도 사는 것이다. 주

식의 가격이 실제 기대나 가치보다 높으면 좋겠지만, 그렇지 못한 경우 승리했음에도 손실을 보는 경우도 있다.

인터넷의 발달로 온라인 경매는 하나의 유행이 되었다. 온라인 경매가 인기를 얻는 이유는 무엇보다도 이용자들이 아주 저렴하게 물건을 구매할 수 있다고 느끼기 때문이다. 이론적으로는 경매 참가자들이 합리적이라면 경매 물건이 기대하는 예상수익보다 낮은 수준에서 낙찰가격이 결정될 것이다. 아무리 물건이 탐이 나더라도 경매에서 이기기 위해 마음속으로 정해둔 가격 이상으로 입찰가격을 올리지는 않을 것이기 때문이다. 그러나 서로 경쟁을 하며 가격을 올리다 보면 결국 가장 높은 입찰가를 제시한 사람에게 낙찰되는 것으로 경매는 끝이 난다. 경매의 최종 승자는 낙찰자다. 치열한 경매에서 참가자 가운데 너무 높은 금액을 제시하거나 무조건 이기고 보자는 소비자들의 성향이 있을 경우에는 손해 볼 가능성이 더 커진다.

과당 경쟁은 실패를 불러온다

승자의 저주가 발생하는 경우를 우리는 인수·합병에서도 볼 수 있다. 자동차회사인 다임러사와 크라이슬러사의 인수합병은 대표적인 실패 사례로 꼽힌다. 이들은 공동 생산과 연구개발(R&D)을 표방하며 1998년 합병을 추진했다. 그러나 완고하면서도 서열을 중시하는 독일의 기업문화와 성과 중심인 미국의 기업문화가 충돌하면서 주요 임원진의 사퇴, 우수인력의 이탈 등의 사태가 발생했다. 결국 실적이 악화되어 다임러사는 400억 달러를 들여 인수한 크라이슬러사를 단 60억 달러에 팔았다. M&A를 통한 득실 여부를 고려하지 않고, 사업을 추진하여 낭패를 본 대표적 사례이다.

'할인점 업계에서 새로운 신화를 써보겠다'고 장담한 이랜드 그룹은 홈에버를 2년 만에 재매각했다. 이랜드 그룹은 투자했던 자금을 회수함으로써 자금 손실을 보지는 않았지만 이미지가 추락하였다. 한때 국내 금융기관들의 과열 영업경쟁을 두고도 우려의 목소리가 나왔다. 전통적인 은행 수입원인 예대마진이 축소되고, 은행 간 경쟁의 심화로 비용이 증가하는 상황에서 증권사와 치열한 고객 유치 경쟁을 벌이면서 은행들이 '생존의 위기'를 느끼기 시작한 것이다.

국내 경제 전체에 큰 부담을 주었던 2003년 신용카드 대란은 당시 정부의 지나친 신용카드 장려정책과 함께 신용카드사들의 시장 점유율(market share) 경쟁과 한도증액 정책 등이 원인이라고 볼 수 있다. 신용카드사들이 경쟁적으로 신종 카드를 내놓고 고객들을 유혹하기 위해 쓰는 가장 유효한 무기는 역시 파격적인 부가서비스이다. 다른 카드사로부터 기존 고객들을 빼앗아 오기 위해서는 기존의 혜택을 능가하는 달콤한 조건을 내걸 수밖에 없는데, 이와 같은 경쟁은 소비자 입장에서야 환영할 일이지만 카드사의 건전성에는 악영향을 준다.

국내 기업들이 인수·합병 이후 '자금난' 위기에 몰리는 '승자의 저주'가 불거지고 있다.

과도한 금융 레버리지(차입금 등으로 얻는 지렛대 효과)가 경기침체, 금리 상승과 맞물리면서 눈덩이처럼 불어나 금융비용에 대한 부담으로 돌아오곤 한다. 치열한 경쟁에서 '승자'가 됐지만, 실제로는 '손해'를 보게 된 상황에 빠지는 것이다. 입찰이나 M&A 등에서 실제가치보다 과도하게 높은 가격을 제시하고 경쟁에서 이긴 경우 도 여기에 해당된다. '상처뿐인 영광'이라고나 할까.

겁 없이 은행에서 돈을 빌려 아파트를 매수한 투자자들 또한 승자의 저주에 시달리고 있다.

사업을 진행하거나 투자를 하는 데 있어서도 무분별하고 과다한 경쟁은 피해야 한다. 바로 승자의 저주를 경계해야 하는 것이다. 이를 경계하지 않을 경우에는 경쟁을 하지 않느니만 못한 결과를 초래할 수 있고, 이는 본인이 피해를 입을 뿐만 아니라 사회경제 전반에 악영향을 미치기 때문이다.

고객과 금융기관 간의 숨바꼭질에는 정보의 비대칭성이 숨어 있다

금융상품은 그림의 떡(?)인가?

이솝우화에 황새와 여우가 차린 식탁에 관한 이야기가 있다. 여우가 황새를 초대해서 둥근 접시에 음식을 담아오는 바람에 부리가 뾰족한 황새는 먹지 못하고 여우만 맛있게 먹었다. 그 후 황새가 복수하기 위해 여우를 초대해 호리병에 음식을 담아온다. 그리고 황새는 긴 부리를 이용해 맛있게 먹고 여우는 그것을 구경만 해야 했다. 각자 식사에 초대를 받아서 갔지만 정작 본인이 먹을 수 없는 그릇에 담긴 음식이어서 '그림 속의 떡'으로 남은 것이다.

황새와 여우는 식사에 초대하는 과정에서 상대방에게 불리한 그릇에 대한 정보는 숨겼다. 이처럼 자신은 알지만 상대방은 모르는 정보가 생기는 상황을 '정보의 비대칭성(asymmetry of information)이 존재한다'라고 말한다.

정보의 비대칭성에 관한 사례는 보험 가입, 중고차 판매, 금융기관의 이용 등 실생활 속에서 종종 볼 수가 있다.

먼저 생명보험을 살펴보자. 생명보험은 보장조건이 좋아서 가입하고 싶어도 아무나 가입할 수가 없다. 보험에 가입하기 위해서는 건강상태, 직업, 운전 등에 대한 심사를 거쳐야 하기 때문이다. 보험 가입 시 발병으로 인하여 보험금을 수령할 가능성이 매우 높을 경우 처음부터 가입을 거절 당한다. 보험에 가입된 이후 보험금을 수령해야 할 상황이 발생하면 보험회사에서 운영하는 보험조사반에서는 보험금 지급에 대한 판단을 거쳐 보험금을 지급한다. 보험회사에서 보험조사반을 운영하는 이유는 보험사기를 막아 회사의 손실을 최소화하기 위해서이기도 하지만, 보험금액이 비싸져 보험에 가입하지 못하는 선의의 고객들을 보호하기 위한 목적도 있다. 그렇다면, 보험회사에서는 왜 보험에 가입하기 전에 심사절차를 거치는 것일까?

경제학에서는 이 문제를 '정보의 비대칭성'으로 본다.

자신의 몸에 대한 정보는 본인이 가장 잘 알고 있다. 반면, 보험회사는 가입하려는 사람에 대한 정보를 가지고 있지 않다. 만약 심사절차가 없다면 보험회사에서는 보험금 지급사유가 발생할 경우, 무작정 이 사람을 악의적인 보험금 수령자로 판단할 것이다. 그렇기 때문에 애초에 수령받을 보험금도 결국 납입보험료에 한정 지을 것이다. 그렇게 된다면 소비자도 보험에 가입할 이유를 못 느껴 결국 보험시장에는 악의적으로 보험금을 노리는 소비자만 존재할 것이다.

이는 중고차시장으로도 설명할 수 있다. 팔려는 사람은 자신의 차에 문제가 없다고 하더라도, 소비자는 이에 대해 보증이 되지 않은 상태에서는 무조건 하자가 있는 차량으로 생각하기 때문에 결국 중고차 매매시장에는 하자가 있는 차량만 남게 되는 것과 똑같은 이치이다.

이러한 문제를 해결하기 위해서 심사라는 절차를 거치는 것이다. 소비자가 자신의 몸에 결격 사유가 없으며, 만약을 대비해 보험에 가입하겠다는 정보를 보험회사에 제공하는 것이다.

요즘은 중고차시장에서도 중고차 매매 중계자가 직접 판매하려는 차량의 상태를 점검하고 이에 대한 품질을 보증함으로써 시장에 하자가 있는 차량의 진입을 막으려 한다. 즉, 심사는 이러한 정보의 비대칭성으로 발생하는 문제를 제거하려는 수단인 것이다.

금융기관 탐색행위로 정보의 비대칭성이 증가한다

고객에게 가장 적합한 대출조건을 제시하는 금융기관은 찾기가 어렵다. 백화점이나 상점, 인터넷 등을 통해 본인이 원하는 물건을 살 수 있는 것과는 달리 대출 금융상품은 그렇지 못한 것이 현실이다. 그래서 은행에서 자금을 빌릴 수 있는 고객이지만, 이자율이 비싼 저축은행에서 돈을 빌리는 경우도 종종 있다. 금융기관이 인터넷을 통하여 대출 신청이 모두 가능하다면 이러한 정보의 비대칭이 발생하지 않을 것이다.

그러나 대출 신청을 위해 신용조회를 한 기록이 많을 경우 조회기록이 저장되어 고객의 신용도에 영향을 미친다. 특히 대부업권에서 조회를 몇 번 하면 신용등급이 하락하는 결과를 가져오기도 한다. 일부 인터넷사이트를 통한 대출조건의 파악은 무분별한 신용조회 및 불법수수료를 징수하는 대출 모집업체에 노출되는 결과를 가져오므로 적극적인 금융기관 탐색 행위가 사전에 차단되어 정보를 얻기가 더욱 어려워진다.

미국산 쇠고기 문제 해결 방안도 심사이다

2008년 사회적 이슈가 되었던 것 중에 하나가 바로 미국산 쇠고기 문제이다. 정부에서는 정 불안하면 안 먹으면 그만이라고 이야기했다. 그런데 만약 지금과 같이 국민이 불안해하는 쇠고기가 시장에 풀리면 어떤 문제가 발생할까? 가장 큰 문제는 시중에서 판매되는 쇠고기의 원산지가 국산이나 뉴질랜드산으로 바뀌어 팔릴 수도 있다는 것이다.

미국산 쇠고기 문제에 있어 가장 큰 문제는 정보의 비대칭성으로 이 문제를 해결하는 것이 유일한 해결책이라고 할 수 있다. 보험심사를 통해 해당 질병에 걸릴 확률이 적은 고객만을 가입시키는 것처럼, 미국산 쇠고기 문제도 이와 같은 관점에서 접근했어야 옳다. 즉, 광우병에 걸릴 만한 가능성이 있는 쇠고기는 애초에 수입을 금지함으로써 유입을 막아야 했던 것이다. 그렇게 할 때 소비자는 정부에서 실시하는 원산지 표기 정책 등의 조사행위에 대해 신뢰할 것이며, 만에 하나 발생할지 모르는 문제점들을 모두 제거할 수 있는 유일한 해결책이 되었을 것이다.

각 나라의 맥도날드 햄버거와 김치찌개의 가격비교로 환율을 예측할 수 있다

빅맥지수와 김치지수

나라마다 화폐가 다르므로 그 화폐를 서로 교환하려면 일정한 비율이 필요하다. 그것을 환율이라고 한다. 20세기 중반까지는 각 나라의 정부가 협의를 통해서 환율을 정했는데, 그렇게 정해진 것을 고정환율이라고 했다. 그러나 20세기 후반부터는 시장(외환시장)에서의 거래를 통해 환율을 정하도록 했는데, 이른바 변동환율이다.

그런데 실제 환율은 상식적으로 봐서 적당하다고 평가될 때가 있는가 하면 비정상적으로 높거나 낮다고 평가될 때도 있다. 그래서 국가 간 적정환율이라는 것이 있다. 적정환율이란, 말 그대로 그 나라의 경제상황에 딱 맞는 환율의 수준을 말한다. 예를 들어 한국과 미국의 적정환율을 달러당 1,300원이라고 치고 지금 환율을 달러당 1,250원이라고 하면 환율이 50원만큼 과소평가되어 있다는 결론을 얻을 수 있다.

적정환율과 실제환율이 다른 것은 현실 속에서 실시간으로 거래되는 환율이 투기 또는 계절적, 경제적 변동 등의 요인 때문에 국가 간의 경제상황을 제대로 반영하지 못하는 때가 있기 때문이다. 그렇다면 적정환율이 얼마인지, 현재 환율이 과대 혹은 과소평가됐는지 알려면 어떻게 해야 할까? 적정환율이 얼마인지 알아내기 위해 세계적으로 팔리는 표준화된 상품가격을 조사하는데, 여기서 '빅맥지수'가 활용된다.

1986년 《이코노미스트》는 환율 측정 지표를 개발했는데, 세계적인 햄버거 회사인 맥도널드의 대표적인 메뉴인 '빅맥(Big Mac)'을 가지고 각국에서 팔리는 빅맥 가격을 기초로 적정환율을 따지는 방법인 '빅맥지수'를 발표하였다. 수많은 상품 가운데 빅맥을 적정환율 평가 상품의 기준(구매력 평가기준)으로 삼은 이유는 빅맥이 세계적으로 품질, 크기, 재료가 표준화되어 있어 어느 곳에서나 값이 거의 일정하리라고 추정했기 때문이다.

'모든 재화의 값은 같다' 는 전제 아래 미국 워싱턴에서 팔리는 빅맥이 3달러이고, 우리나라 서울에서 팔리는 빅맥이 3,500원이라면 두 나라 간 적정환율은 달러당 1,167원(3,500÷3.00)이 된다.

2007년 발표한 자료에 따르면 한국에서 2,900원에 팔리는 빅맥이 미국에서는 2.936달러에 팔리고 있어서 빅맥환율(지수)은 987원인데 실제환율은 901원이었다. 쉽게 말하면 미국인이 한국 현지에서 1달러를 주고 물건을 살 때는 987원어치를 살 수 있는데, 외환시장에서 교환할 때는 901원밖에 받지 못한다는 것이다. 이 경우에는 원화가 상대적으로 높게 평가되고 있는 것이므로 원화의 가치하락 압력이 존재하고, 수출업계는 타격을 입는다.

영국 신문인 《파이낸셜타임스》는 '빅맥' 햄버거 가격을 기준 삼아 세계 물가를 비교해서 뽑는 '빅맥지수' 대신 우리나라의 '김치지수'가 떠오르고 있다고 보도했다. 김치지수는 전 세계 주요 도시 32개의 김치찌개 값을 조사해 어느 나라의 물가가 비싼지를 비교한 지표이다. 한국의 김치찌개 값 5,000원을 100으로 놓고 조사한 결과 가장 비싼 곳이 스위스 제네바로 31,000원(지수 620)이고, 다음은 프랑스 파리로 22,000원(지수 440)이라고 한다. 우리 교포가 많이 사는 미국은 지역에 따라 다른데, 워싱턴은 15,000원(지수 300)이나 됐지만, 로스앤젤레스는 8,000원(지수 160)이었다. 한편 가장 싼 곳은 중국 창춘으로 2,000원(지수 40)을 기록했다고 한다.

미국의 《헬스》라는 건강 전문지는 한국의 김치를 스페인의 올리브유, 그리스의 요구르트, 인도의 렌즈콩, 일본의 콩과 함께 건강에 가장 좋은 5대 음식으로 뽑았다. 김치가 유산균의 작용 때문에 의학적, 영양학적으로 뛰어난 효능이 있다는 것이다. 갈수록 김치에 대한 국제적 인식이 높아지고 있다. 이외에도 우리나라 상품을 기준으로 한 '애니콜 지수', '초코파이 지수'가 개발되어 주요 지표로 쓰이는 것은 우리나라가 세계의 중심으로 글로벌(Global)화, 즉 국제화된 좋은 사례라고 볼 수 있다.

유가와 환율은 어떤 관계인가?

최근 한국석유공사에서는 '주유소 종합정보시스템'이라는 사이트를 개설하여 말 그대로 전국의 주유소에 대한 각종 정보를 제공해주고 있다. 이 사이트에서는 고속도로와 국도의 주유소 위치는 물론 인근의 주유소 찾기, 각 주유소에서 판매되고 있는 경유와 휘발유의 가격까지 공개하고 있다.

천정부지로 오르는 초고유가에 서민경제 부담이 날로 커지자 석유공사에서도 뒷짐만 지고 있을 수는 없었던 모양이다. 그동안 인터넷 제품에 대한 가격비교 사이트는 있었지만, 천차만별이었던 기름값을 비교해주는 서비스가 없어서 소비자들이 정보를 얻기가 어려웠다. 그런 상황에서 이 사이트의 정보는자동차 오너들에게 기분 좋은 소식이 아닐 수 없다. 하지만 일선 주유소들은 이에 대한 참여를 거부하고 있다고 한다.

휘발유 가격은 지역마다 차이가 있다. 땅값이 비싼 서울 강남지역에 비해, 도심 바깥쪽 외곽으로 갈수록, 그리고 지방으로 내려갈수록 가격이 싸지는 경우가 많다. 다른 일반적인 상품과 마찬가지로 기름도 주유소에서 판매되는 '상품'이며, 판매자는 이윤추구를 목적으로 하기 때문에 지가나 임대료에 따라 가격이 다른 것이다. 땅값이 비싼 곳은 기름값도 비쌀 수밖에 없다. 또, 울릉도처럼 차로 직접 갈 수 없는 섬은 기름을 이동하기 위한 화물선 운임이 포함되기 때문에 가격이 올라간다.

독일 경제협력개발부 산하기관인 독일기술협력공사(GTZ)가 전세계 171개국의 기름값(2007년 11월 기준)을 조사해 최근 발표한 '국제 연료가격 보고서'에 따르면, 한국의 1리터당 휘발유 소매가격은 1.65달러로 터키, 아이슬란드, 노르웨이, 네덜란드, 홍콩에 이어 6위를 차지했다. 이는 영국(1.63달러, 7위), 일본(1.09달러, 69위), 미국(0.63달러, 147위) 등 웬만한 선진국을 뛰어넘는 것으로, 보고서에서는 '높은 유류세'를 그 이유로 들었다. 미국은 리터당 가격이 0.63달러라고 하는데 원-달러 환율이 현재 1,000원이라고 본다면 630원 정도로 우리나라(1,650원)보다 싸다는 의미이다.

환율이 출렁거리면 누가 이익이고 누가 손해인가?

환율은 오르기도 하고 떨어지기도 한다. 사과 농사가 잘 안 되어서 사과가 귀해지면 사과값이 오르듯이 달러를 사려는 사람이 많으면 달러값이 오른다. 예를 들어 1달러에 1,200원 하던 것이 1,000원이 되었다면 '원-달러 환율이 떨어졌다' 또는 '환율이 하락했다'고 표현한다.

환율이 하락하면 수입하는 사람들 입장에서는 1달러짜리 인형을 수입할 때 지불해야 하는 돈이 1,200원에서 1,000원으로 떨어져 200원씩 적게 주게 되니까 이익이다. 반면 수출하는 사람들은 사정이 다르다. 1달러짜리 인형을 1,200원에 팔 수 있었는데 1,000원에 팔아야 하니까 200원을 손해 보는 셈이다. 환율 인하가 장기적으로 서서히 진행되면 별로 문제될 것이 없지만, 급속히 진행되면 수출이 감소하여 직격탄을 맞는다.

환율은 이처럼 우리 경제에 매우 커다란 영향을 주고 있다. 특히 수출 의존도가 높은 우리나라는 환율변동에 민감할 수밖에 없다.

환율 인상은 기러기 아빠에게도 영향을 주고 있다. 환율이 1달러에 1,000원이라고 가정해보자. 매달 국내에서 해외로 100만 원의 돈을 송금한다면 미국에서 공부하는 자녀는 매달 1,000달러의 돈을 받게 된다. 하지만 환율이 1,100원으로 오르면 기러기 아빠는 한국에서 110만 원을 송금해야 된다. 이렇게 환율이 오르면 한국에 있는 가정에는 부담이 늘어난다.

예외적이기는 하지만, 1997년의 외환위기와 같이 급격한 환율 인상이 발생할 경우에는 단기 해외 여행자도 영향을 받았다. 친구가 외환위기 전에 미국으로 신혼여행을 떠났는데, 1달러당 1,000원일 때 100만 원에 환전해서 1,000달러를 가지고 나갔다. 여행에서 500달러를 쓰고 돌아와서 500달러를 환전해서 100만 원을 받았다. 왜냐하면 환율이 1달러에 2,000원으로 올랐기 때문이다. 결국 그 친구는 신혼여행을 공짜로 다녀온 셈이 되었다.

우산 장수와 짚신 장수의 고민

해외업체와 거래를 하는 무역업에 종사하는 기업은 이처럼 환율이 변동하기 때문에 항상 환율로 인해서 손해를 볼 수도 있고, 이익을 볼 수도 있다. 이런 것을 환위험이라고 한다. 이러한 환위험을 피하기 위해서 이들은 보험에 가입하여 변화된 가격차이만큼 보상받기도 하고, 수출업자들의 경우 나중에 달러로 받을 물품대금에 대해서 물품대금을 받으면 현재 가격에 해당하는 달러를 주겠다는 약정을 하는 거래를 한다. 그 예로 수출보험공사에서 2002년 도입하여 시행되는 환변동 보험이 대표적이다.

환변동 보험은 외환리스크의 관리 능력이 취약한 중소기업을 대상으로 환율변동에 따라 발생 가능한 손실을 보전해주는 금융상품이다. 이 보험은 수출기업에 대한 정부의 지원을 목적으로 하기 때문에 수출업자만 가입이 가능하다. 기러기 아빠 같은 개인의 경우에는 외화예금 통장을 선택하여 환 리스크를 줄이는 것도 슬기롭게 대처해 나가는 방법 중 하나이다.

환율만큼 우리나라와 세계의 온갖 현상과 정보가 깊은 관계를 맺고 있는 것은 없다.

세계의 움직임을 알지 못하면 환율의 움직임을 알 수 없고, 환율의 움직임을 모르면 세계의 움직임을 알 수가 없다. 환율의 상승에 직접적인 영향을 받는 사람들 외에 직접적인 이해관계가 없는 사람들은 "당장 나와는 관계가 없는 일"이라고 할 수도 있지만, 현대를 살아가면서 경제를 알기 위해서는 외환시장에 대한 관심을 가져야 한다.

우리나라의 입장에서 볼 때 환율이 오르면 좋을까, 떨어지는 것이 좋을까? 우리나라는 부존자원이 없고, 경제를 성장시키는 데 있어서 수출이 큰 역할을 하는 수출 의존형 경제성장을 추구하는 나라이다. 환율이 오르면 수출하는 제품의 해외 판매가격이 떨어지기 때문에 더 많은 제품을 수출할 수 있지만, 지하자원이 없기 때문에 석유나 철광석 등의 원재료를 구입하는 데 있어서 더 많은 비용을 지불해야 한다. 반대로 환율이 떨어진다면 원재료 구입은 상대적으로 싸게 할 수 있지만, 수출하는 제품의 판매가격이 상승하므로 가격 경쟁력이 줄어든다.

옛 이야기에 우산 장수와 짚신 장수라는 각기 다른 직업을 가진 두 자식을 둔 노부모가 고민하는 이야기가 있다. 비가 오면 짚신 장사하는 아들을 걱정하고 날이 맑으면 우산 장사를 하는 아들을 걱정한다는 이야기이다. 노부모는 어떻게 기도해야 할지 판단하지 못한다. 어떤 판단을 하더라도 한 자식에게는 피해가 가는 기도가 되기 때문이다.

즉, 우리나라 입장에서는 환율이 오르는 것이나 환율이 내리는 것 중 어느 한 가지가 좋다고는 말할 수 없다. 그것은 수혜를 받는 업종마다 상충되기 때문이다. 다만 환율이 널뛰기를 하면 경제 주체 모두가 혼란스러울 수 있다. 그래서 환율을 안정화하기 위해서 정부가 개입을 시도하려고 한다. 결국 안정적인 환율을 유지하는 것이 국가경제의 발전뿐 아니라 내국인의 경제생활 안정에도 도움이 된다고 할 수 있겠다.

미국이 금리를 올리는데 우리가 영향을 받는 것은 나비효과 때문이다

브라질에서 나비가 날갯짓하면 텍사스에는 토네이도가 분다?

석유와 밀은 전혀 연관관계가 없는 재화인 것처럼 보인다. 그런데 최근의 유가상승은 밀의 가격 상승을 유도했다. 석유가격이 상승하자, 대체재에 대한 필요성이 대두하였고, 대체재로서 바이오디젤이 대안으로 떠올랐다.

바이오디젤의 주원료는 옥수수이다. 더 많은 옥수수를 재배하기 위해서는 밀밭을 갈아엎고 옥수수를 심어야 한다. 결국 유가의 상승은 밀농사 경작지의 축소를 가져왔고, 이는 밀가격의 상승으로 이어졌다. 우리나라처럼 밀을 거의 수입에 의존하는 나라는 국제 밀가격이 상승하자 밀을 주원료로 하는 모든 재화의 가격이 상승하였다.

중국에서 피자가 유행하자, 국제 치즈가격이 상승하는 것도 이와 유사하다. 단지 중국에서 피자가 유행을 타서 많이 팔렸을 뿐이다. 그런데 치즈가격이 상승하였다. 피자의 유행으로 인하여 중국 내에서 치즈의 수요가 증가하자, 이것이 국제치즈 가격의 상승으로 이어져, 국내 피자업체들이 유사 치즈를 사용하게 되었다는 것이다.

이 두 가지 사례에는 공통점이 한 가지 있다. 바로 두 가지 이야기 모두 나비효과에 기인하여 발생하였다는 것이다.

나비효과란 브라질에 있는 나비의 날갯짓이 미국 텍사스에 토네이도를 발생시킬 수도 있다는 과학이론이다. 비유적으로 아주 사소한 일이 큰일을 만들어냈을 때 사용하기도 하는 표현이다. 이 표현은 너무 일상화되어, 영화에서도 소재로 이용이 될 정도로 보편화되었다. 영화 〈슬라이딩 도어즈(Sliding Doors)〉에서는 주인공이 지하철을 타느냐, 타지 못하느냐의 미세한 차이가 주인공의 인생에 어떤 변화를 가져오는지를 보여주었다. 전형적인 나비효과를 잘 설명하고 있는 영화가 아닌가 한다.

'나비효과' 라는 용어를 처음으로 사용한 사람은 미국의 기상학자인 에드워드 로렌츠로 알려져 있다. 로렌츠가 1979년 미국 워싱턴에서 〈브라질에 있는 나비의 날갯짓이 미국 텍사스 주에 발생한 토네이도의 원인이 될 수 있을까?〉라는 논문을 발표하면서 '나비효과'라는 말이 일반인들에게 널리 퍼지기 시작했다고 한다. 나비효과는 '어떤 일이 시작될 때 아주 적은 양의 차이가 결과에서는 매우 큰 차이를 만들 수 있다'라는 의미인데, 작은 일이 서로 인과관계가 되어 나중에 큰 일이 된다는 뜻으로 활용되고 있다.

미국에서 금리를 인상하면, 우리나라는 주가가 요동을 치기 시작한다. 주가뿐만이 아니다. 우리도 금리를 따라서 높여야 할지, 동결해야 할지를 놓고 고민에 빠지기 시작한다. 나비효과가 발생하는 것이다. 그 이유는 무엇일까? 우리나라의 대외 의존도가 그만큼 높기 때문이다. 미국이나 중국이 기침하면 한국에서는 감기가 든다는 우스갯소리는 그냥 흘려보낼 수 없을 만큼 심각한 우리나라의 대외 의존도를 빗댄 말이라고 할 수 있다.

대외 의존도가 높을수록 나비효과는 심각할 정도로 나타난다. 중국에서 올림픽을 하니 중국의 철 소비량이 증가하여 국내에서 철가격이 상승하고, 맨홀 뚜껑을 훔쳐가는 생계형 도둑까지 증가했다고 하지 않던가. 이처럼 높은 대외 의존도는 상대방 국가의 변화에 민감하게 반응하게 만든다.

미국에서 밀의 재배가 줄었다고 해서, 우리나라의 라면가격이 상승하는 것도 결국은 밀에 있어서 그만큼 미국에 대외 의존도가 높기 때문에 발생하는 것이다. 만약 우리나라에서 밀이 자급자족할 정도로 재배된다면, 미국에서 밀의 재배가 줄어들었다고 해서 우리나라 라면가격이 상승하지는 않을 것이기 때문이다. 중국에서 피자의 수요가 증가했다고 하더라도, 국내에서 자급할 정도의 치즈량을 확보했다면 우리나라는 중국의 피자수요 증가에 대해 민감하게 반응할 필요가 없다.

결국, 나비효과는 특정 국가에 대한 대외 의존도뿐 아니라 특정 재화에 대한 대외 의존도에 따라 더 심각하게 나타날 수 있는 것이다.

2008년 경제상황을 보면 미국 월가발(發) 금융위기와 서브프라임 모기지 사태가 전 세계 금융시장과 경제를 흔들어놓았고, 국내에 '키코(KIKO) 사태', '환율 불안정', '부동산 대출금 인상'이라는 나비효과를 불러왔다.

2005년 미국의 투자은행들은 대출 담보로 각종 파행상품을 개발, 판매하였다. 이는 미국 국민들로 하여금 대출을 끼고 집을 구매하도록 유도하였다. 그런데 2007년 미국의 부동산 거품이 걷히면서 부동산가격은 폭락하기 시작했다. 주택담보대출은 부실화되었고, 이는 투자은행들이 만든 파생상품들까지 동반 부실을 유도하였다. 그러자 대형 투자은행인 리먼브러더스가 파산하는 등 미국의 투자은행들이 줄도산하기 시작했다. 이는 결국 미국의 신용경색을 심화시켰다.

또한 미국의 투자 은행들로 하여금 전 세계에 투자해놓은 증시자금을 회수하게 만들었고, 우리나라도 예외는 아니었다. 미국 투자은행의 증시자금 회수는 한국시장의 외환 부족 현상을 가져왔고, 이는 시중 은행의 자금 압박을 가져왔다. 환율은 치솟아 수출입 관련 기업들은 자금 압박에 시달렸으며, 시중 은행의 자금조달 금리는 급증하였다.

결국 부동산을 통해 돈을 벌려는 미국 국민의 탐욕스런 작은 날갯짓이 전 세계경제에 광풍을 불러일으켜 글로벌 시장을 강타하였고, 인구 30만의 소국 아이슬란드를 국가부도 위기에 처하게 만들었으며, 수백만 명에 달하는 한국의 주택담보 대출자들이 금리 폭탄을 맞는 상황에 놓이게 만든 것이다.

대외 의존도가 높은 이유는 국내에 자원이 없기 때문이다. 자원이 없다 보니 우리나라는 옛날부터 수출에 의존해 왔고, 이러한 수출 의존형 경제정책이 대외 의존도를 높여 온 것이다.

앞으로 이러한 나비효과는 더 심하게 발생할 것이다. 특정 국가에 의한 나비효과라도 감소시키기 위해서는 어떻게 해야 할까? 수출을 중단하고 우리나라에서만 자급자족을 해야 할 것인가? 아니다. 우리나라는 자원이 부족한 국가로서 수출이 필수적인 나라이다. 그러한 상황에서 나비효과를 감소시키기 위해서는 특정 국가에 대한 대외 의존도를 낮추는 방법이 유일하다.

우리나라의 교역상태를 보면, 상당히 편중된 무역을 하고 있다는 것을 알 수 있다. 교역 대상국은 미국과 중국이 대부분을 차지하고 있으며, 재화에 대한 수입 의존도도 매우 높은 상태이다. 그것도 특정 국가에 편중되어 있다. 이를 해결하기 위해서는 무역의 대상 국가와 비중을 다양화해야 한다. 미국과 중국뿐 아니라, 중남미와의 교역량을 증가시켜야 한다. 즉, 교역 대상국과 규모를 늘려야 한다는 것이다.

미국과 중국 그리고 일본에 편향된 무역정책은 교역 대상국에서 발생하는 모든 사태에 대해 민감하게 반응하게 만든다. 이는 경제구조의 불안을 야기시키고, 결국 매번 해외의 시장변화에 주시해야 하는 결과를 초래한다. 따라서 교역 대상국을 늘리고 무역 규모를 늘릴 수 있는 FTA와 같은 무역정책을 다각화하는 것이 필수적이라고 할 수 있을 것이다.

허생이 매점매석을 하던 시절만 하더라도 지금의 국제금융위기와 같은 상황은 일어나기 어려웠다. 왜냐면 한 나라의 경제는 그 나라만의 사정에 국한될 뿐이었고, 관계가 있다 하더라도 단일 품목의 가격조정에 영향을 미치는 정도였기 때문이다. 서로에게 영향을 주기에는 그 규모나 정도가 매우 미미했던 것이다.

국제금융이나 경제에서 나비효과는 당연한 것이다. 서로 상대국에 투자를 하고, 경제활동에 개입을 함으로써 전 세계가 하나의 네트워크처럼 묶여 있다고 볼 수 있다. 따라서 미국의 금융위기가 한국경제에 영향을 미친다고 해서 우리나라가 미국에 경제적으로 종속되었다고 판단하는 것은 잘못된 것이다. 오히려 지금의 상황은 글로벌한 시각만 가지고 있다면 오히려 위기를 기회로 이용하는 적기가 될 수 있다.

이러한 외부 요인에도 불구하고, 안정적인 경제상황을 유지해 나가는 것은 정부를 비롯하여 각종 투자를 주도하는 기업이 수행해야 할 역할이다. 이러한 위기상황에서 안정적인 경제상황을 유지하기 위해서 가장 필요한 것은 투기적 자본의 개입을 최소화하는 것이다. 이러한 시기에 환율을 이용하여 자신의 부를 축적하려고 시도하는 기업이나 개인이 있다면 이러한 행위가 가능하지 않도록 정부에서는 법적, 제도적 장치를 보완해야 한다.

이 밖에 널뛰기 환율과 이자로 인해 서민이 생계에 지장을 받는 일이 발생하지 않도록 노력해야 할 것이다.

'무시해도 좋을 만큼 시시콜콜한 일이란 없다'고 한다. 아무리 사소한 것이라도 가볍게 여기면 손해 볼 수 있다는 경계심에서 나온 말이다. 비즈니스 업계에서는 하나가 문제를 일으키면 '100-1 = 99'에 그치지 않고 '100-1= 0'이 될 수도 있다는 등식이 있다. 최근 미국 투자은행의 몰락 같은 글로벌 사건들을 보면 결코 엄살이라고 할 수만은 없다.

시중의 금리가 상승하면 투자가 줄어들어 부동산가격이 떨어진다

금리가 오르면 최근에 집을 산 서민은 불안하다

금리가 인상되면 최근에 집을 산 서민은 불안해진다. 왜냐면 집을 살 때 자신이 열심히 모은 돈만으로 구매하는 경우는 드물기 때문이다. 대부분 은행에서 대출을 받아서 자금을 충당하는데, 장기간 이자를 지불하면서 대출금을 상환한다.

부동산을 단지 자신이 거주하기 위해서만이 아닌 재테크의 수단으로 생각하고 구매하는 경우도 많다. 부족한 자금은 대출을 받아서라도 부동산을 구매하는 것이다. 그러다 보니 금리가 오르게 되면 대출을 받아서 부동산을 산 서민은 부담을 느낀다. 소득은 정해져 있는데 금리가 오를 경우, 지불해야 하는 이자금액이 높아지기 때문이다.

최근 몇 년간 부동산가격이 급상승하였다. 실수요층이 많아서라기보다는 개발 호재를 타고 부동산에 투자하고자 하는 사람들이 늘어나서라는 분석이 지배적이다. 정부에서는 이러한 부동산 투기열풍을 가라앉히기 위하여 대출규제를 실시하였다. 하지만 개발 호재에 따른 부동산가격은 떨어지지 않았다.

그런데 최근 부동산 경기가 하락하기 시작했다고 한다. 정부에서 금리를 높이기 시작하자 투자를 꺼리기 시작했기 때문이다. 금리가 오르면 부동산가격은 떨어진다고 볼 수 있다. 하지만 만약 투자했을 경우 금리를 넘어서는 초과이익이 보장되는 부동산이라면 부동산가격이 떨어질까? 아마도 그렇지 않을 것이다. 금리가 높더라도 금리분을 커버하고도 남는 초과 이익이 보장된다면 부동산가격은 절대 떨어지지 않을 것이다.

즉, 지금의 부동산가격의 하락은 금리가 상승함으로써 상승분보다 적은 투자이익을 생각하는 사람들이 투자를 하지 않기 때문이라고 볼 수 있다.

골디락스 경제와 따뜻한 스프

황금색을 의미하는 골드(gold)와 머리카락을 의미하는 락스(locks)를 합친 말인 골디락스(Goldilocks)는 금발미리를 의미하는데, 이는 영국 전래동화 《골디락스와 곰 세 마리(Goldilocks and the Three Bears)》 속의 주인공 소녀의 이름이다.

동화의 내용을 보면 불의의 사고로 갑작스레 부모를 여읜 소녀 골디락스는 깊은 계곡에 사는 삼촌네 집으로 보내지는데, 배가 몹시 고픈 나머지 식탁에 놓인 세 그릇의 스프를 각각 차례로 먹어보게 된다. 그런데 아빠 곰의 스프는 너무 뜨거웠다. 다음 엄마 곰의 스프는 너무 차갑고 딱딱하게 굳어 있었다. 마지막으로 아기 곰의 스프를 먹어보니 뜨겁지도 않고 차갑지도 않아 아주 먹기에 적당한 온도여서 모두 먹어버렸다는 이야기이다.

이 동화를 경제에 적용한 것이 골디락스 경제인데, 금발소녀 골디락스가 세 가지의 스프 중에서 아기 곰의 스프같이 너무 뜨겁지도 않고 너무 차갑지도 않은 적당한 온도의 스프를 먹고 기뻐하는 상태를 경제에 비유하여 이보다 더 좋을 수 없는 경제호황을 '골디락스 경제'라고 한다. 이 말은 물가가 안정된 가운데 경기가 좋았던 1990년대 말 미국경제를 설명하기 위해 쓰이기 시작했다. 지난 5년 사이에 세계경제가 그 이전에 비해 연평균 1%포인트 이상 빠르게 성장했음에도 물가가 상당히 안정되었던 상황도 가히 '골디락스 경제'라고 할 수 있다.

한국경제는 이러한 세계경제 호황에 톡톡히 재미를 보았다. 지난 5년간 민간소비와 고정투자를 합한 내수는 연평균 2.5% 느는데 그쳤으나 수출 급증세에 힘입어 평균 성장률 4.4%를 기록했다.

골디락스 경제는 건실한 경제성장과 낮은 인플레이션이 공존하는 이상적인 경제상황을 일컫는다. 그러나 지금은 좋은 시절이 끝이 났고 이제는 사방에서 스태그플레이션 타령이다.

그렇다면 골디락스 경제에서 금리가 상승하면 소비자가 부동산이나 주식을 구매할 때 불안해할까? 전혀 그렇지 않다. 왜냐면 대세는 상승이기 때문이다. 금리를 감당하고도 모자람이 없을 정도의 시세차익이 발생할 것이 확실하기 때문에 아무리 금리를 올린다 해도 금리인상을 통해 부동산가격 상승을 막을 방법은 없다.

경제는 정직하다. 대가 없이 거저 얻을 수 없듯이 능력 이상으로 누리면 후유증이 따르게 마련이다. 어찌 보면 지금 느끼는 고통은 과거에 자신이 가진 경제능력 이상의 호사를 누렸기 때문이다. 지금 유행하는 '되고 송(song)'을 이미 온 국민이 합창한 셈이다. '아파트 살 돈 부족하면 1억~2억 빌리면 되고(주택가격 상승과 저금리), 월급 적으면 값싼 중국산 물건 사면 되고(가벼운 장바구니 물가), 평준화 교육 싫으면 조기유학 보내면 되고(원화 가치 높음)'가 그 예다.

부동산가격을 잡기 위한 대출금리 인상은 올바른 정책인가?

그렇다면 '부동산가격을 잡기 위해 대출금리를 인상하는 것이 올바른 것인가?'라고 반문할 수 있다. 결론부터 이야기하면 그것은 잘못된 것이라고 할 수 있다. 왜냐면 대출을 받아 부동산을 구매하는 사람이 단지 투자를 위한 사람들만 있는 것은 아니기 때문이다. 실수요층의 경우에도 주택담보 대출 등을 통해 부동산을 구매하는데, 이러한 부동산가격 규제를 위한 대출금리 인상은 결과적으로 실수요층에 대한 피해를 가져오기 때문이다.

반약 부동산가격을 잡기 위한 정책으로 대출금리 인상을 결정했다면 대출금리 인상이 아닌 다른 보완방법을 통해 가격을 규제해야 할 것이다. 양도소득세를 인상한다든지, 투기가 의심되는 부동산을 다량으로 구매한 사람에 대하여 법적, 세무적 제재를 하는 등의 방법을 써야지, 금리인상과 같은 극단적인 방법은 결코 좋은 정책이 될 수가 없다.

미래에 들어올 포인트를 담보로 미리 할인받는 카드를 선 포인트 카드라 한다

포인트로 자동차와 가전제품을 산다?

할인은 소비자에게 구매를 유도할 수 있는 가장 매력적인 수단이다. 예전에는 할인이라고 해봤자 백화점에서 정기 바겐세일을 하거나 이월상품 할인판매를 하는 것이 전부라고 해도 과언이 아니었다. 그런데 요즘에는 할인의 방법이 다양해졌다. 멤버십카드를 통해 본인이 구매한 곳이 아닌 다른 가맹점에서 원하는 물품을 포인트로 구매하거나 다른 가맹점에서 할인을 받을 수도 있다.

이러한 멤버십카드를 통해 기업은 단순히 매출만을 기대하는 것이 아니다. 멤버십카드로 제공하는 포인트를 통해 소비자의 충성도를 제고시키고, 소비자 만족도를 높여 지속적인 구매로 이어지도록 유도하는 것이다.

이러한 포인트를 이용한 할인 방식은 계속해서 진화하여 요긴하게 사용할 수 있는 신용카드 서비스 중 하나인 '선(先) 포인트(세이브)'까지 생겨났다.

'선 포인트' 카드란, 물건값을 미리 할인받고 나중에 본인이 쌓은 카드 포인트로 할인받은 돈을 갚는 상품이다. 예를 들어 100만 원짜리 컴퓨터를 살 때 선 포인트를 이용하면 구입 시 50만 원만 내고 나머지 50만 원은 4년 동안 매월 1만 원 정도씩 포인트나 현금으로 갚아 나갈 수 있다.

자동차나 값비싼 가전제품을 구매하는 경우 카드로 결재하면 선 할인을 해준다. 즉, 카드를 사용할 때 쌓이는 포인트만큼 먼저 할인해주는 것이다. 선 포인트 카드를 이용하면 지금 바로 자동차나 가전제품을 상당히 싼 가격에 구매할 수 있다. 실제로 자동차나 가전제품을 구매하면서 새로운 카드를 발급받는 경우도 꽤 많다.

선 포인트 카드로 살 수 있는 물건의 범위도 계속 확대되고 있다. 지난해까지만 해도 자동차와 일부 가전제품 정도만 선 포인트 적용 대상에 포함됐지만, 최근에는 휴대폰이나 내비게이션, 항공권, 여행상품뿐 아니라 오토바이나 보일러까지 그 범위가 확대되고 있다.

그런데 선 포인트 카드는 한 달에 얼마 이상을 사용해야 한다는 전제조건이 붙는다. 한 달에 50만 원 정도를 꾸준히 카드로 소비하면 쌓이는 포인트를 먼저 자동차나 가전제품 구매 시에 할인해주고, 일정 기간이 지나도록 카드 소비가 되지 않을 경우 그때 포인트로 할인받은 부분을 다시 납부하는 방식이 선포인트 카드의 원리이다.

선 포인트 카드의 장점

선 포인트 카드는 카드회사와 자동차나 전자제품을 판매하는 회사에 이익을 가져다준다. 먼저 자동차회사와 전자제품회사는 소비자에게 선 할인을 통해 가격부담을 줄여줌으로써, 판매 가능성을 더 높일 수 있고, 소비자로부터 에누리 요청을 더 줄여 나갈 수 있다. 그래서 카드회사는 매출을 올릴 수 있는 것이다.

선 할인받은 포인트를 쌓기 위해 소비자는 해당 카드사의 카드 사용횟수를 늘려 나가게 되고, 이는 카드사에게 있어 그만큼 더 가맹점 수수료를 받을 수 있게 만들어 안정적인 영업을 가능하게 한다. 뿐만 아니라, 카드사는 자동차나 가전제품의 거래를 통해 신규고객을 유치할 수 있다는 이점이 있다. 그래서 자동차회사나 전자제품회사 그리고 카드사 모두 선 포인트 카드에 대해서는 긍정적인 입장이다.

소비자에게도 이점은 있다. 가격이 높은 자동차와 같은 경우 결정적인 구매요소로 작용하는 요소 중 하나가 바로 가격이다. 선 포인트 카드는 이런 부분에 상당한 이점을 가져다준다. '나중에 할인받을 것을 먼저 할인해주겠다'는 것은 소비자에게 있어 손쉽게 구매를 결정할 수 있게 해주기 때문이다.

은행과 카드사들이 선 포인트 마케팅을 강화하는 것은 장기 고객을 확보하려는 전략의 일환이다. 일단 선 포인트 카드로 물건을 사면 최소 2년이나 3년간은 카드를 쓸 것이고, 그 기간 내에 미리 할인받은 돈을 다 갚지 못한 고객들은 자연스럽게 3년 이상 카드를 사용할 것이기 때문이다.

카드사와 판매사 그리고 소비자 모두에게 이득이 되는 선 포인트지만, 소비자에게는 포인트 적립에 대한 부담을 줄 수도 있다. 당장 할인혜택을 받을 수 있어 공짜라고 생각할 수 있지만, 할인받은 만큼의 금액을 일정 기간 상환해야 하기 때문이다.

정해진 금액을 반드시 소비해야 한다는 부담은 불필요한 소비를 조장할 수도 있다. 그러므로 선 포인트 카드로 제품을 구매하는 소비자는 제품 구매시점부터 이러한 판매방식이 본인에게 이익인지 아닌지를 따져보는 습관이 필요하다. 구매패턴이 카드를 이용하는 소비가 많은 사람이라면, 선 포인트 카드는 분명 이익을 가져다줄 수 있다. 하지만 만약 자신의 구매패턴이 카드를 자주 이용하지 않는다든가 소비금액 자체가 적다면, 선 포인트 카드는 독이 될 수도 있다. 포인트를 적립하기 위해서 불필요한 소비를 해야 하기 때문이다.

상환조건을 제대로 따져보지 않은 채 할인혜택인 줄 알고 결제했다가 모자라는 포인트를 현금으로 채우고 나서야 '외상'인 것을 깨닫는 경우도 있다.

요즘에는 휴대전화 단말기에 보조금을 지급하지 못한다. 대신 휴대전화 단말기를 구매할 때 약정판매를 실시한다. 즉, 한 달에 얼마 이상을 사용하면 단말기를 일정 금액 할인해주겠다는 식의 약정 판매를 하는 것이다. 이는 당장 휴대전화 단말기를 싸게 구매할 수는 있지만, 매월 일정 금액 이상을 사용해야 한다는 단점이 있다. 결국 소비자에게 더 많은 소비를 유도하는 마케팅이라고 할 수 있다.

휴대전화도 선 포인트 카드와 마찬가지다. 현명한 소비자가 되기 위해서는 어떤 재화를 구매할 때에는 꼼꼼히 따져보는 습관이 반드시 필요하다.

경기침체에 인플레이션이 더해지는 것을 스태그플레이션이라 한다

생활 속에서 경기를 예측한다

경기는 주기적으로 호황과 불황이 반복되지만, 언제 좋아지고 나빠지는지 맞추기는 어렵다. 하지만 노인들이 일기예보를 듣지 않고도 날씨를 예측하거나 곤충과 동물의 움직임을 보고 기상변화를 감지할 수 있듯이 우리 주변의 작은 변화를 통해 경기를 예측해 볼 수 있다. 그중 하나가 '여성의 미니스커트가 유행하거나 립스틱 판매량이 늘어나면 경기가 불황'일 것이라고 보는 경우이다.

여성들의 스커트 길이나 립스틱 판매량과 경기 흐름의 상관관계는 확실히 규명된 경제이론은 아니지만, 어느 정도 상식처럼 이용되기도 한다. 일부의 의견에 따르면 불황기에는 먹고살기 바쁜 탓에 남성들이 여성을 바라볼 기회가 별로 없다는 것이다. 그러다 보니 여성은 남성의 관심을 끌기 위해 짧은 치마를 입고 화장을 고칠 수밖에 없고, 반대로 경기가 좋아지면 남성들이 여성의 뒤꽁무니를 자주 쫓아다니므로 여성들이 남성의 눈길을 피하기 위해 긴 치마를 입는 것이라고 한다.

혹자는 경제가 어려울수록 여성들이 자신을 돋보이고 싶은 심리가 있어 미니스커트를 선호하며, 불황일 때에는 비싼 화장품을 사기 힘들어진 여성들이 대신 값싼 립스틱으로 화장 효과를 극대화하려는 경향이 있기 때문이라고 말하기도 한다.

물론 전혀 다른 견해를 피력하는 학자들도 있다. 《털 없는 원숭이》를 쓴 인간행동학자 데즈먼드 모리스 교수는 오히려 경기가 좋아지면 치마 길이가 짧아지고, 경기가 나빠지면 치마 길이가 길어진다고 말했다. 그는 그 근거로 1930년대에 세계경기가 불황일 때 긴 치마가 유행하고, 1960년대에 세계경기가 호황일 때 미니가 유행했던 사실을 들었다.

우리가 보다 쉽게 경기를 파악할 수 있는 방법은 신문이나 방송이 전하는 경제기사를 관심 있게 보는 것이다. 정부나 민간 경제연구소에서는 '경기지표'를 보고 미래를 예측하며 그에 맞는 대응책을 세운다. 우리나라는 통계청이 경기지표를 작성하고 발표하는 공식기관으로 지정되어 있다.

경기지수 중에서도 경기의 흐름이 어떻게 달라지는지를 가장 종합적으로 나타내는 것이 경기종합지수이다. 경기종합지수는 1981년부터 경기 동향을 민감하게 반영하는 생산, 소비, 무역 등 24개 부문의 지표를 종합해서 작성한다.

인플레이션 + 경기침체 = 스태그플레이션

"호주머니 사정은 안 좋은데(경기침체), 물가까지 계속 뛰기만 하니(인플레이션) 힘들다"라고 말하는 사람들이 많다. 현재 우리 경제는 유가, 곡물 등 원자재 가격의 급등으로 소비자물가 상승률이 5%를 넘어섰고, 국내경기가 침체되어 하반기 성장률이 3%대까지 떨어질 수 있다는 우려를 나타내는 스태그플레이션에 직면해 있다.

물가상승률의 직접적인 원인은 국제 원자재값의 급등과 오일달러의 천문학적 증가이며, 이것이 다시 원자재 투기자금으로 활용되면서 물가를 자극하였다.

스태그플레이션(Stagflation)이란, 경기침체를 뜻하는 스태그네이션(Stagnation)과 지속적인 물가상승을 의미하는 인플레이션(Inflation)을 합친 용어다. 대체로 경기가 좋으면 물가가 상승하고 경기가 나쁘면 물가가 떨어지기 마련인데, 스태그플레이션에서는 경기가 좋지 않은데도 불구하고 물가가 뛰는 것이다.

스태그플레이션이 보통 사람들에게 끼치는 영향은 생활비 급증과 금리 상승, 자산가치의 폭락이다. 물가인상에 따라 생활비는 크게 뛴다. 주요 생활필수품 가격의 급등으로 체감물가는 물가 상승률보다 큰 폭으로 상승한다. 물가가 계속 올라 돈의 가치가 떨어지면 봉급 생활자와 같이 일정한 수입으로 살아가는 사람들은 같은 봉급으로 살 수 있는 물건이 전보다 적어지므로 실제로는 소득이 줄어드는 결과를 낳는다. 그래서 미래를 위한 계획을 세우는 일이 불가능해지는 것은 물론이고, 생계비가 늘어나 생활이 당장 어려워질 수도 있다.

게다가 실질금리마저 뛴다. 은행의 대출금리가 상승함에 따라 대출이자의 부담이 증가하고, 물가상승은 실질소득 감소 효과로 이어져 봉급 생활자는 어려움에 직면한다. 특히 주택담보대출 중 90% 이상이 변동금리형인데다 만기가 3년 이내인 단기대출이 많아 금리가 오르면 가계이자 지불 능력이 그만큼 떨어지는 것이다. 이에 따라 이자에 대한 부담이 크게 증가하는데, 이 경우 주식, 부동산 같은 자산가격은 폭락하는 경향이 있다. 이때 부채가 많은 가계는 외환위기 때처럼 이중고를 겪게 된다.

스태그플레이션 시대의 승패는 빚과 자산 규모에 따라 나뉜다. 능력에 맞지 않게 빚을 많이 얻어 주식이나 부동산 투자를 감행한 쪽이 최악의 상황을 맞게 되는 것이다. 이들은 시장금리 상승과 자산가격 폭락에 따른 과도한 이자 부담에 시달려야 한다. 재테크도 좋지만 무리하게 빚을 얻어 자산에 투자하는 것은 지양해야 한다.

스태그플레이션의 두 얼굴

경제문제는 동전의 앞뒷면처럼 양면성을 지니고 있어 어느 한쪽을 누르면 다른 한쪽으로 이동하는 '풍선효과'가 생긴다. 정부에서는 경기침체와 인플레이션이라는 두 마리의 토끼를 동시에 잡아야 하지만, 이는 상충되는 것이어서 해결하기가 쉽지 않아 보인다.

추우면(경기침체) 온풍기(경기부양)로 따뜻하게 하고, 더우면(인플레이션) 에어컨(물가통제 등)으로 시원하게 하면 된다. 문제는 한 사무실(나라)에서 추위를 느끼는 사람과 더위를 느끼는 사람이 함께 존재한다면 조치할 수 있는 방법이 쉽지 않다는 점이다. 이 두 가지를 만족시키기 위한 해법은 찾기 힘들다. 경기침체를 막기 위해 경기부양 정책을 펼 경우 돈이 시중에 많이 풀려 경기는 살릴 수 있지만 물가상승을 더 부채질할 수 있다. 반면 물가를 잡기 위해 돈줄을 죄면 물가는 잡을 수 있으나 소비가 줄어들어 경기가 침체되는 결과를 낳는 것이다.

결국 IMF 외환위기가 '급성'이라면 스태그플레이션은 '만성병'같아서 치유가 더 어렵다.

최근 소비자물가 상승률이 5%를 넘어서면서 경제 주체들의 인플레이션(물가상승) 기대심리도 갈수록 높아지고 있다. 인플레이션 기대심리는 근로자들의 임금인상 요구로 이어질 개연성이 있다. 경제학적으로는 임금상승이 다시 물건값을 올리는 현상을 '물가와 임금상승의 악순환(wage-price spiral)'이라고 하는데 우리 경제도 이런 악순환이 생길 수 있다.

경제는 일정 기간 호황기와 불황기를 지속하는데, 마치 '관성'이 작용하는 것과 같다. 물리학에서 '관성'이란 물체가 진행하려는 방향을 계속 유지하려는 속성을 일컫는 것으로 경제도 마찬가지다. 경제에 어떤 충격이 가해졌을 때 관성 때문에 빨리 원래 자리로 돌아오지 못하고 한동안 그 상태를 지속하는 것이다.

1970년대에 세계는 유례없는 경제적 체험을 했다. 높은 물가상승률과 경기침체가 공존하는 이른바 스태그플레이션이었다. 이 시기 선진국의 물가상승률은 두 자릿수를 기록했고, 경제성장률은 절반으로 뚝 떨어졌다. 고도성장 중이던 우리 경제는 선진국에 비해서는 충격이 적었지만, 1차 오일쇼크 당시 1975년 한 해 경제성장률이 반 토막 났었다.

그렇다면 오늘날 우리나라를 포함한 주요 국가는 1970년대식 스태그플레이션에 진입할 가능성이 있는가? 경제성장률은 급격히 둔화되고 있고, 물가상승률은 급상승 중인 것을 감안하면 가능성이 높아 보인다. 물론 스태그플레이션에 진입하지 않을 것이라는 주장도 만만치 않다. 미국의 경제 칼럼니스트인 로버트 새뮤얼슨을 비롯한 일부 전문가들은 세계가 스태그플레이션 자체를 오해하고 있다고 주장한다. 그에 따르면 스태그플레이션은 단순히 물가상승과 경기침체만을 의미하지 않는다. 그보다는 1970년대처럼 그런 현상이 적어도 1년 이상 지속될 때 스태그플레이션이라 부를 수 있다고 한다.

1997년 한국의 외환위기 때 우리나라는 금 모으기 운동 등을 통해 외환위기를 잘 극복했으며, 서해안 기름유출 사고 당시에도 옛 모습을 찾으려면 10년은 걸려야 한다고 했으나 자원봉사자들의 자발적인 노력으로 1년이 채 안 되어 빠른 속도로 회복되어 가고 있다.

'마녀'도 점 하나 빼면 '미녀'가 되고, '포로'도 '프로'가 될 수 있듯이, '불경기(不景氣)'라도 '불(火)같은 경기'라고 생각한다면 어려운 불황 속에서 경제회생의 길은 반드시 있을 것이다.

세계의 화폐 단위는 금의 가치를 기준으로 한 금본위 화폐를 채택하고 있다

돈의 기원

"뭐니 뭐니 해도 머니(money)"라는 가요 노랫말이 있을 정도로 남녀노소 가리지 않고 가장 중요하게 생각하는 것, 때때로 누군가는 목숨보다 중하게 여기는 것이 바로 돈이다.

이러한 돈의 기원은 어디에서 시작된 것일까? 거슬러 올라가 보면 쌀, 보리, 밀 등의 곡식화폐, 즉 '곡화'가 가장 오래되었으며, 일부에서는 지금도 쓰이고 있고, 또 전 지구상에서 가장 넓게 쓰였던 화폐이다. 특히 소금은 AD 1세기까지 아시아와 아프리카 지역에서 화폐로 쓰였으며, 로마 군인에 지급된 급료이기도 했다. 그래서 월급 받는 사람(salaried man)의 어원을 살피면 소금인 'salt'에서 온 것을 알 수 있다. 봉급이 짠 이유가 혹시 소금의 본성 때문이 아닐까?

옛날에는 조개화폐를 구폐라 하여 많은 민족이 사용하였으며, 조개무덤은 우리나라에서도 발견된다. 인디언들도 '완품'이라는 조개껍질을 화폐로 사용하였다. 2차 세계대전 당시 일본이 조개섬을 점령하자 조개를 구하지 못하여 경제적 혼란을 겪기도 했다고 한다.

전쟁 등으로 인해 사회가 불안정한 곳에서는 보석이 화폐 대용으로 환영을 받는다. 보석은 본래 평화로운 곳에서는 장식용으로 쓰이고 화폐의 가치는 없으나, 전쟁이 심한 유럽인에게는 이동과 재산 보관이 용이하여 보석을 애용하게 되었다고 한다. 환율의 변동이 금융시장에 소동을 일으키는가 하면 평가절하도 다반사지만, 보석은 그 자체로서도 희소성을 가지고 가치를 인정받을 수 있기 때문이다.

야프섬의 돌화폐

세계 모든 나라에서는 가치를 저장하거나 물건의 교환수단으로 '화폐'를 사용했는데, 화폐를 무엇으로 사용했는지는 시대별, 지역별로 다르다. 그중 세상에서 가장 크고 무거운 화폐가 있다. 무엇일까? 바로 '돌화폐(Stone money)'이다. 서태평양 캐롤라인 군도의 서쪽에 위치한 야프섬(Yap)에서 사용하는 화폐로 석회암 바위로 만들어졌다고 한다.

거의 2000년 동안 야프섬 사람들은 토지나 카누 등 중요한 물건을 구입하거나 결혼 승낙을 얻기 위한 지참금으로 커다란 돌바퀴를 사용해 왔다. 이곳은 미국 영토로 식료품 가게나 주유소에서는 달러가 통용되지만, 땅을 사고파는 등 큰 거래에서는 주로 돌 화폐가 사용되고 있다. 그렇다고 모든 돌이 돈은 아니다. 돈으로 쓰이는 돌은 야프섬에는 없고 멀리 팔라우섬에 가야 구할 수 있는 특수한 돌이다.

이곳의 관습에 따르면 깨진 돌은 가치가 없다고 한다. 그래서 커다란 돌을 운반하다가 깨뜨릴까 두려워 사람들은 돌을 옮기지 않고 계산상으로만 소유권을 이전한다. 돌을 원래 자리에 두고 돌의 주인이 바뀌었다는 것을 사람들에게 알리는 것으로 매매가 이루어지는 것이다. 그렇기 때문에 돌을 훔쳐가도 소용이 없다. 설령 가지고 있다 해도 많은 사람들이 돌의 주인으로 여기지 않기 때문이다. 심지어 가장 가치가 큰 화폐는 바다 속에 그대로 있다고 한다. 그 돌을 만들기 위해 많은 인부를 데리고 이웃 섬에 갔는데, 운반 도중 너무 무거워 바다에 빠지고 말았다. 그러나 주민 전체가 인정하기 때문에 바다 속에서 화폐가치를 가지고 있다는 것이다. 국제거래에 사용되는 금괴도 뉴욕연방준비은행 금고에 있으면서도 소유권만 이전되는 것과 마찬가지 이치다.

커다란 돌을 화폐로 사용하는 데에는 몇 가지 분명한 이점이 있다. 먼저 암시장 거래가 불가능하고 소매치기를 당할 염려도 없다. 야프섬에서는 통화제도를 어떻게 안정시켜야 하는지에 대한 지겨운 논쟁도 없다. 섬 안에 있는 돌바퀴가 6,600여 개밖에 없어서 통화량이 고정되어 있기 때문이다.

금본위제도의 도입

앞서 말한 바와 같이 기준이 되는 화폐나 금속, 혹은 사물을 근거로 화폐가치를 확정하고 그것을 유지하는 제도를 '본위제도

(standard system)' 라고 한다.

어떤 금속을 본위 화폐로 지정하는가에 따라 금본위제도, 은본위제도등이 있다. 역사적으로 보면 '은본위제도' 가 최초로 발달하였고, 은(銀) 생산이 증가하면서 은의 가치가 하락하자 '금은복본위제(金銀複本位制)' 로, 다시 '금본위제도' 로 이행하였다.

금본위제도란, 각국이 자국화폐 단위의 가치를 순금의 일정량으로 정해놓고 금화의 무제한 주조와 자유로운 수출입을 허용하며, 지폐나 예금통화 등은 아무런 제한 없이 금화와 교환이 가능하게 하는 제도이다. 따라서 금본위제하에서 국제수지 불균형은 금의 유·출입을 통한 자동조절 기능에 따라 해결할 수 있었다. 금본위제도의 특징은 다른 국가와의 물가수준과 비교해서 환율을 정하는 게 아니라 국제적인 금의 시세에 따라 환율이 정해지기 때문에, 금의 가치가 현저히 떨어지지 않는 한 그 가치가 수십 수백 년이 지나도 금의 가치수준으로 안정되므로 인플레이션의 위험이 거의 없어진다는 점이다.

이러한 국제금본위제도는 19세기 자유무역체제의 근간으로 국제수지의 자동 조절과 구제물가의 상대적 안정을 기함으로써 세계경제의 안정과 확대에 기여해 왔다. 그러나 20세기로 접어들면서 각국의 대내적인 문제가 조금씩 노출되고 국제협력체제가 균열되기 시작하면서 차차 붕괴되기 시작하였다. 금본위제도의 결점은 무엇보다도 금의 희소성 때문에 발행할 수 있는 화폐의 양이 한정된다는 점이다. 경제가 성장함에 따라 화폐의 수요가 증가하는데도 불구하고 화폐의 유통량이 제한되므로 경제발전에 걸림돌이 되고 만 것이다. 또한 금본위제하에서 국가는 국제수지의 적자가 발생할 경우 강력한 긴축재정으로 국민 소득을 감소시키거나 수입을 줄이기 위한 각종 통제를 가할 수밖에 없었다. 따라서 일시적으로는 국제수지를 개선하는 데 도움이 되기도 하였으나 대내적으로는 자원 배분을 왜곡하였으며, 실업 문제와 같은 국내 상황을 해결하지 못하는 문제가 발생한 것이다.

고정환율제는 무엇인가?

금본위제도는 결정적으로 두 차례의 세계대전과 세계 대공황으로 위협을 받았다. 이로 인해 1944년 미국 브레튼우즈에서 열린 국제회의에서는 제2차 세계대전 이후의 새로운 세계 금융경제 질서를 구축하는 데 합의하였다. 국제통화기금(International Monetary Fund, IMF)의 창설과 함께 시작된 '브레튼우즈 체제'에서는 미국 달러화만이 금과의 일정 교환비율을 유지하고 각국의 통화는 기축통화(달러)와의 기준 환율을 설정, 유지함으로써 환율을 안정시키는 '고정환율제도(fixed exchange rate system)'였다. 달러의 가치는 금 1온스(28.3495g)당 35달러로 고정되어 있어 미국 중앙은행은 35달러를 가져오면 금 1온스와 바꿔줘야 했다. 과거 금본위제도가 영국을 중심으로 이루어진 데 반해, 이 같은 '금·달러 본위제'는 세계경제 질서가 영국에서 미국으로 전환되는 계기가 되었다.

고정환율제는 국제거래의 당사국들이 공동화폐를 제정하는 것과 같은 효과를 가진다. 무역업자의 입장에서 환율이 예측 불가능하게 요동친다는 것은 치명적이다. 상품의 판매와 상관없이 환율 때문에 이익과 손실이 왔다갔다 하기 때문이다. 하지만 고정환율제에서는 무역거래나 자본거래에 종사하는 사람들이 불의의 환율변동으로 말미암아 손해를 입을 염려가 없었다.

하지만 1960년대 후반 미국이 늘어난 재정지출 때문에 극심한 인플레이션을 겪으면서 이러한 체제에도 변화가 생겼다. 베트남 전쟁으로 미국이 많은 전비를 쓰면서 달러의 무차별 발행으로 인해 달러가치가 폭락한 것이다. 이로써 미국이 극심한 인플레이션에 시달릴 무렵, 수출 경쟁력을 회복한 독일과 일본 상품에 대한 미국의 수입이 증가하면서 미국의 국제수지 적자는 늘어나고 달러가 이들 나라로 유출되기 시작하였다. 국제수지 적자를 줄이려면 달러화의 가치를 낮추고 금가격을 올려서 수출이 잘되도록 유도해야만 했다. 하지만 그럴 경우 달러화의 위신이 떨어질 것이라고 생각한 미국은 대신 국제수지 흑자국인 일본, 독일 등이 통화를 절상하도록 압력을 가했다. 그러나 별다른 호응을 얻지는 못한 상황에서 미국은 국제수지 흑자국들이 과잉 공급된 달러를 너도나도 금으로 교환해 달라는 요구를 해 올 가능성을 우려하지 않을 수 없었다. 닉슨 대통령은 급기야 1971년 달러화의 금 태환(兌換) 중지를 전격 선언하기에 이르렀다.

변동환율제의 장점

닉슨의 선언으로 말미암아 달러화의 금 태환이 공식적으로 정지되었으며 고정환율제는 사실상 붕괴됐다. 금에 대한 달러 가치가 하락하면서 미국·영국·프랑스 등 주요국 사이에서 환율 조정이 일어났고, 1973년 주요국들은 환율을 시장의 가격 형성 기능에 맡기는 '변동환율제(flexible exchange rate system)'를 채택하게 되었다. 1978년 4월 1일 출범된 이른바 '킹스턴 체제'는 각국의 중앙은행이나 그 밖의 외환 관리국의 시장개입이 전혀 없이 외환시장에서 자유롭게 외환이 매매되는 제도를 말한다.

변동환율제도의 최대 장점은 국제수지의 불균형을 자동적으로 시정한다는 점이다. 또한 환율을 유지할 필요가 없으므로 국가별로 독립적 정책수행이 가능하다. 그러나 교역 당사국은 환율변동으로 말미암아 생길 수 있는 손해, 이른바 환위험을 부담할 수밖에 없다. 또한 외환시장에 투기를 발생시켜 환율변동을 더욱 불안하게 만들 수도 있다.

오늘날에는 대부분의 나라에서 관리통화제도(managed currency system)를 실시하고 있다. 관리통화제도는 각 국가의 통화량을 금 보유량 증감에 관련시키지 않고 통화정책당국이 국가의 정책 목적에 따라 자국의 상황에 맞게 통화량을 관리 및 조절해 나가는 제도를 말한다. 관리통화제도는 기본적으로 변동환율제도이므로 외환시장에서 자유로운 환율이 형성되나, 때에 따라 각국의 중앙은행이 개입하여 환율을 조정할 경우가 있는데, 이를 '관리변동환율제도'라고 한다.

우리나라는 해방 이후 '고정환율제'로 출발하여 경제여건이 변화함에 따라 1990년 3월부터 변동환율제도인 '시장평균환율제'를 채택하였으며, 외환위기 발생을 계기로 1997년 12월부터 외환시장에서의 수급에 따라 환율이 자유롭게 결정되는 '자유변동환율제'로 이행되어 현재까지 이어지고 있다. 이렇게 환율을 시장에 완전히 맡기다 보니 국제시장에서 달러값이 움직일 때마다 원화 환율에 촉각을 곤두세워야 하고, 미국시장의 변동에 따라 원·달러 환율이 심하게 요동을 친다. 특히 자본거래가 자유롭게 이루어지는 데 반해 시장 규모가 상대적으로 작기 때문에 외국인이 국내 채권을 대거 팔고 나가면 원화 가치가 폭락해 외환위기가 올 것이라는 불안이 조성될 정도로 국내 외환시장은 취약하다. 적은 양의 외화만 빠져나가도 환율이 폭등하다 보니 환율이 오를 것이란 소문이 환율 상승에 대한 기대감을 낳고, 그것이 달러 수요의 증가로 현실화되면서 실제로 환율을 끌어올리는 것이다. 이처럼 실물경제와 다소 무관하게 환율이 결정되다 보니 경상수지의 흐름과 반대로 환율이 올라야 할 때 내려가고, 내려야 마땅할 때 오르는 기현상이 벌어지기도 하는 것이다.

세계 각국은 각자의 사정과 능력에 따라 자유변동환율제에서 고정환율제까지 다양한 환율 결정 방식을 택한다. 모든 나라에 딱 들어맞는 정답은 없다. 원화가 국제적으로 통용되지 않는 마당에 좁은 국내시장에서 달러만 바라보고 환율이 결정되는 자유변동환율제가 우리에게 최선의 환율 결정 방식인지 재고해볼 필요도 있을 것이다.

환율의 움직임을 시장에 맡기는 변동환율제에서는 외환시장에서 환율이 오르내리는 것이 자연스러운 현상이지만, 환율이 너무 큰 폭으로 움직이는 것은 경제 전체로 봤을 때 별로 좋을 게 없다. 경제 주체들이 미래 계획을 세우는 데 차질을 빚을 수 있기 때문이다.

투기꾼이 농부의 배추밭을 미리 사서 이익을 내는 것은 선물거래 때문이다

농민도 선물거래를 한다?

선물거래에서 '선물(先物)'을 영어로 'futures'라고 한다. 즉, '미래'라는 뜻으로 실물(實物)과는 대비되는 개념이다. 우리가 시장에서 배추를 사려면 반드시 현금을 줘야 한다. 그러나 선물거래는 미래의 일정한 시점에 배추를 사겠다고 약속을 하는 것이므로 그 자리에서 바로 대가를 지불하고 물건을 사는 실물거래와는 차이가 있다.

예를 들어 집을 살 때 2억 5천만 원가량 되는 집이라면 2억 5천만 원을 들고 집주인에게 가서 돈을 주고 바로 사지는 않는다. 대신 일정한 금액을 보증금으로 주고 미래의 일정한 시점에 나머지 돈을 주겠다는 계약을 한다. 이처럼 선물거래는 미래의 일정한 시점에 특정상품을 미리 정한 값으로 사거나 팔기로 계약하는 거래를 말한다.

그렇다면 왜 선물거래가 생겨났을까? 여러 가지 경제적·사회적 요인으로 인해 물건값이 계속 변동하기 때문에 거래의 안전성을 확보하기 위해 생긴 것이다.

쉽게 말해 농촌에서 배추씨를 뿌릴 때 중개상인에게 수확 후 배추를 주기로 약속하고 밭 전체의 가격을 미리 정해놓고 사고파는 '밭떼기' 장사를 생각하면 된다. 농민들은 가격 걱정 없이 안전하게 거래를 해서 좋고, 중개인도 안정적으로 물량을 확보해서 좋다. 예를 들어 지금 한 포기당 1,000원씩 계약을 하고, 배추가 다 자란 후인 김장철에 받기로 했다고 하자. 그런데 김장철이 되고 보니 배추값이 2,000원으로 폭등했다면 농부는 배가 아플 것이다. 2,000원이나 받고 팔 수 있는 배추를 1,000원에 팔아야 하기 때문이다. 반면에 배추값이 폭락하여 김장철에 한 포기당 300원씩에 가격이 형성되었다면 농부는 포기당 300원밖에 받을 수 없는 배추를 포기당 1,000원씩 받게 되는 것이다. 농부 입장에서는 가격이 폭등하면 손해 보는 장사지만, 가격이 폭락할 경우에는 이익을 볼 수 있는 것이다.

선물거래가 필요한 이유는 바로 이와 같다. 농부의 입장에서 본다면 김장철에 가격이 폭락할 수도 있고, 폭등할 수도 있는데 내년 농사 준비를 위해서는 최소한 포기당 1,000원씩은 받아야 비료도 살 수 있고 기타 준비도 할 수가 있다. 이 경우 아무리 배추가격이 폭락해도 포기당 1,000원씩은 받을 수 있기 때문에 일단 안심하고 농사에 전념할 수가 있다. 중개인의 입장에서도 마찬가지로 제아무리 배추값이 폭등한다 해도 1,000원만 주면 배추를 살 수 있으니 지금 시점에서 가격을 고정시켜놓는 것이 거래의 안전성을 담보하는 효과가 있는 것이다.

한편 원유가격이 오르면 다른 모든 것의 가격도 오르는데 이것을 비용인상 인플레이션(Cost push inflation)이라고 한다. 생산원가가 오르므로 직접 원유를 쓰는 생산물은 물론 이러한 생산물을 쓰는 다른 생산물들, 즉 모든 생산물의 가격이 따라서 오르는 것이다. 이렇게 인플레이션이 발생하면 돈의 가치가 하락하고, 이를 방지하기 위해 실물자산, 즉 금, 부동산 심지어는 원유 그 자체에 대한 투자를 늘리게 된다. 이러한 것들은 가격 상승을 통해서 그 가치가 보존되기 때문이다.

이중에서도 특히 금은 환금성이 뛰어나서 언제라도 현금으로 바꿀 수 있으므로 인플레이션이 진행되는 동안에는 금값이 자연히 오르게 된다. 금가격이 계속 오를 것이라고 판단한 사람들은 금을 미리 사두려고 할 것이다. 그런데 이 경우, 실제 금을 지금 살 수도 있지만 미래에 사겠다고 약속만 하고 현재 가격으로 거래를 할 수도 있다. 누군가는 팔려고 내놓았고, 나는 사려고 할 경우에 그 가격이 합리적이라고 판단된다면 실물이 아닌 선물을 매수하는 것이다.

만약 현재의 금 한 돈의 소매가격이 130,000원인데 어떤 사람이 생각하기에 금값이 더 오를 것 같다면, 선물로 140,000원쯤에 매수할 수 있다. 이 경우 선물은 이자비용 등을 반영하기 때문에 현물 시세보다는 비싼 것이 일반적이다.

실제로 연말에 금이 150,000원쯤 한다면 금 선물은 160,000원쯤 할 것이고, 그 사람은 선물로 매수했던 것을 전매함으로써 20,000원의 이익을 남기게 된다. 반대로 연말에 금이 120,000원이라고 하면 금 선물은 125,000원쯤 될 것이고, 결국 5,000원의 손실을 입게 되는 것이다.

과일나무도 선물거래를 할 수 있다

요즘 농촌에서는 도시인들을 대상으로 다양한 체험관광 상품을 개발하여 농촌경제를 살리기 위해 애쓰고 있다. 그 가운데 하나가 주말농장에서 직접 과일나무를 가꾼 뒤 가을걷이를 할 수 있는 포도와 사과나무 등을 분양하는 것이다.

경북의 단산 포도마을에서는 약 6개월 동안 나무 한 그루당 포도나무 60,000원, 사과나무는 120,000만 원, 홍옥은 110,000원의 임대료를 받고 주말농장으로 빌려준다고 한다. 만약 6월 중순에 분양을 신청했다면 포도와 홍옥은 9월경에 한 그루당 각 15~20kg 가량, 사과는 10월쯤에 30kg가량 수확이 가능하며 수확한 농작물은 분양 신청자가 가져갈 수 있다고 한다.

주말농장은 아이들의 자연 체험학습장으로, 주부에게는 농약 걱정 없이 식탁을 차릴 수 있는 무공해 텃밭으로, 가장에게는 가족과의 유대감을 형성하는 공간이 되기 때문에 주말농장을 분양받아 가꾸는 도시인들이 점차 늘고 있다고 한다.

주말농장은 도시인들의 새로운 여가공간이 되고 있을 뿐만 아니라 농촌에도 경제적인 도움을 주고 있다. 농업 생산물 이외의 소득을 기대하기 어려운 농촌에 또 다른 수입원이 되고 있는 것이다. 평당 10,000~20,000원대의 평균 임대료를 받기 때문에 수입이 큰 것은 아니지만 경지면적에 비해 노동력이 부족한 농촌의 현실을 감안하면 땅을 도시인에게 단기간 빌려주는 것이 보다 안정적일 수 있는 것이다.

과거에는 이른바 좋은 회사들이 우수 대학의 졸업 예정자들에게 장학금을 지급하면서 졸업 후에 취업할 것을 권유하기도 했다. 또한 현재는 대학생들에게 인턴이라는 것을 통하여 근무하게 하면서 졸업 후 회사에 근무시키려는 목적을 두기도 한다. 기업에서 시행하고 있는 인턴제는 대학 졸업 예정자 가운데 학교의 추천을 받은 사원 후보를 일정 기간 실습 사원으로 수련하게 한 다음 적격자를 뽑는 제도를 말한다. 이처럼 인재를 유치하기 위한 노력도 일종의 선물거래라고 할 수 있다.

파생상품도 선물거래에 속한다

리먼 브라더스 등 초대형 투자은행들의 몰락으로 촉발된 미국발 금융쇼크가 지구를 한 바퀴 돌면서 전 세계 금융시장을 패닉상태로 몰아넣었다. 또 세계 최대의 보험사 AIG가 파산위기에 몰렸다가 미중앙은행의 구제금융으로 어렵게 기사회생하였다. 우리나라에도 그 영향이 크게 미쳐 환(換)헤지(위험회피) 금융상품에 가입한 기업들이 대거 부도위기에 몰리고 있다.

미국의 금융위기는 주택에 대한 과도한 대출과 주택가격의 하락에 기인한다. 또한 대출 기초자산으로 복잡한 파생상품을 만들어 금융기관 상호 간에 빠른 속도로 유통시켜 금융기관 연쇄도산이 발생하고 있다.

외국과의 교역이 많은 우리나라 기업이나 금융기관은 환율 변동에 지대한 관심을 갖고 있는데, 이러한 주가나 금리, 환율변동에 따른 위험을 회피하기 위하여 만든 것이 '파생상품(derivative securities)'이다. 이것은 주식과 채권 같은 전통적인 금융상품을 기초자산으로 하여 새로운 현금흐름을 가져다주는 것을 말한다. 대표적인 파생상품으로는 선도거래, 선물, 옵션, 스왑 등이 있다. 파생상품의 주요 목적은 위험을 감소시키는 헤지 기능이나 레버리지 기능, 파생상품을 합성하여 새로운 금융상품을 만들어내는 신금융상품을 창조하는 기능 등이 있다.

미국발 금융위기로 원·달러 환율이 급등하면서 외환 리스크를 줄이기 위해 통화옵션 상품인 키코(KIKO)에 가입한 수출기업들의 피해가 눈덩이처럼 불어나고 있다.(2008년 10월 말 기준 4조 5천억 원)

KIKO(Knock-in Knock-Out) 옵션 트레이딩은 통화옵션 거래의 한 방식으로 환율이 아래위로 일정한 범위 내에 있을 경우 시장가보다 높은 지정환율(행사가)로 외화를 팔 수 있는 옵션이다.

환율 급등으로 막대한 손실을 입어 시장에 문제가 되었던 수출중소기업들은 그동안 일방적으로 하락세를 연출하던 환율이 최근 급등세를 보이자 환율하락을 전망하고 KIKO 옵션 계약을 맺었다. 하지만 환율이 예상과 달리 급등함으로써 계약과 달리 움직여 결국은 넉인(Knock-in) 상태가 되었다. 수출로 벌어들인 외화를 시장 환율 수준보다 턱없이 낮은 가격, 그것도 계약 물량의 2~3배를 매도해야 함에 따라 큰 손실을 입게 된 것이다.

예를 들어 계약환율 950원에 풋옵션 200만 달러로 키코에 가입한 중소기업은 환율이 1,000원으로 오르면 달러당 50원의 평가손을 보며 약 1억 원을 물어야 하지만, 환율이 1,100원으로 상승하면 달러당 150원씩 약 3억 원의 손실을 져야 한다.

외환 파생상품 투자에 따른 손실액은 투자한 기업이 물어내야 한다. 하지만 이 기업이 부도를 맞아 파산했거나 기업회생절차를 밟고 있을 경우 돈을 물어낼 여력이 없으므로 외환 파생상품을 판매한 은행이 손실액을 떠안게 될 가능성도 있다.

어쨌든 리스크 헤지를 위한 조치가 오히려 커다란 리스크를 짊어지게 한 것이다. 따라서 금융상품, 그중에서도 파생상품은 거기에 따른 약관이나 리스크, 그리고 미래예측이라는 3가지를 반드시 챙겨보아야 할 것이다.

물가인상 요인을 예측하여 경제행위를 하는 것을 인플레이션 기대심리라 한다

물가가 오르면 화례가치는 떨어진다

요즘 마트에 가서 물건을 사고 계산을 하면 몇 가지 품목밖에 사지 않았는데도 100,000원이 훌쩍 넘는 경우가 많다. 장바구니를 요리조리 살펴보지만 딱히 비싼 물건을 사지도 않았고, 그렇다고 계산이 틀린 것도 아닌데 말이다. 그만큼 전반적으로 물가가 오른 것이다.

물가상승이 인플레이션 현상의 한 요소이긴 하지만, 단지 물가상승을 인플레이션이라고 하지는 않는다. 인플레이션은 물가수준이 지속적으로 상승하여 화폐가치가 하락하는 현상을 말한다. 인플레이션의 유래는 남미의 소장수로부터 나왔다. 어느 날 소장수가 소에게 소금을 억지로 먹였다. 물 먹인 소를 팔기 위해서였다. 소금을 먹은 소는 목이 말라 물을 몽땅 먹을 수밖에 없었다. 물 먹은 소의 팽팽해진 배. 그것을 영어로 'inflate(부풀리다, 팽창시키다)' 라고 표현했으며, 인플레이션은 여기서 유래되었다.

물가가 전반적으로 상승하는 인플레이션이 발생하면 화폐가치가 하락하여 거액이라고 생각하는 돈을 가지고 시장에 가더라도 살 물건이 없다. 물가가 지속적으로 상승하면 돈의 가치가 하락하기 때문이다.

지금은 편리하게 교통카드 한 장으로 버스를 타는데, 10년 전쯤에는 버스를 타려면 토큰이나 회수권을 구입해야 했다. 1,000원짜리 한 장을 내고 토큰을 사면 1개를 덤으로 주어 11개를 내주었다. 한 번 승차할 때 100원도 안 들었던 것이다. 그런데 지금은 현금으로 승차 시 1,000원을 내고 타야 한다. 같은 1,000원을 가지고 종전에는 버스를 열 번 넘게 탈 수 있었는데, 지금은 한 번밖에 탈 수 없으니 1,000원의 값어치가 떨어진 것이다.

10여 년 전에 비해 버스비만 오른 것이 아니라 쌀, 자장면, 구두, 술, 등록금 등 전반적인 재화 및 서비스 요금이 다 오른 경우 물가가 올랐다고 말한다. 또는 같은 돈을 주고 구입할 수 있는 재화나 서비스의 양이 줄었으므로 화폐가치가 하락했다고도 말한다. 그러므로 물가상승과 화폐가치의 하락은 동전의 양면과도 같은 불가분의 관계에 있다.

좋은 학교 졸업자가 일도 잘하겠지?

2008 베이징올림픽이 시작되기 전 한 여론조사기관에서 시민들을 대상으로 '이번 올림픽에서 가장 보고 싶은 경기가 무엇인가?' 라는 질문을 한 결과 가장 많은 사람이 응답한 종목이 지금껏 단 한 번도 올림픽에서 좋은 성적을 낸 적이 없었던 '남자 수

영'이었다고 한다. 국민들이 이처럼 수영에 관심을 가진 이유는 무엇이었을까? 바로 '마린보이'라는 애칭으로 유명한 '박태환' 선수에 대한 기대심리 때문이었다.

박태환은 올림픽 직전까지 많은 국제대회에서 좋은 성적을 올렸다. 2006 도하 아시안게임자유형 200m, 400m, 1500m에서 모두 금메달을 차지했으며, 2007 일본 국제수영대회 자유형 400m에서 금메달, 2007 멜버른 세계선수권대회에서도 자유형 400m 금메달을 땄다. 박태환이 최근 2년 동안 우수한 기량을 발휘했기 때문에 그가 올림픽에서도 좋은 성적을 낼 것이라는 기대가 생긴 것이다. 이처럼 계속되는 성적을 바탕으로 기대해서 행동하는 것을 기대심리가 반영되었다고 말한다.

좋은 학교를 졸업한 사람이 직장에서도 업무수행을 잘할 것이라는 기대를 갖는다든지, 흥행배우가 등장하는 영화는 이번에도 재미있을 것 같다고 생각하는 것 등은 모두 기대심리가 반영된 것이라고 볼 수 있다. TV광고에 유명 연예인 대신 사회적으로 명망 있는 학자나 각계 전문가, 언론인을 광고모델로 등장시키는 경우가 있다. 이러한 광고는 인기스타의 화려한 외모 대신 전문가들의 명성에 따르는 사람들의 기대심리를 이용하는 것이다. '저런 사람이 나와서 선전하는 상품은 뭐가 달라도 다를 거야'라는 생각을 갖게 되기 때문이다.

일정한 맛을 유지하는 음식점에 가는 이유는?

양은 적지만 항상 일정한 맛을 유지하는 해장국집과 가끔은 아주 맛있지만 때때로 너무 텁텁하거나 짜서 맛이 떨어지는 해장국집이 있다고 하자. 여러분이라면 어떤 음식점을 찾을 것인가?

음식점이 만약 인근에 두 곳밖에 없다면 대부분은 첫 번째 가게를 찾을 것이다. 왜냐하면 얼큰하고 시원한 국물을 기대하고 찾아갔는데 그날은 간이 맞지 않아 맛있게 먹지 못한다면 불만이 생길 것이기 때문이다. 반면 음식의 양과 상관없이 일정한 맛을 가지고 있으면 남에게 추천을 해줄 때도 안심할 수 있으며, 이번에도 여전히 예전과 같은 맛을 느낄 수 있으리란 기대를 가질 수가 있다.

한 나라의 경제도 이와 마찬가지다. 2004년 노벨 경제학상 수상자인 핀 쉬들란(Finn E. Kydland) 교수의 이론은 우리에게 시사하는 점이 많다. 그는 경제학에서 '정책의 일관성'과 '기대심리'가 얼마나 중요한 것인지를 잘 말해주고 있다. 그는 대표적인 사례로 한국의 부동산정책을 꼽았는데, 부동산가격을 잡겠다며 매 정권마다 정치적 목적으로 부동산시장을 다루다 보니 정책의 신뢰성을 잃었다고 지적했다. 장기불황을 두려워하는 관료들이 각종 건설경기부양책을 쏟아낸 결과, 투기꾼들이 정부 정책을 믿지 않게 되었고, 이것이 부동산가격의 급등으로 이어졌다는 것이다.

해장국의 맛을 '정부의 정책'이라고 생각하면 첫 번째 가게는 정책의 일관성을 지니고 있고, 두 번째 가게는 정책의 일관성이 없다고 볼 수 있다. 또한 소비자들이 얼큰하고 시원한 국물 맛을 기대하는 것은 정부의 정책 효과에 대한 개인 및 기업의 기대심리라고 생각할 수 있다. 음식맛이 들쭉날쭉하면 그 음식점을 신뢰하지 못하듯이 정부의 정책이 들쭉날쭉하면 국민의 신뢰도가 떨어질 것이다.

거짓말하는 양치기 소년이 되지 않으려면 정부는 다소 손해를 보더라도 장기적으로 예측 가능한 일관된 정책 기조를 유지할 필요가 있다. 정부가 일관성 있는 정책을 유지한다면 국민과 기업은 기대심리를 갖고 정부의 정책에 반감을 갖지 않을 것이며, 신뢰를 쌓아 나갈 수 있을 것이다.

인플레이션 기대심리의 부작용

'인플레이션 기대심리'란, 시중에 돈이 풀리는 등 물가인상 요인이 생길 경우 각 개인들도 이를 예측하고 판단하여 경제행위를 한다는 것이다. 인플레이션 기대심리가 확산되면 돈의 가치가 그만큼 떨어질 것으로 예상되므로 은행 등 제도권 금융기관의 예금이 대거 빠져나가 금이나 보석, 부동산 등 실물 부문에 몰리는 경우가 많다. 인플레이션 기대심리의 부작용을 살펴보자.

첫째, 국제 원자재가격의 상승에 따라 대부분의 상품가격과 서비스 요금이 인상된다. 이런 현상은 임금 인상으로 이어지고, 이는 다시 물가를 올리는 악순환을 만들 우려가 높다. 이처럼 물가가 차츰 올라가면 사람들의 인플레이션 기대심리를 더욱 부채질하여 인플레이션이 가속화되는 악순환을 초래한다.

대표적인 것이 외식이나 개인 서비스 부문이다. 에너지가격이 오르면 조리비용이 높아지고, 국제 곡물가의 상승도 원가에 부담을 줄 수 있지만 몇몇 품목의 가격상승이 평균에 비해 과도하게 높아지면 편승 인상의 가능성이 생긴다.

둘째, 금리상승을 가져온다. 돈을 빌려주는 사람은 앞으로 물가가 더 오를 것이라고 생각하기 때문에 그만큼 이자를 더 받으려고 한다. 물가가 더 오를 것으로 믿기 때문에 이자를 높여도 이를 감내하려는 것이다. 결과적으로 시중 금리가 더 오를 수밖에 없다. 특히 인플레이션 기대심리가 작용해 원자재나 물건값이 오르기 전에 미리 사두고자 하는 마음에 자금을 여기저기에서 융통하다 보면 금리는 더욱 치솟는다.

마지막으로 부동산 투기로 이어진다. 우리나라의 경우 부동산으로 돈을 벌려는 사람들이 많기 때문에 인플레 기대심리하에서는 너도나도 부동산시장으로 뛰어들어 부동산 값이 치솟을 가능성이 있다. 그렇게 되면 경제에 거품이 끼고, 이 거품이 투기 때문이었다는 것을 알게 되는 순간 실물경제는 부실해질 가능성이 높아진다.

인플레이션 기대심리를 막기 위해서는?

기대심리는 경제에 상당 부분 영향을 끼친다. 경제적 의사결정은 일반적으로 수요와 공급의 법칙에 따라 이루어지지만, 그 배후에는 심리적인 영향이 반영되기 때문이다.

그래서 혹자는 경제를 심리게임이라고 말하기도 한다. 우리는 물건을 살 때 꼭 필요해서 구입하는 것이 아니라, 유행이나 다른 사람의 소비 혹은 사회 분위기 등에 따라 꼭 필요하지 않은 물건을 사는 경우도 많다. 또한 가격이 비싸면 왠지 좋을 것 같다거나 가격이 너무 싸면 품질이 떨어질 것 같다는 심리도 우리의 소비에 영향을 미친다.

하지만 심리적인 요인에 지나치게 치우친 경제행위는 지양해야 한다. 자신의 경제능력을 벗어나는 소비를 할 경우 개인뿐만 아니라 가계나 국가에도 큰 손실을 가져올 수 있기 때문이다. 또한 각종 규제완화에 대한 기대심리, 주가상승 혹은 하락에 대한 기대심리 때문에 과도한 투자나 중대한 결정을 할 경우 위험요소가 따르게 마련이다.

국민들이 인플레이션 기대심리가 강할 때는 미리 앞서 경제행위를 하므로 오히려 물가상승과 금리인상을 부추기는 결과를 낳는다. 이를 진정시키기 위해서는 정부 스스로 긴축 의지를 보여야 하며, 부동산 투기 등에 대한 강력한 제재가 있어야 한다.

한국은행 금융통화위원회가 기준금리를 현 수준인 연 4%에서 유지하기로 한 것은 내수 침체로 인한 국내경기 둔화를 걱정하고 인플레이션 기대심리를 완화하기 위한 것이다.(2008년 11월) 정부는 물가상승이 향후에도 지속될 것이라는 인플레이션 기대심리를 막아야 하는 과제가 있다. 현재의 물가불안을 진정시켜야 임금인상 요구가 진정되어 소비심리가 살아날 수 있고, 소비가 이루어져야 경기침체를 극복할 수 있기 때문이다.

나에게 맞는 정보를 찾아내는 힘을 기르자

이 책을 통해 전하고자 했던 많은 의미가 독자 여러분에게 모두 전달이 되었는지 필자로서 걱정이 앞선다. 아울러 끝까지 초심을 잃지 않고 원고의 완결성을 다했는지 원고를 마치고 나니 부끄럽기도 하다.

하지만 이 책을 통해서 전하고자 했던 '우리 삶을 지배하는 생활 속의 경제원리'라는 것을 독자들이 이해했다면 이로서 필자가 할 수 있는 의미전달은 되지 않았나 싶다. 우리가 사는 생활 속을 들여다보면 분명 경제가 지배하고 있는 부분이 상당수 존재한다.

그러한 의미에서 경제에 지배당하지 않고 주체적으로 경제적 생활을 영위하는, 즉 현명하게 경제적 생활을 지배할 수 있는 수준으로 나아가기 위해서 경제적 지식이라는 것을 독자 여러분이 이해했으면 하는 바람이다. 아울러 윤택한 경제생활, 건강한 경제생활, 나아가 강건한 경제국가의 필요성을 느꼈다면 그걸로 족하다.

자동차를 운전하기 위해서 운전면허증이 필요하듯이 일생을 살아가면서 당면하게 될 다양한 경제문제들을 해결하는 데 필요한 '경제 면허증', '경제이해 자격증', '경제 자격증'이 필요하다. 부디 많은 사람들이 그러한 면허증과 자격증을 갖기 바란다.

경제지식의 가장 기본이 되는 것은 올바른 선택과 기회비용이다. 기회비용을 줄이기 위해서는 정보가 필요하다. 그리고 정보의 홍수 속에서는 정보를 어떻게 해석하고, 이용하느냐에 따라 그 결과가 하늘과 땅 차이로 달라진다. 나에게 알맞게 그러한 정보를 분석하고 체화하여 활용할 수 있는 힘을 길러야 할 것이다.